国民收入分配、劳动者收入结构对居民消费需求影响的实证研究

An Empirical Study of the Impact on the Consumers' Demand from the National Income Distribution and Labor Income Structure

谢琦 / 著

中国经济出版社
CHINA ECONOMIC PUBLISHING HOUSE
·北京·

图书在版编目（CIP）数据

国民收入分配、劳动者收入结构对居民消费需求影响的实证研究 / 谢琦著. -- 北京：中国经济出版社，2019.11

ISBN 978-7-5136-5889-8

Ⅰ. ①国… Ⅱ. ①谢… Ⅲ. ①国民收入分配-影响-居民消费-研究-中国 ②个人收入分配-影响-居民消费-研究-中国 Ⅳ. ①F126.1

中国版本图书馆 CIP 数据核字（2019）第 282606 号

责任编辑 贺 静
责任印制 巢新强
封面设计 任燕飞设计

出版发行 中国经济出版社
印 刷 者 北京九州迅驰传媒文化有限公司
经 销 者 各地新华书店
开 本 710mm×1000mm 1/16
印 张 15.5
字 数 215 千字
版 次 2019 年 11 月第 1 版
印 次 2019 年 11 月第 1 次
定 价 69.00 元
广告经营许可证 京西工商广字第 8179 号

中国经济出版社 **网址** www.economyph.com **社址** 北京市西城区百万庄北街 3 号 **邮编** 100037

本版图书如存在印装质量问题，请与本社发行中心联系调换（联系电话：010-68330607）

目 录

1 导 论 …………………………………………………………………… 1
1.1 选题的背景与意义 ………………………………………………… 1
1.1.1 选题的背景 ………………………………………………… 1
1.1.2 选题的意义 ………………………………………………… 3
1.2 文献综述 ……………………………………………………………… 3
1.2.1 国外文献综述 ……………………………………………… 3
1.2.2 国内文献综述 ……………………………………………… 4
1.3 研究思路、主要内容和创新之处 ……………………………… 8
1.3.1 研究思路 …………………………………………………… 8
1.3.2 主要内容 …………………………………………………… 8
1.3.3 创新之处……………………………………………………… 10
1.4 研究方法……………………………………………………………… 11
1.4.1 统计分析法…………………………………………………… 11
1.4.2 计量分析法…………………………………………………… 11
1.5 结构框架……………………………………………………………… 11

2 国民收入分配对劳动者收入结构和居民消费需求影响的机理分析 ……………………………………………………………… 14
2.1 国民收入分配、劳动者收入结构与消费需求的内涵………… 14
2.1.1 国民收入分配的含义………………………………………… 14

2.1.2 劳动者收入结构的内涵 …… 15
2.1.3 消费水平与消费结构的内涵 …… 17
2.2 国民收入分配对劳动者收入结构的影响 …… 18
2.2.1 国民收入初次分配对劳动者收入结构的影响 …… 18
2.2.2 国民收入再分配对劳动者收入结构的影响 …… 21
2.3 国民收入分配对居民消费需求的影响 …… 23
2.3.1 国民收入初次分配对居民消费需求的影响 …… 23
2.3.2 国民收入再分配对居民消费需求的影响 …… 26
2.4 劳动者收入结构对居民消费需求的影响 …… 27
2.4.1 持久性收入对消费需求的影响 …… 27
2.4.2 暂时性收入对消费需求的影响 …… 32

3 国民收入分配、劳动者收入结构与消费需求变动的现状分析 …… 35
3.1 国民收入分配的现状分析 …… 35
3.1.1 国民收入初次分配的现状分析 …… 35
3.1.2 国民收入再分配的现状分析 …… 41
3.2 城乡劳动者收入结构的现状分析 …… 48
3.2.1 城镇劳动者收入结构的现状分析 …… 48
3.2.2 农村劳动者收入结构的现状分析 …… 61
3.3 城乡劳动者消费需求的现状分析 …… 69
3.3.1 城乡劳动者消费水平的现状分析 …… 69
3.3.2 城乡劳动者消费结构的现状分析 …… 88

4 国民收入分配、劳动者收入结构与消费需求变动的实证研究 …… 101
4.1 国民收入分配对消费需求影响的实证研究 …… 101
4.1.1 国民收入初次分配对消费需求影响的实证研究 …… 101

4.1.2 国民收入再分配对消费需求影响的实证研究 …………… 112
4.2 城镇劳动者的收入结构对消费需求影响的实证研究 ………… 117
4.2.1 城镇劳动者的持久性收入、暂时性收入对消费需求影响的实证研究 ……………………………………………………… 117
4.2.2 城镇劳动者的工资性收入、转移性收入、经营性收入、财产性收入对消费需求影响的实证研究 ………………… 126
4.2.3 城镇劳动者财产性收入中各细分类别对消费需求影响的实证研究 ……………………………………………………… 132
4.3 农村劳动者的收入结构对消费需求影响的实证研究 ………… 143
4.3.1 农村劳动者的持久性收入与暂时性收入对消费需求影响的实证研究 ……………………………………………………… 143
4.3.2 农村劳动者的经营性收入、转移性收入、工资性收入与财产性收入对消费需求影响的实证研究 ………………… 157

5 深化国民收入分配制度改革的路径与对策建议 ………………… 181
5.1 深化国民收入初次分配制度改革的路径与对策建议 ………… 181
5.1.1 深化国民收入初次分配制度改革的路径 ………………… 181
5.1.2 深化国民收入初次分配制度改革的对策建议 …………… 188
5.2 深化国民收入再分配制度改革的路径与对策建议 …………… 192
5.2.1 深化国民收入再分配制度改革的路径 …………………… 192
5.2.2 深化国民收入再分配制度改革的对策建议 ……………… 193

6 优化城乡劳动者收入结构的路径与对策建议 …………………… 198
6.1 优化城镇劳动者收入结构的路径与对策建议 ………………… 198
6.1.1 优化城镇劳动者收入结构的路径 ………………………… 198
6.1.2 优化城镇劳动者收入结构的对策建议 …………………… 200
6.2 优化农村劳动者收入结构的路径与对策建议 ………………… 208
6.2.1 优化农村劳动者收入结构的路径 ………………………… 208

6.2.2 优化农村劳动者收入结构的对策建议 …………………… 214

7 结 论 …………………………………………………………… 220

7.1 结 论 ……………………………………………………… 220

7.2 有待进一步研究的问题 …………………………………… 224

参考文献 …………………………………………………………… 227

索 引 ……………………………………………………………… 239

1 导 论

1.1 选题的背景与意义

1.1.1 选题的背景

改革开放40多年来，中国经济快速增长，人民生活水平和生活质量显著提高。但是中国经济社会在快速发展的同时，也出现了一系列令人深感忧虑的问题，如经济结构失衡、收入与财富差距加大、产能过剩、环境污染、资源短缺等。深入分析后发现，造成这些问题的深层次原因在于中国经济在过去的数量型增长模式下已经出现了严重的失衡，近来中国的经济增长主要依赖于投资需求和净出口需求推动，而消费需求并未成为促进中国经济快速增长的强大动力①。如今，随着经济的不断发展，这种过度依赖于投资需求与净出口需求推动的数量型经济增长模式已经暴露出许多弊端，使国民经济已经累积了许多深层矛盾：过分注重经济增长的数量而忽视经济增长的质量；过分注重经济增长的速度而忽视劳动者收入的提高与生活质量的改善；过分注重经济增长的结果而忽视经济增长的代价。尤其是2008年国际金融危机对中国经济造成的严重影响更加凸显出中国原有的经济增长模式面临许多发展的困境。因此，为了使中国经济获得持久、强大的增长动力，当前亟须进行经济增长模式的转型，使经济增长从过度依赖投资需求与净出口推动的数量型经济增长模式向以优化国民收入分配结

① 谢琦．经济增长模式转型背景下劳动者收入结构的实证研究[J]．经济问题探索，2011(11)：14.

构、提高劳动者收入水平和扩大居民消费需求推动的质量型经济增长模式转型。

而深入探究发现，扩大居民消费需求的关键在于提高劳动者的收入水平。根据经济学理论，收入是影响居民消费需求的决定性因素。因此，劳动者的收入问题与居民消费需求密切相关。近年来，中国劳动者的收入结构发生了很大变化，劳动者的持久性收入比重偏低，尤其是劳动者的持久性收入中的工资性收入、经营性收入、转移性收入和财产性收入的总体水平较低。并且，在市场经济体制下，随着经济周期的不断波动，不同所有制和不同类型企业的经济效益变动较大，由劳动者非稳定性就业所引起的持久性收入的不稳定性特征明显增强。此外，随着市场化改革的深入推进，现阶段中国的社会保障制度还有待进一步完善，劳动者在住房、就业、医疗、教育、养老等方面的压力不断增大，传统的依靠国家和劳动者所在企业提供的住房、就业、医疗、教育、养老等方面的福利化政策正逐步取消，而改由劳动者个人及其家庭来负担，因而劳动者的持久性收入中有相当大的比例要用于储蓄，以保障未来劳动者及其家庭的需要，劳动者持久性收入的预防性特征也明显增强。因此，劳动者持久性收入的不稳定性特征和预防性特征导致劳动者对未来收入预期并不乐观，从而使劳动者增加现期储蓄，抑制了当前消费需求的增加。此外，当前除少数国有垄断企业外，大多数竞争性行业的国有企业、中小企业的经营状况仍然受到经济周期波动的影响而面临不确定性，因而这些企业劳动者的奖金、加班费和津贴等暂时性收入将面临更大的不确定性，从而降低了劳动者现期的消费需求。因此，如果能够通过大幅增加劳动者的持久性收入，使劳动者形成对未来收入的稳定性预期，增强他们消费的信心，对于提高中国劳动者收入、改善劳动者的生活水平、扩大国内消费需求和促进经济增长模式的转型都具有非常重要的作用，也将为中国和谐社会的最终建立奠定基础。

综上所述，要促进中国经济增长模式转型，使国民经济进入协调、健康的发展轨道，关键在于提高劳动者的收入水平，优化劳动者的收入结构，扩大劳动者的消费需求。因此，从劳动者的收入结构视角研究劳动收入水平及其结构对消费需求的影响，对于中国经济增长模式的转型和中国经济增长质量的提高意义重大。

1.1.2 选题的意义

消费需求作为总需求中最重要的组成部分，从根本上决定着社会生产的规模、范围和发展方向。消费需求的不断增长，能够带动相关产业的发展，实现经济结构的优化，增强国民经济自生发展的能力。此外，消费需求的增加还意味着居民生活水平的提高与生活质量的改善，因而反映了居民生存与发展的基本状态。但是，近年来中国居民消费需求占国内生产总值的比重不断下降。其原因是多方面的，收入是其中最重要的因素，而国民收入分配状况又是影响居民收入不可忽视的关键因素。当前由于我国国民收入分配向政府和企业倾斜，政府的转移支付分配力度又尚显不足，导致居民获得的国民收入分配份额下降趋势明显，居民收入增长缓慢，收入差距和贫富差距不断增大，居民消费的能力和水平受到严重制约。因此，当前我国国民收入分配结构不合理是造成居民收入水平和消费需求长期难以快速增长的重要原因①。此外，近年来中国经济体制由计划经济向市场经济过渡，随着市场经济成分的逐渐加大，劳动者的收入结构发生了很大变化，劳动者收入结构的不稳定性特征日渐增强，因此，分析劳动者收入不同组成部分的性质、水平及其同消费需求的关系，对于当前中国经济增长模式的转型具有十分重要的现实意义。

1.2 文献综述

1.2.1 国外文献综述

国外学者关于国民收入分配与收入结构对消费需求影响的理论分析与实证研究方面的文献较少。凯恩斯（1936）、弗里德曼（1956）、莫迪利安尼（1960）和杜生贝利（1967）分别从消费者的当期收入、持久性收入、

① 谢琦．国民收入分配对居民消费需求的影响[J]．现代经济探讨,2013(3):30.

未来的预期收入（包括财产水平和个人年龄）和相对收入水平视角分析了它们各自对消费需求的重要影响。凯恩斯（1936）通过绝对收入消费函数理论分析了居民当前的收入水平与消费需求之间的关系。他提出的边际消费倾向递减规律表明，收入较高阶层的基本需求已经满足，这部分人群的边际消费倾向相对较低，增加的收入大多转化为投资需求；而收入较低阶层的基本需求还远未实现，这部分人群的边际消费倾向相对较高，增加的收入大部分转化为消费需求①。杜生贝利（1967）通过相对收入消费函数理论分析了居民之间的相对收入水平对消费所产生的重要影响②。莫迪利安尼（1986）则通过生命周期理论分析了居民一生的收入水平、财产状况以及年龄等因素对消费需求产生的影响③。卡莱茨基（1971）的研究也表明，资本收入的边际消费倾向要远低于工资收入的边际消费倾向。Cutler（1992），John Knight（2005）和 Krueger（2006）通过实证研究发现工资性收入与消费不平等存在正相关关系。

1.2.2 国内文献综述

国内学者对国民收入分配、劳动者收入结构与消费需求的研究主要集中在以下几个方面。

第一，对国民收入分配与居民消费需求的关系进行了理论分析与实证研究。臧旭恒和张继海（2005）、余官胜（2009）、刘东皇和沈坤荣（2010）通过实证研究发现，收入分配与消费需求之间存在显著的负相关关系，收入分配不平等扩大是我国居民消费需求不足的重要原因。姜洋（2008）、高连水（2009）、骆祚炎（2010）、储德银和闫伟（2011）认为，初次收入分配中劳动收入份额的下降使居民消费对当期收入产生过度依赖，从根本上制约了居民消费需求的增长。何磊、王宇鹏（2010）通过统

① 凯恩斯．就业、利息和货币通论[M]．南京：译林出版社，2014：97.

② DUESENBERRY, J. Income, saving, and the theory of consumer behavior[M]. New York: Oxford University Press, 1967: 5.

③ MODIGLIANI, F. Life cycle, individual thrift, and the wealth of nations[J]. Science, 1986 (234): 704.

计数据发现，近年来国民收入在企业、政府和居民三部门之间的分配格局发生了重大变化，国民收入分配从向居民倾斜日益演变为向政府倾斜，这是当前我国居民消费需求不断下降的重要原因[①]。姜洋（2008）和邓翔（2008）、纪江明（2011）发现，国民收入再分配制度导致了不同收入群体之间消费差距的扩大[②]。陈乐一（2005）认为收入分配差距是消费需求不足的主要原因，要想扩大消费需求，必须增加普通城乡居民尤其是低收入者的实际收入，缩小收入差距[③]。白暴力、傅辉煌（2011）认为，劳动收入偏低、收入分配差距偏大导致我国总消费需求不足[④]。陈斌开（2012）通过实证研究发现，收入水平、收入差距与居民平均消费倾向和边际消费倾向呈负相关关系[⑤]。杨天宇（2012）从国民收入分配格局视角分析了国民收入初次分配和再分配对消费需求产生的影响，提出了扩大消费需求的关键在于提高居民收入在初次分配和再分配中的比重[⑥]。刘辉煌、李峰峰（2013）对城乡收入差距、不同所有制企业收入差距、地区收入差距以及行业收入差距等对消费需求和经济增长的影响进行了深入分析与实证研究，最后从深化收入分配制度改革视角提出了扩大消费需求的对策建议[⑦]。方臻旻、徐冰清（2014）通过实证研究发现，收入分配差距的扩大降低了居民的边际消费倾向和平均消费倾向，因此，要想扩大居民消费需求，必须不断缩小收入分配差距[⑧]。徐常建、袁易明（2018）通过实证研究发现初次收入分配中劳动者收入份额对居民消费需求产生了显著的影响，进而

---

① 何磊，王宇鹏．谁在抑制居民的消费需求？——基于国民收入分配格局的分析[J]．当代经济科学，2010(6)：23.

② 姜洋．90 年代以来国民收入分配格局变迁对消费需求的影响[J]．社会科学家，2008(4)：47.

③ 陈乐一．收入分配与消费不足[J]．经济问题探索，2005(4)：23.

④ 白暴力，傅辉煌．收入分配差距偏大的主要因素和消费需求牵扯[J]．改革，2011(1)：32.

⑤ 陈斌开．收入分配与中国居民消费——理论和基于中国的实证研究[J]．南开经济研究，2012(1)：33.

⑥ 杨天宇．国民收入分配格局对居民消费需求的扩张效应[J]．学习与探索，2012(2)：96.

⑦ 刘辉煌，李峰峰．动态耦合视角下的收入分配、消费需求与经济增长[J]．中国软科学，2013(12)：58.

⑧ 方臻旻，徐冰清．我国居民收入分配差距对居民消费倾向影响的研究[J]．江西财经大学学报，2014(4)：39.

提出了相应的对策建议①。刘伟（2019）提出了扩大消费需求的关键是调整和完善国民收入分配结构②。

第二，就城镇劳动者收入结构对居民消费需求的影响进行了理论分析与实证研究。李玲霞（2000）、余立凡（2003）、姚伟纲（2006）、董长瑞（2006）、秦传熙（2009）、艾春荣（2010）、韩海燕（2010）、张邦科（2011）通过实证研究验证了消费与持久收入之间的长期均衡和短期动态关系，实证结果表明，持久收入是影响中国城镇居民消费的重要因素。韩海燕、何炼成（2010）将城镇居民收入结构分解为稳定性收入与非稳定性收入两种类型，并通过实证研究发现稳定性收入是造成近年来我国居民消费率偏低的主要原因③。巩师恩、范从来（2012）通过实证研究检验了城镇居民分项收入与消费的关系，发现工资性收入对消费具有较强的促进作用④。

第三，就农村劳动者收入结构对居民消费需求的影响进行了理论分析与实证研究。巩师恩（2014）从收入波动的视角分析了其对消费需求的影响，通过实证研究发现农村居民经营性收入的波动是影响农村居民消费需求的主要因素，并且具有稳定性特征的农村居民经营性收入波动对食品消费需求的影响超过了对非食品消费的需求⑤。王小华等（2016）通过实证研究分析了消费习惯、农村居民收入结构对消费需求的影响，发现农村居民的工资性收入、经营性收入与财产性收入对消费需求具有显著的影响，农村居民的转移性收入对消费需求的影响较小⑥。苏永伟（2016）通过对湖北省农村居民收入结构对消费需求的影响的实证研究，发现农村居民工

---

① 徐常建，袁易明．要素收入分配结构、居民消费与经济增长[J]．经济经纬，2018(6)：122.

② 刘伟．完善分配结构　释放消费潜力　转换增长动能[J]．上海行政学院学报，2019(1)：4.

③ 韩海燕，何炼成．中国城镇居民收入结构与消费需求实证研究[J]．消费经济，2010(3)：8.

④ 巩师恩，范从来．中国城镇居民分项收入的消费促进效应研究——基于2002—2009年省级面板数据[J]．江苏社会科学，2012(1)：56.

⑤ 巩师恩．中国农村居民的收入波动如何影响了消费波动？——基于结构视角的实证研究[J]．南京农业大学学报(社会科学版)，2014(6)：19-25.

⑥ 王小华，温涛，朱炯．习惯形成、收入结构失衡与农村居民消费行为演化研究[J]．经济学动态，2016(10)：39-49.

资性收入是影响消费需求的主要因素[①]。陈晓飞和赵昊东（2016）通过实证研究发现，农村居民不同收入来源对消费需求的水平以及消费需求的结构都会产生重要影响[②]。冷晨昕、刘灵芝和祝仲坤（2016）通过实证研究分析了收入来源结构尤其是工资性收入对农村居民消费产生的重要影响[③]。高艳和聂荣（2015）通过实证研究分析了农村居民收入差距和收入结构对消费的影响，发现农村居民收入结构存在地区性差异，收入差距对消费需求的影响也表现出地域性差异[④]。陈晓飞和赵昊东（2016）通过实证研究分析了农村居民收入结构对消费结构产生的影响，发现农村居民收入结构与消费结构具有很强的相关性，农村居民四种收入来源对食品消费与非食品消费都具有正向作用，同时存在明显的区域差异[⑤]。

从目前的研究成果来看，大多侧重于对居民收入分配差距、城乡居民收入结构与国民收入分配结构中某一方面的分析，对我国国民收入初次分配和再分配以及劳动者收入结构对消费需求的影响缺乏较为深入的理论研究，对于国民收入分配与劳动者收入结构之间的关系以及劳动者自身收入结构的研究较少。并且学者大多通过统计数据进行描述性分析，这方面的实证分析较为缺乏，数据年代也过于久远，不能全面剖析国民收入分配、劳动者收入结构与居民消费需求之间的深层次关系与作用机理。因此，本书希望通过理论分析与实证研究，深入分析当前我国国民收入分配制度所引起的劳动者收入结构的变化，尤其是国民收入初次分配以及再分配对劳动者收入结构的影响，以及由此造成的对居民消费需求的影响，并通过实

---

① 苏永伟．农村居民收入结构对消费的影响研究——以湖北省为例[J]．学术论坛，2016(5)：43－48.

② 陈晓飞，赵昊东．农村居民收入来源结构与边际消费倾向——基于整体性与区域差异的比较研究[J]．商业经济研究，2016(13)：177－179.

③ 冷晨昕，刘灵芝，祝仲坤．城镇化背景下收入来源结构对农村居民消费的影响分析[J]．消费经济，2016(1)：28.

④ 高艳，聂荣．农村居民收入差距、收入结构与消费变动——基于面板数据联立方程模型的分析[J]．消费经济，2015(4)：8－13.

⑤ 陈晓飞．赵昊东．农村居民收入来源结构与边际消费倾向——基于整体性与区域差异的比较研究[J]．商业经济研究，2016(13)：177－179.

地调查与实证研究，从国民收入分配和劳动者收入结构视角提出新时期优化劳动者收入结构和扩大居民消费需求的对策建议①。

1.3 研究思路、主要内容和创新之处

1.3.1 研究思路

本书将深入分析国民收入分配对我国劳动者收入结构以及由此引起的对居民消费需求的影响，研究劳动者收入结构的内部特征及其与消费需求的内在关系，对持久性收入中工资性收入、转移性收入与财产性收入的变动及其对消费需求的影响进行深入探讨。通过构建包含国民收入分配、劳动者收入结构在内的消费函数模型，并运用统计分析、计量经济学等分析工具进行实证研究，从国民收入分配和劳动者收入结构视角探寻扩大居民消费需求的有效路径，为当前我国国民收入分配政策的调整、劳动者收入的提高与居民消费需求的增加提供对策与建议。本书内容主要包括：国民收入分配对劳动者收入结构的影响研究；劳动者收入结构的特征及其对居民消费需求的影响机制分析；国民收入分配结构对居民消费需求的影响的实证研究；劳动者收入结构对居民消费需求的影响的实证研究；扩大居民消费需求的国民收入分配政策研究；优化劳动者收入结构、扩大居民消费需求的路径与政策选择。

1.3.2 主要内容

（1）国民收入分配对劳动者收入、居民消费需求的影响机理分析。广大居民是边际消费倾向最高的群体，他们有很强的消费意愿，但是由于当前我国国民收入分配格局不合理，国民收入初次分配向企业和政府严重倾斜，政府的转移支付分配力度尚显不足，导致居民可获得的国民收入分配份额下降趋势明显，居民收入增长缓慢，收入差距和贫富差距不断加大，居民消费的能力和水平受到严重制约。

---

① 谢琦．国民收入初次分配对居民消费需求影响的实证研究[J]．经济体制改革，2013(2)：20.

第一，由于当前中国劳动力市场总体呈现出供过于求的状态，并且和劳动者有关的法律法规体系还不健全，在国民收入初次分配领域企业公开或隐蔽地将本来应属于劳动者的工资收入转化为利润，从而造成“利润侵蚀工资”现象，导致了劳动者只能得到较低的工资收入，从而限制了居民消费需求的快速增长。

第二，在国民收入再分配领域，多年来国家税收增长速度远远超过工资增长速度，国民财富过于向政府倾斜，从而造成“税收挤压工资”现象。此外，由于我国社会保障制度还不完善，政府对中低收入居民的转移支付分配力度尚显不足。并且，不同地区不同企业的劳动者在住房、养老、医疗、失业等方面的转移性收入存在较大差距，居民对未来收入预期并不乐观，使得劳动者增加现期储蓄水平，抑制了当前消费需求的增加。

（2）劳动者收入结构的特征及其对消费需求的影响机理。西方经济学家弗里德曼的持久收入理论，将劳动者收入划分为持久性收入与暂时性收入两种类型。持久性收入是指劳动者可以预期到的长久性的、较为稳定的收入，具体包括劳动者的工资收入、转移性收入、财产性收入等。暂时性收入包括劳动者的经济性收入、加班费、奖金、遗产、馈赠、意外所得等。国民收入分配格局的变化引起我国劳动者收入结构的变化，对居民消费需求产生了重要的影响：我国劳动者持久性收入偏低以及持久性收入的不稳定性、预防性特征抑制了居民消费需求的增长；劳动者暂时性收入的不确定性特征降低了居民的消费需求；当前劳动者的工资结构还不完善，企业劳动者的基础工资普遍较低，尤其是工资基数偏低；近年来房价上涨过快直接造成居民购房负担加重，虚高的房价远远超出了普通家庭的承受能力，过高的首付款和几十年的月供支出使大部分家庭不得不削减日常开支，极大地降低了居民的消费需求①。

（3）国民收入分配、劳动者收入结构与消费需求变动的统计分析与实

① 谢琦．房地产价格上涨对居民消费需求影响的实证研究［J］．社会科学辑刊，2012（6）：129.

证研究。一方面，运用统计分析工具，对我国国民收入分配状况、劳动者收入结构与消费需求的关系进行统计分析，对国民收入初次分配与再分配对劳动者收入结构及其内部各种结构关系的影响进行初步分析，对改革开放以来收入分配、劳动者收入结构与消费需求的基本状态进行统计描述。另一方面，将国民收入初次分配与再分配、劳动者的持久性收入与暂时性收入等作为主要分析变量，通过建立宏观经济模型，并运用统计分析、计量经济学等分析工具，对国民收入分配、劳动者收入结构对消费需求的影响进行深入的实证研究，考察诸多变量之间的短期波动与长期均衡关系，最终对国民收入分配、劳动者收入结构对居民消费需求的影响进行综合评价，从中得出一些重要结论。

(4) 深化国民收入分配制度改革、优化劳动者收入结构与扩大居民消费需求的对策分析。为扩大居民消费需求，应深化收入分配制度改革，调整国民收入分配格局；加快推进建立健全工资正常增长机制和工资支付保障机制，提高劳动报酬在初次收入分配中的比重；控制石油、金融、电力等垄断行业的过高收入，缩小行业收入差距；在垄断行业引入竞争机制，提高市场的开放程度；强化政府的收入再分配调节能力，不断完善住房、医疗、养老、失业保险等各项社会保障制度；调整和完善工资结构，加大工龄工资、技能工资、薪级工资、岗位工资等基础性工资的年度增长基数；稳定房价，抑制投资、投机性需求，重点加快政府保障民生性住房建设，多提供经济适用性住房、公租房、政府规定或限制成交价格住房等保障性住房，同时引导市场增加普通商品房的供给。

1.3.3 创新之处

第一，本书希望从理论上深入探讨国民收入分配与劳动者收入结构对居民消费需求的影响机理，分析劳动者收入结构的内涵、特征及其变动趋势，为扩大我国居民的消费需求、优化劳动者收入结构和实现质量型经济增长提供新的研究方向。

第二，关于国民收入分配与劳动者收入结构对居民消费需求影响的实证性研究较少，本书希望通过实证研究，为新时期调整国民收入分配政策、改善劳动者收入结构与扩大居民消费需求提供对策建议。

1.4 研究方法

1.4.1 统计分析法

在分析国民收入分配与劳动者收入结构与消费结构这个问题上，本书运用统计分析方法可以较为清晰和完整地反映中国国民收入分配制度、劳动者收入结构与消费需求结构的现状，总结经验，发现存在的问题。运用统计分析方法，能够对国民收入分配制度、劳动者的收入水平、收入结构和消费需求结构进行定量分析，客观评价国民收入分配制度、劳动者收入结构以及消费需求存在的问题。

1.4.2 计量分析法

利用计量经济学的分析工具，通过构建国民收入分配、劳动者收入及其内部各种收入结构与消费需求的宏观模型，定量研究国民收入分配、劳动者不同收入类型对消费需求的影响，通过模型估计结果对预期假设进行实证检验，发现其中存在的问题并提出相应的解决对策。具体来说，本书运用计量分析方法对国民收入分配制度对劳动者收入结构的影响，城乡劳动者的暂时性收入与持久性收入以及城乡劳动者的工资性收入、转移性收入与财产性收入与消费需求的关系进行了深入的实证研究，对城乡劳动者的收入水平与收入结构及其内部各种收入对消费需求的影响进行了数量上的深入分析。

1.5 结构框架

本书的主要内容和结构安排如下：

（1）第 1 章：导论。介绍了本书的研究背景和研究意义，分析了研究国民收入分配、劳动者收入结构与消费需求的意义，在对国民收入分配、劳动者收入结构与消费需求之间关系的相关文献资料进行系统梳理的基础上概括出本书的研究方向，介绍了本书的研究方法、创新之处以及主要内容。

（2）第 2 章：国民收入分配对劳动者收入结构和居民消费需求影响的机理分析。深入分析了国民收入分配、劳动者收入结构与消费需求的内涵，从理论上深入分析了国民收入初次分配和再分配对劳动者收入结构的影响，对劳动者持久性收入与暂时性收入的收入结构对居民消费需求造成的影响进行了理论阐释。

（3）第 3 章：国民收入分配、劳动者收入结构与消费需求变动的现状分析。运用统计分析工具，对国民收入初次分配与再分配的现状进行了分析，对我国城乡劳动者收入结构的现状进行了统计分析，并对改革开放以来城乡劳动者的消费水平与消费结构的现状进行了统计描述，为第 4 章的实证研究做好铺垫工作。

（4）第 4 章：国民收入分配、劳动者收入结构与消费需求变动的实证研究。从国民收入分配对劳动者收入结构的影响、国民收入初次分配和再分配对消费需求的影响，以及城乡劳动者收入结构对消费需求的影响等方面进行了深入的实证研究。本章是全书的重点与核心部分，运用计量分析工具对城乡劳动者的持久性收入、暂时性收入与消费需求的关系进行了实证研究，对城乡劳动者的工资性收入、转移性收入、经营性收入和财产性收入对消费需求的影响进行了深入的实证分析，对改革开放以来国民收入分配制度、劳动者收入结构及消费水平与消费结构的发展现状进行了综合分析与评价，从中得出了一些重要结论。

（5）第 5 章：深化国民收入分配制度改革的路径与对策建议。在第 3 章统计分析与第 4 章实证研究的基础上，本章重点从深化国民收入初次分配制度与国民收入再分配制度方面提出了具体的改革路径与对策建议，为深化国民收入分配制度、提高劳动者收入水平提出了具体的对策建议。

（6）第 6 章：优化城乡劳动者收入结构的路径与对策建议。在第 3 章统计分析与第 4 章实证研究的基础上，本章重点分析了优化城乡劳动者收入结构、提高劳动者收入水平的对策和建议，研究了提高劳动者消费率的收入结构路径。

（7）第 7 章：结论。得出了全书的结论，指出存在的问题，并提出进一步研究的方向。

2 国民收入分配对劳动者收入结构和居民消费需求影响的机理分析

2.1 国民收入分配、劳动者收入结构与消费需求的内涵

2.1.1 国民收入分配的含义

国民收入分配包括国民收入初次分配和国民收入再分配。

国民收入初次分配是指生产活动所创造的价值在参与生产活动的生产要素所有者及政府之间进行分配，也就是国民收入在企业、政府与劳动者之间的分配，它反映了一国劳动者能否真正共享本国改革开放与经济发展的成果。

国民收入再分配是在初次分配的基础上，通过经常转移对国民收入进行再次分配。国民收入再分配主要包括社会保障制度。社会保障是国家和社会依据一定的法律和规定，通过对国民收入的再分配保障全体社会成员基本生活的社会安全的总称。在经济转型时期，随着经济的发展，收入分配中的“马太效应”会逐渐扩大收入差距，导致日益严重的贫富分化。因此，初次分配单靠市场机制的调节难以实现公平。而社会保障属于再分配领域，是社会公平的体现和产物，是实现收入公平分配的重要途径。当劳动者遭受经济衰退的打击、失业甚至基本生存都成问题的时候，通过社会保障制度可以为他们提供基本的生存条件，帮助他们渡过难关。因此，建立社会保障体系可以帮助劳动者有效抵御风险，它也是一

个社会经济发展的“安全网”，关系到社会的稳定与经济的协调、健康发展①。

2.1.2 劳动者收入结构的内涵

本书按照西方经济学家弗里德曼的持久收入理论，将劳动者的收入分为持久性收入与暂时性收入两种类型。持久性收入是指劳动者可以预期到的长久性的较为稳定的收入；暂时性收入是指劳动者不能预期到的短暂的、非连续的、带有偶然性质的收入。

根据中国的国情，在本书中城镇劳动者的持久性收入具体包括城镇劳动者的工资性收入、转移性收入与财产性收入。其中，城镇劳动者的工资性收入是指企业直接支付给劳动者的劳动报酬，具体包括劳动者的基本工资、岗位工资、薪级工资、工龄工资、技能工资、各类补贴（包括交通补贴、物价补贴、住房补贴、通信补贴等）及奖励。城镇劳动者的转移性收入是指国家、单位、社会团体对劳动者家庭的各种转移支付和劳动者家庭间的收入转移，包括政府向个人收入转移的失业救济金、离退休金与赔偿等，单位向个人收入转移的保险索赔、辞退金、住房公积金以及家庭间的赠送和赡养等。城镇劳动者的财产性收入是指通过家庭拥有的房屋、车辆、收藏品等不动产和银行存款、有价证券以及利息与红利等动产所获得的收入。具体来说，财产性收入又可以分为金融资产与实物资产两种类型。其中，金融资产包括现金、储蓄存款、股票、债券、保险等，实物资产包括住房资产和耐用消费品等。暂时性收入具体包括劳动者的加班费、奖金、津贴、过节费、遗产、馈赠、意外所得等不确定性收入。在本书中，城镇劳动者的暂时性收入主要包括城镇劳动者的经营性收入和城镇劳动者的加班费、奖金、津贴、过节费、遗产、馈赠、意外所得等不确定性收入。城镇劳动者的经营性收入是指城镇劳动者从事生产经营服务活动所取得的收入。

① 谢琦，燕晓飞．社会保障制度与劳动者收入相关性研究[J]．商业时代，2010(12)：84.

农村劳动者的持久性收入具体包括农村劳动者工资性收入、转移性收入与财产性收入。其中，农村劳动者的工资性收入是指农村住户成员受雇于单位或个人，靠出卖劳动力而获得的全部劳动报酬和各种福利收入，主要包括农村劳动者在本地企业工作以及去外地打工的收入。农村劳动者的财产性收入是指金融资产或有形非生产性资产的所有者向其他机构单位提供资金或将有形非生产性资产供其支配，作为回报而从中获得的收入，主要包括农民的银行储蓄资产、购买股票和债券等有价证券资产、农民宅基地和农村集体土地财产性收入、出让农民个人承包土地使用权所获得的财产性收入等。农村劳动者的转移性收入是指农村住户和住户成员无须付出任何对应物而获得的货物、服务、资金或资产所有权等，不包括无偿提供的用于固定资本形成的资金，一般情况下，是指农村住户在二次分配中的所有收入，具体来说，包括政府发放给农民的各种补贴、救济、保障等收入①。

而农村劳动者的暂时性收入是指农村劳动者不能持续获得的、不能预期到的较不稳定的收入，主要包括农村劳动者的经营性收入。农村劳动者的经营性收入是指农村劳动者以家庭为单位进行生产经营管理活动而取得的收入。

根据弗里德曼以及许多经济学家的研究，持久性收入与暂时性收入对居民消费需求的影响差异巨大。其中，持久性收入是决定居民消费需求的决定性因素，暂时性收入对居民消费需求的影响则非常微弱。因此，只有依靠大幅度提高劳动者的持久性收入，使劳动者对其未来收入形成良好而稳定的预期，才能扩大当前中国劳动者的消费需求，改变经济增长过度倚靠投资与出口拉动的不利局面，进而实现中国经济增长模式的转型。因此，从持久性收入与暂时性收入的视角来分析劳动者收入结构，可以从新的研究方向深入探讨转型时期影响劳动者收入的关键因素，对于经济增长模式的转型和扩大劳动者消费需求具有非常重大的现实意义。

① 谢琦．劳动者两种不同收入类型对消费需求的影响[J]．中州学刊，2011(5)：62.

本书重点研究了近年来中国劳动者的持久性收入与暂时性收入及其内部的各种收入结构的特征及其变动趋势，总结了当前中国劳动者收入结构存在的突出问题，探讨了影响劳动者收入的多种因素，为新时期提高劳动者持久性收入、实现劳动者的“体面劳动”和未来经济的可持续发展提出对策建议。

2.1.3 消费水平与消费结构的内涵

（1）消费水平的内涵

消费水平是指一定时间内劳动者家庭人均拥有消费资料和劳务的数量，它体现了一定社会劳动者的人均生活水平和生活质量。具体来说，消费又分为实物消费、价值消费和劳务消费。其中，实物消费包括劳动者家庭人均食品消费、家庭人均衣着消费、家庭人均居住消费、家庭人均家庭设备及用品消费、家庭人均交通通信消费、家庭人均文教娱乐消费、家庭人均医疗保健消费，以及家庭人均其他消费支出等方面。价值消费是指以货币形态来衡量劳动者的消费水平，包括劳动者家庭人均可支配收入与家庭人均消费量等。劳务消费是指从消费服务的角度来衡量消费水平，主要表现在劳动者的文化教育培训、卫生医疗保健、体育休闲娱乐等方面。此外，对消费水平，还可以从消费者的闲暇时间与闲暇质量等方面来进行全面考察。在本书中，将从城镇和农村劳动者的恩格尔系数、总体消费需求、各项主要消费支出、不同地区劳动者的消费状况等方面进行深入考察。

（2）消费结构的内涵

消费结构是指一定时间内劳动者所消费的各种消费资料与劳务消费的比例关系。从消费需求角度来说，消费结构包括生存资料消费、享受资料消费与发展资料消费；从消费对象的不同使用价值角度来说，消费结构包括吃、穿、住、用、行等方面的消费；从消费方式角度来说，消费结构包括社会公共消费与劳动者消费；从消费主体角度来说，消费结构又包括微观消费结构与宏观消费结构。在本书中，将从城镇与农村劳动者各项消费支出以及各大类消费支出方面进行深入考察。

2.2 国民收入分配对劳动者收入结构的影响

2.2.1 国民收入初次分配对劳动者收入结构的影响

（1）国民收入初次分配中劳动者报酬比重偏低造成工资性收入水平偏低

表2－1中的数据显示，从当前我国国民收入初次分配的情况来看，近年来我国劳动者报酬在国民收入初次分配中的比重出现先不断下降再不断上升的趋势。国家统计局的资料显示，从1990年的51.96%下降到2007年的40.53%，下降了11.43个百分点。而从2007年之后，劳动者报酬占国内生产总值的比重开始出现不断上升的趋势，从2008年的47.17%上升至2016年的52.04%，上升了4.87个百分点。而考察世界发达国家与发展中国家的这一比重普遍在54%～65%，因此，即使按照2016年的最新数据，我国劳动者报酬占国内生产总值的比重依然低于世界上很多国家的平均水平。因此当前国民收入初次分配中劳动者报酬所占比重较低造成我国劳动者的工资性收入水平偏低。

表2－1　劳动者报酬占国内生产总值的比重

年份	劳动者报酬/亿元	国内生产总值/亿元	劳动者报酬占国内生产总值的比重/%
1990	9806.27	18872.90	51.96
1991	11027.82	22005.60	50.11
1992	12970.55	27194.50	47.70
1993	17332.81	35673.20	48.59
1994	23217.82	48637.50	47.74
1995	30453.77	61339.90	49.65
1996	36622.20	71813.60	51.00
1997	40628.24	79715.00	50.97
1998	43988.95	85195.50	51.63
1999	45926.43	90564.40	50.71

续表

年份	劳动者报酬/亿元	国内生产总值/亿元	劳动者报酬占国内生产总值的比重/%
2000	49948.20	100280.10	49.81
2001	54934.80	110863.10	49.55
2002	60099.40	121717.40	49.38
2003	67260.69	137422.00	48.94
2004	69639.64	161840.20	43.03
2005	81888.02	187318.90	43.72
2006	93822.83	219438.50	42.76
2007	109532.27	270232.30	40.53
2008	150701.80	319515.50	47.17
2009	170299.71	349081.40	48.79
2010	196714.07	413030.30	47.63
2011	222528.35	489300.60	45.48
2012	256676.81	540367.40	47.50
2013	299072.28	595244.40	50.24
2014	328602.76	643974.00	51.03
2015	357432.03	689052.10	51.87
2016	386976.20	743585.50	52.04

资料来源：《中国统计年鉴（2019）》。

（2）国民收入初次分配的不公平状态造成了劳动者的工资性收入比重偏低

国家统计局的数据显示，1992年国民收入初次分配中，居民、企业和政府所占比重分别为65.17%、19.1%和15.73%；2008年国民收入初次分配中，居民、企业和政府所占比重分别为57.24%、25.24%和17.52%；2016年国民收入初次分配中，居民、企业和政府所占比重分别为61.27%、24.25%和14.48%。由此可见，在国民收入初次分配中，1992—2008年居民所占比重呈下降的趋势，而相反，政府和企业所占比重却呈上升的趋势。2009—2016年，中国国民收入初次分配中居民所占比重呈现出缓慢上升的趋势，而政府和企业所占比重呈现出缓慢下降的趋势。在20世纪90

年代初，当时我国劳动者报酬在初次分配中的比重较高，但是从 2003 年之后劳动者报酬在初次分配中的比重出现了不断下降的趋势，直到近两年这一比重才有所回升（见图 2－1）。上述变动趋势说明当前我国还不尽合理的初次分配制度不仅抑制了广大劳动者工资性收入的增加，而且也无法使广大居民真正共享改革开放与经济发展的成果。国民收入初次分配的不公平状态造成了劳动者的工资性收入比重偏低。

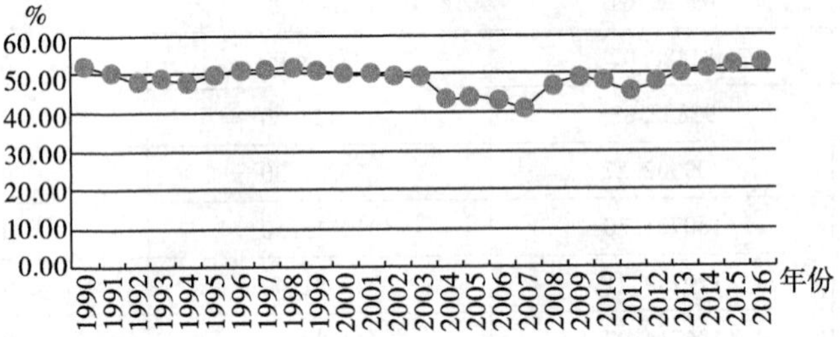

图 2－1　劳动者报酬占国内生产总值的比重

资料来源：《中国统计年鉴（2019）》。

（3）不断增加的政府税收挤占了劳动者的工资性收入比重

在国民收入初次分配中，政府税收不断挤占劳动者的工资收入，导致国民财富过于向政府倾斜，从而造成“税收挤压工资”现象的出现。国家统计局的数据显示，政府收入占国内生产总值的比重多年来呈不断上升的趋势。1978—2017 年政府财政收入年均增长速度为 14.3%，可见，改革开放 40 多年来政府收入一直保持了快速的增长（见图 2－2）。深入研究发现，当前中国的税收制度还不尽合理，严重影响了劳动者收入的增加，主要表现在以下两个方面：第一，工薪阶层已经成为个人所得税的纳税主体。有统计显示，65% 的个税来自占个税缴纳群体 80% 的中低收入者，而占个税缴纳群体 20% 的高收入者，占有银行存款总量 80% 的比例，其缴纳的个税比例却不到税收收入总量的 10%[①]。不仅如此，目前中国的个税起征点为 3500 元，与近些年来不断上涨的房价、物价相比，目前个税起征点

① 吴丹. 个人所得税改革研究[J]. 农村经济与科技，2019(2)：62.

的调整明显滞后，对普通工薪阶层十分不利。第二，税费负担过重。根据周天勇的计算，目前中国的税费负担率约为36.2%。尽管这些年随着社会的发展，“费”有所减少，但“税”一直在增加。例如，2017年中国国民总收入为818461亿元，而政府财政收入为172592.77亿元，占当年国民总收入的21.09%。而政府财政收入的主要来源就是税收。可见，税收负担过重进一步降低了劳动者能够得到的工资性收入比重。

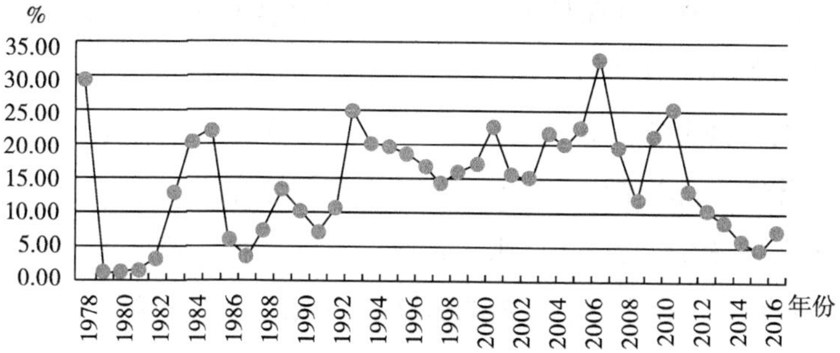

图2-2 财政收入增长速度

资料来源：《中国统计年鉴（2019）》。

2.2.2 国民收入再分配对劳动者收入结构的影响

（1）社会保障制度尚未完善导致劳动者转移性收入偏低

当前我国劳动者的养老、医疗、教育、失业等社会保障制度尚未完善，导致政府能够给予劳动者的转移性收入偏低，无法满足劳动者日常生活的需要。以住房公积金为例，除垄断性行业外，目前我国大多数企业发放给劳动者的住房公积金与当地不断高企的房价相比，标准明显偏低，在北、上、广、深等特大城市，劳动者一年辛苦工作积攒下来的住房公积金还买不了一平方米的住房，许多地区普遍陷入了住房公积金“用来买房远远不够”的尴尬局面。而转移性收入作为政府和单位向劳动者发放的一种社会保障与福利收入，对其的恰当运用未来可以起到矫正国民收入初次分配不平等的作用，可以对我国目前日益扩大的居民收入差距进行有效的调节。然而，随着中国经济的快速发展，不同地区不同单位劳动者的住房公积金却存在较大差距。不同企业劳动者的住房公积金差距则更大。另外，调研发现很多私营企业的劳动者甚至没有住房公积金。

此外，不同企业劳动者的离退休收入也存在较大差距。如果再计算垄断行业退休职工的养老金，差距则更大。不仅如此，由于我国当前医疗保障制度还不够完善，劳动者一旦生病住院，个人及其家庭还要承担很大一部分的医疗费用，其所在单位只能为其报销少部分的费用。并且，我国教育资源分布的非均衡性导致劳动者在子女入园、上学等方面的负担沉重，而单位所能提供的教育保障十分有限。上述这些状况都作为不稳定因素，减少了劳动者的转移性收入。

（2）尚未健全的住房保障制度限制了劳动者财产性收入的增加

对于普通劳动者来说，住宅是劳动者直接持有的主要财产性收入。但是，我国商品房市场化改革以来，企业已不再为职工解决住房问题。而多年来房地产价格不断上涨，政府为劳动者提供的各类保障性住房又十分有限，住房问题成为目前困扰我国劳动者生活的主要问题。由于劳动者在初次收入分配中获得的工资性收入偏低，导致劳动者没有足够的资金去进行资产投资，造成当前普通劳动者几乎没有多少财产性收入。面对不断攀升的房价，大多数劳动者甚至根本没有能力购买自己的房产，无法获得财产性收入，限制了劳动者财产性收入的增加。以房地产投资为例，2018 年 12 月易居研究院监测的数据显示，全国一百座城市新建商品住宅成交平均价格是 13382 元/平方米，同比增长 8.2%。其中，一线、二线、三线和四线城市的新建商品住宅成交平均价格分别为 46485 元/平方米、14240 元/平方米和 10885 元/平方米。其中，一线城市 4 万元以上的平均价格持续了 21 个月，二线城市 1.4 万元以上的平均价格持续了 3 个月，三线和四线城市 1 万元以上的平均价格持续了 17 个月①。再以北京为例，根据云房数据研究中心统计，2018 年 11 月北京市二手住宅均价为 59224 元/平方米②。

---

① 江楚雅．2018 年 12 月百城房价数据如何，最新中国百城房价报告［N］．长江商报，2019－01－29.

② 搜狐云房资讯．2018 年 11 月北京二手住宅成交量价［EB/OL］．http://www.sohu.com/a/281180467_704033.

以居民购买100平方米的住宅为例，按照这个价格购买房屋总价为5922400元。按照2018年北京市城镇居民人均可支配收入62361元来计算，则需要一个家庭不吃不喝积攒47年。这还仅是北京市二手房市场的均价，如果考虑在北京市五环以内购买住宅，则价格会更高。因此，当房价不断攀升时，中低收入家庭根本无法购买自己的住宅，即便有部分居民已经在房价上涨之前购买了一套住房，但是由于这套住宅仅是用来满足家庭自住，也就无法获得因房产升值而带来财产性收入。

2.3 国民收入分配对居民消费需求的影响

2.3.1 国民收入初次分配对居民消费需求的影响

凯恩斯的绝对收入消费函数表明，影响消费的决定性因素是居民的可支配收入，而决定居民可支配收入的关键在于国民收入初次分配的状况。因此，当前我国国民收入初次分配的状况直接影响到居民的消费水平与消费状态。具体来说，初次收入分配状况对居民消费需求的影响主要体现在两个方面：

（1）初次分配水平对居民消费需求的影响

①初次分配领域，企业支付给劳动者的报酬偏低影响了居民消费需求的快速增长

在国民收入初次分配领域，企业支付给劳动者的报酬直接决定了居民消费需求的水平。然而，目前我国劳动者的总体收入偏低，严重影响了居民消费需求的快速增长。深入分析中国国民收入初次分配制度，劳动者收入偏低的原因在于，当前中国劳动力市场劳动者的供给数量总体上呈供过于求的状态，并且和中国劳动者有关的法律法规体系还不健全，因此许多企业公开或隐蔽地将本来应属于劳动者的报酬变成企业利润，导致了劳动者只能得到较低的工资性收入，从而制约了广大居民消费需求的快速增长。

②税收增长幅度远远超过劳动者报酬的增长速度，不利于居民消费需求的增长

在国民收入再分配环节，中央和地方政府财政收入的增长幅度远远超过劳动者报酬的增长幅度，导致国民财富过于向政府集中，造成劳动者的收入水平和消费需求偏低。因此，财富过于向政府倾斜，不利于居民消费需求的增长和国民经济的健康运行。近年来，交通、住房、通信等补贴也被纳入了工资总额管理，须缴纳个人所得税，这些做法都会不同程度地减少劳动者的个人可支配收入，抑制广大居民潜在的消费需求，进而减少整个社会的总需求。

此外，普通商品的间接税过高也限制了居民消费需求的快速增长。例如，每天居民饮用的自来水中就包括了增值税、城建税和教育费附加等多项税种，而日常消费中的流转增值税税率在15%～17%。以此估算，一名居民每月个人消费2000元左右，承担的间接税高达200元以上，与一个月收入4000元的纳税人个税数额相当。商品在生产、运输、流通、消费的每个环节都要交税，甚至在销售环节的批发、分销、代理，每增加一个流通环节也要交税。中国增值税比例占到了国家财政收入的60%，而在欧美增值税所占比例最高的法国，这一比例也只有45%[①]。可见，取消生活必需品的间接税可以降低这些商品的价格，不仅能够增加中低收入居民的消费需求，而且还可以减轻他们的生活负担，使老百姓能够共享改革开放和经济社会发展的成果[②]。

（2）初次分配结构对居民消费需求的影响

①居民内部收入差距扩大对消费需求的影响

凯恩斯的边际消费倾向递减规律表明，收入较高阶层的基本需求已经满足，这部分人群的边际消费倾向相对较低，其增加的收入大多转化为投资需求；而收入较低的阶层基本的需求还远未实现，这部分人群的边际消

① 张榕博．专家称间接税高增加民众负担[N]．齐鲁晚报，2012－03－26.

② 谢琦．国民收入分配对居民消费需求的影响[J]．现代经济探讨，2013(3)：32.

费倾向相对较高，其增加的收入大部分转化为消费需求（凯恩斯，1997）。经济学家卡莱茨基的研究也表明，资本收入的边际储蓄倾向要远高于工资收入的边际储蓄倾向（卡莱茨基，1971）。因此，广大居民是边际消费倾向最高的群体，他们具有很强的消费意愿，而资本所有者的边际消费倾向明显要低于劳动者的边际消费倾向。但是当前中国国民收入初次分配结构不合理，劳动者报酬占国民收入的比重连续多年偏低，居民收入增长缓慢，居民内部收入差距不断扩大，抑制了广大居民消费需求的快速增长。根据国家统计局公布的数据，2002 年城镇最高收入户的人均总收入是农村低收入户的人均总收入的 7.99 倍，2012 年这一比值下降到 7.59 倍。按照收入的新统计口径来计算，2013 年城镇最高收入户的人均可支配收入是农村低收入户的人均可支配收入的 5.84 倍，2017 年这一比值下降到 5.62 倍。从这些数据来看，城镇居民最高收入户与农村居民最低收入户的收入差距近年来呈现出缓慢缩小的态势，但是他们之间的收入差距依然较为明显。较大的收入差距影响了中低收入居民消费需求的快速增长。大幅提高劳动者报酬占国民收入初次分配的比重，可以提高广大中低收入居民的收入水平，从而刺激他们的消费需求，保证国民经济的健康运行。

②行业间职工收入差距对消费需求的影响

中国行业间居民初次分配收入差距不断扩大，也是居民消费需求增长缓慢的重要原因。根据国家统计局公布的数据，2011 年全国城镇非私营在岗职工年平均工资最高的三个行业分别是金融业 91364 元，信息传输、计算机服务和软件业 70619 元，科学研究、技术服务和地质勘查业 65238 元；年平均工资最低的三个行业分别是农、林、牧、渔业 20393 元，住宿和餐饮业 27847 元，水利、环境和公共设施管理业 30750 元。2011 年全国城镇非私营单位在岗职工年平均工资最高行业金融业与最低行业农、林、牧、渔业工资之比为 4.48∶1。2017 年全国城镇单位就业人员年平均工资最高的三个行业分别是：信息传输、计算机服务和软件业 133150 元，金融业 122851 元，科学研究和技术服务业 107815 元；年平均工资最低的三个行业分别是农、林、牧、渔业36504元，住宿和餐饮业45751元，居民服务、修理和其他服务业50552元。2017年全国城镇非私营单位在岗职工年平均工资最高行业信息传输、计算机服务和软件业与最低行业农、林、牧、渔业工资之比为3.65∶1。从上述数据可以看出，2011—2017年，城镇居民行业间收入差距略微缩小，但目前中国行业间居民的收入差距依然较大，这种行业间居民收入不平衡的状况制约了广大居民消费需求的增加①。

③企业内部职工收入差距日益扩大对消费需求的影响

2009年全国总工会的专项调研显示，2006年我国国有企业高级管理人员与企业一线职工的收入差距为6.72倍，2008年这一收入差距则扩大到17.95倍。此外，企业内部员工的收入差距也在不断扩大。目前，我国67.2%的职工每月工资收入低于全国职工平均工资水平（2152元），17.3%的职工每月薪酬仅为1000元。根据国务院发展研究中心的调查，企业总经理与普通职工年平均工资收入差距在3~15倍的占61.2%，差距在15~25倍的占14%，差距在25~50倍的占7.4%，差距在50倍以上的占6.4%。例如，同是银行业，高管的工资高过普通职工数十倍；有的行业管理层和普通职工的收入差距甚至有30多倍②。企业内部职工收入差距的不断扩大、低收入职工的比重过大，也抑制了广大居民消费需求的快速增加。

2.3.2 国民收入再分配对居民消费需求的影响

由于当前中国经济还处在转型时期，就业、收入增长和社会保障制度等诸多因素面临许多不确定性，居民的预防性动机明显增强。但是由于中国当前社会保障制度还不完善，政府对中低收入劳动者的转移支付分配力度尚显不足，并且中国不同地区、不同行业、不同企业、城乡间的劳动者在住房、养老、医疗、失业等方面能够获得的转移性收入存在较大差距，

---

①② 谢琦．国民收入初次分配对居民消费需求影响的实证研究[J]．经济体制改革，2013(2)：21-24.

导致劳动者对未来预期并不乐观，劳动者的生活负担加大，从而使得劳动者存在较强的预防性动机，导致其增加现期储蓄水平，抑制了当前消费需求的快速增长。例如，从医疗支出占国内生产总值的比重来看，2009 年世界平均水平为 10.04%，高收入国家为 11.84%，中等收入国家为 5.6%，低收入国家为 5.13%，而中国只有 4.57%。1992—2009 年，中国居民承担了大部分医疗卫生费用，许多年份居民实际负担了 50% 以上的医疗支出。由于我国医疗保险制度与医疗救助体系尚未完善，近年来，药品、医疗费用上涨较快，导致我国居民及其家庭实际负担的医疗费用不断攀升，给患者个人及其家庭带来了较重的经济负担。据有关部门统计，2005 年仅慢性大病一项所导致的居民家庭经济负担就超过了 1.5 万亿元，占 2005 年国内生产总值的 8.4%，慢性大病所导致的巨额医疗支出是病人及其家庭难以承受的，很多家庭都因此而负债累累①。此外，由于当前中国的廉租房、经济适用房、限价房等保障性住房供给非常有限，房价的不断攀升导致老百姓为购买到一套属于自己的房子需要付出几十年甚至一辈子的积蓄，因此，他们必然会省吃俭用而不去消费，从而抑制了广大居民消费需求的增加。②

2.4 劳动者收入结构对居民消费需求的影响

2.4.1 持久性收入对消费需求的影响

2.4.1.1 持久性收入过低抑制了当前消费需求的快速增长

根据经济学家弗里德曼的持久性收入消费函数理论，居民的收入可以分为持久性收入与暂时性收入两种类型，而持久性收入由于是消费者可以预期到的能够稳定获得的收入，因而是决定消费需求的关键因素。在其他条件不变时，居民的持久性收入越高，他们的边际消费倾向也越高，消费

① 崔峰．慢性大病渐成我国严重经济社会问题之一［N］．经济参考报，2011－07－22.

② 谢琦．国民收入分配对居民消费需求的影响［J］．现代经济探讨，2013（3）：30－33.

需求也就会越多。持久性收入决定了持久性消费，因此，当前劳动者持久性收入的多少直接决定了居民消费需求的多少。而当前中国劳动者的持久性收入过低严重抑制了消费需求的快速增长，具体表现在以下几个方面：

（1）工资性收入对消费需求的影响

工资性收入是劳动者持久性收入中最主要的部分，是构成劳动者持久性收入的主要来源。因此，工资性收入的多少将直接决定劳动者的消费需求，分析工资性收入的变动对于研究劳动者持久性收入对消费需求的影响至关重要。近年来，中国劳动者的工资性收入水平总体偏低，劳动者工资性收入在国民收入分配中所占的比重较低并且呈现日益下降的趋势。1987 年城镇劳动者人均工资性收入为 882.97 元，2017 年城镇劳动者人均工资性收入为 22200.93 元，城镇劳动者人均工资性收入占劳动者人均收入的比重从 1987 的 87.23% 下降到 2017 年的 61%，31 年间下降了 26.23 个百分点。工资性收入在劳动者收入中的比重呈不断下降的趋势会进一步减少居民的消费需求。

（2）转移性收入对消费需求的影响

转移性收入也是劳动者持久性收入的重要来源，因此，分析转移性收入的变动对于持久性收入与消费需求的影响也具有非常重要的意义。当前中国劳动者的转移性收入较低严重制约了劳动者的持久性收入与消费需求的快速增长。1987 年城镇劳动者人均转移性收入为 112.95 元，2017 年城镇劳动者人均转移性收入为 6523.64 元，城镇劳动者人均转移性收入占劳动者人均收入的比重从 1987 年的 11.16% 提高到 2017 年的 17.92%，31 年间仅提高了 6.76 个百分点，增长较为缓慢。不仅如此，中国不同地区、不同行业、不同企业劳动者的转移性收入存在较大差别，尤其是一些竞争充分的国有、私营中小型企业的劳动者转移性收入较低，劳动者缺乏有效的生活保障。例如，许多竞争性行业的企业退休职工的养老金远远低于垄断行业和政府退休人员的养老金，有的竟相差几倍甚至更多。而劳动者社会保障方面的财政投入不足，也是造成当前劳动者转移性收入过低的重要原因。2017 年中国社会保障和就业支出占国家财政支出比重为 12.12%，2017 年中国人均社会保障和就业支出为 1770.52 元，仅相当于当年城镇劳动者可支配收入的6.82%。由于劳动者转移性收入较低导致的持久性收入偏低也会进一步降低居民的消费需求。

（3）财产性收入对消费需求的影响

财产性收入也是劳动者持久性收入的重要来源，因而财产性收入也将对消费需求产生非常重要的影响。但是当前中国劳动者的财产性收入偏低，抑制了居民消费需求的增长。近年来，随着房价和物价的节节攀升，劳动者微薄的收入只能用于解决基本的温饱问题，再加上政府政策性、保障性住房的供给有限，尤其是一些大城市的劳动者更难以通过商品化的住房市场解决基本的居住问题，这是导致当前中国劳动者的财产性收入比重偏低的主要原因。根据国家统计局的数据，2017 年在中国城镇劳动者的收入中，工资性收入所占比重为61%，财产性收入所占比重仅为9.91%。可见当前在城镇劳动者收入中，工资性收入占主要部分，而财产性收入所占比重较小。此外，由于目前中国金融市场还不健全，资本市场的法制化监管又远未完善，而劳动者的投资理财渠道十分有限，许多保守的劳动者只能把收入存入利息较低的银行，从而限制了劳动者财产性收入的增加，进而导致劳动者的持久性收入增长缓慢，抑制了居民消费需求的增长。

由于劳动者的财产性收入分为住宅资产和金融资产，下面针对这两种不同类型的财产性收入来分别分析其对居民消费需求造成的影响。

①住宅资产价格上升对有房劳动者的消费需求造成的影响

尽管房价在不断上升，对于已有一套属于自己住房的劳动者来说，住房主要用于满足家庭自住的需要，因而房产价格不断攀升不会增加这部分劳动者现时的消费需求。如果这部分已有住房的劳动者为改善居住条件想要购买更大户型的住宅，则会采取以下做法：一是再买新房；二是卖掉原有住房后再购买新房。在第一种办法中，房价持续攀升导致劳动者要付更多房款才能购买新房，因此这部分劳动者为积攒购房款必然会减少家庭的消费需求。在第二种办法中，即使劳动者能够变卖掉自己的住房，但出于实际居住需要，他们又会重新购买新的住房，因此住房资产价格的不断攀升仍会迫使劳动者为购买更大面积的新住房而不断储蓄，这部分劳动者也会缩减家庭其他方面的支出。因而对于只有一套自己住房的劳动者而言，房产价格上涨并不会增加他们现期的消费需求。

对于已有两套及两套以上住宅的劳动者而言，房产价格不断上涨有可能带来巨大的财富效应。然而由于我国还处在转型时期，房地产方面的相关管理政策仍处在不断变化与调整之中，因而有些房产还不能够真正上市交易。因此，对已有不能变现房产的劳动者而言，即使他们拥有的住房资产价格不断上升，但由于不能立即变现，也只是家庭虚拟财富在增加，住宅资产并不具有现实的购买能力，因而家庭的消费需求不可能得到大幅度增加。此外，由于有两套以及两套以上可交易房产的劳动者人数较少，他们属于高收入阶层，在社会的收入分配中位于金字塔的顶端，而这部分高收入阶层的边际消费倾向远远低于中低收入阶层的边际消费倾向，因此依靠他们增加的消费需求十分有限。

②住宅资产价格上升对无房劳动者的消费需求造成的影响

对于无房的中低收入劳动者而言，住房是他们的生活必需品，用于满足自住需要，因而这部分劳动者对住房有刚性需求。但是目前各地政府为中低收入劳动者提供公租房、廉租房、经济适用房和限价房等公共保障性住房的能力十分有限，面对高企的房价，这部分劳动者必然会省吃俭用，从而降低了家庭其他方面的消费支出。因此，对于无房的劳动者来说，住房资产的财富效应为负。

由此可见，无房或者仅有一套住房的中低收入劳动者占总人口的比重很大，我国住房资产价格不断攀升的财富效应必然十分微弱。

③股票市场对居民消费需求的影响

第一，股票财富占比偏低，导致其财富效应未能有效发挥。

股票财富占劳动者总资产的比重偏低是当前中国股票市场财富效应没有真正发挥作用的重要原因。1993—2017 年，我国 A 股流通市值占国内生产总值的年均比重为 22.04%。20 世纪 90 年代美国出现长达十年经济繁荣的重要原因之一就是股市财富刺激居民消费需求不断增加。相反，我国股票市场近年来呈剧烈波动的趋势，并且股票财富占劳动者总资产的比重较低，从而导致我国股票市场的财富效应未能真正发挥。此外，我国广大农村劳动者拥有股票的数量更低，也使股票市场对农村劳动者消费需求的影响较小①。

第二，我国股票市场发展尚未完善，限制了消费需求的增长。

我国股市不具有明显财富效应的另一个重要原因在于，当前我国股票市场结构还不完善，股市投资品种单一，近年来股市大起大落、波动剧烈，广大股民对于股市未来发展的预期并不乐观，他们在股票市场的投机动机非常明显，无法将从股票市场获取的收益转换成稳定的消费需求。此外，目前股票市场上市公司现金分红总体水平过低，股利支付率只有20%～30%，而国外市场的股利支付率大多在40%～50%②。最后，股票市场缺失诚信的现象层出不穷，再加上信息不对称等原因，多年来为数众多的中小股民实际上已经成为股市上的弱势群体，如今很多老股民都损失惨重，他们的消费意愿必然降低。

2.4.1.2 持久性收入的不稳定性、预防性特征抑制了劳动者的消费需求

（1）持久性收入的不稳定性特征抑制了劳动者的消费需求

劳动者就业的稳定性会直接影响其收入的稳定性，因而劳动者就业所表现出来的内在特征是决定其是否是持久性收入的主要因素。在中国的计划经济体制下，劳动者的就业通常都具有非常强的稳定性特征，工作单位一般不会解雇劳动者，劳动者在不同就业单位之间的流动性通常也非常低。因此，计划经济体制下就业的稳定性决定了劳动者收入的稳定性特征，工资性收入是劳动者最主要的收入来源，劳动者的收入结构构成也较为单一，这也决定了劳动者稳定的消费需求。但是从20世纪90年代中后期开始，与国有经济部门的激进式改革相伴随的是大量的失业下岗人员被排除在传统的稳定就业形式之外，固定职工的比重从1995年的75.06%下降到2002年的52.51%。而其他就业形式（临时工、短期合同工等）所占比重则大幅增长。在就业人员中，稳定就业人员所占比重在1995—2002年

①② 谢琦．财产性收入对居民消费需求影响的实证研究[J]．消费经济，2014(2)：11.

下降了近 20 个百分点①。不仅如此，在市场经济体制下，随着经济周期的不断波动，不同所有制和不同类型企业的经济效益变动较大，由劳动者非稳定性就业所引起的持久性收入的不稳定性特征明显增强。因此，劳动者就业的非稳定性特征直接导致劳动者持久性收入的非稳定性，劳动者的收入结构也由过去单一的以工资性收入为主逐渐过渡到工资性收入、经营性收入、财产性收入、转移性收入以及持久性收入与暂时性收入等共存的多元化的收入结构，具有稳定性特征的持久性收入比重近年来出现不断下降的趋势，而劳动者的暂时性收入比重则呈不断上升的趋势，从而导致劳动者持久性收入表现出来的不稳定性特征日趋明显。

（2）持久性收入的预防性特征抑制了劳动者的消费需求

随着市场化改革的深入进行，劳动者在住房、就业、医疗、教育、养老等方面的压力不断加大。传统的由国家和劳动者所在企业提供住房、就业、医疗、教育、养老的福利化政策逐步被取消，而改由劳动者个人及其家庭来负担。同时，由于现阶段中国的社会保障制度有待进一步完善，劳动者的持久性收入中有相当大的比例要用于储蓄，以保障未来劳动者及其家庭诸如住房、医疗、教育、养老等重要支出的需要，因而劳动者持久性收入的预防性特征也明显增强。

因此，基于上述分析，由于劳动者的持久性收入过低，劳动者持久性收入的不稳定性、预防性特征，导致了劳动者对未来收入预期并不乐观，从而使劳动者只能增加现期储蓄而减少消费，制约了当前居民消费需求的快速增加。

2.4.2 暂时性收入对消费需求的影响

（1）暂时性收入的不稳定性特征抑制了劳动者潜在的消费需求

根据经济学家弗里德曼的理论，暂时性收入决定暂时性消费，因此暂时性收入不会对劳动者的持久性消费产生重要影响。虽然现在很多企业的

① 罗楚亮．就业稳定性与工资收入差距研究[J]．中国人口科学，2008(4)：11.

劳动者的暂时性收入较高，在很多被调研的企业中，劳动者的暂时性收入比例高达70%，但是由于持久性收入的比例只有30%，而暂时性收入具有不稳定特征，劳动者因而不会去大幅度地增加消费。而许多发达国家劳动者的持久性收入与暂时性收入比例正好和我国相反，劳动者的暂时性收入比例只有30%，其余70%的比例都是劳动者的持久性收入，较高的持久性收入决定了较高的居民消费率。由此可见，由于暂时性收入的不稳定性特征导致尽管劳动者的暂时性收入比例非常高，劳动者也只会增加现期储蓄，把暂时性收入更多地积攒起来，不会增加更多的消费需求。

（2）暂时性收入的不确定性特征降低了劳动者的消费需求

暂时性收入还具有一个重要特征就是不确定性。尽管很多企业劳动者的暂时性收入较高，但是由于暂时性收入的不确定性特征，暂时性收入是劳动者不能稳定地预期到的收入，因此进一步降低了劳动者潜在消费需求的增加。近年来，中国劳动者暂时性收入的不确定性特征明显增强，劳动者不能准确地预期到这笔收入未来是否能够持续获得，这在很大程度上抑制了劳动者消费的增加。在当前中国许多企业劳动者的暂时性收入中，劳动者的绩效工资、岗位津贴、加班费、奖金等浮动工资与企业效益密切相关。当经济繁荣、企业经济效益好的时候，劳动者的绩效工资、岗位津贴、加班费以及奖金等暂时性收入较高；但是当经济衰退、企业经济效益不好时，企业就会大幅降低劳动者的绩效工资、岗位津贴、奖金等暂时性收入。甚至，在经济效益不好时，劳动者不会有加班费。当前除少数国有企业外，大多数竞争性行业的国有企业、中小企业的经营状况经常受到经济周期波动的影响而面临不确定性，因此这些企业劳动者的绩效工资、岗位津贴、加班费、奖金等暂时性收入经常处在不断的变化之中，存在很大的不确定性，造成不同月份及年份之间劳动者暂时性收入的差异较大，劳动者很难将其看作未来可以稳定预期的持久性收入，因而表现为劳动者的暂时性收入中相当大的部分会转化为劳动者的个人储蓄存款，以备未来的不时之需，难以真正增加个人的消费需求。

综上所述，持久性收入是劳动者可以预期到的具有稳定性特征的收入，而暂时性收入仅是劳动者获得的短暂的不能确定的收入，因而劳动者的持久性收入才是决定消费需求的关键因素。从持久性收入与暂时性收入及其内部各种收入的结构、比例以及与劳动者收入和消费需求的关系方面进行深入研究，有利于从新的视角分析居民消费率持续多年不断下降的深层次原因，从而为中国经济增长模式向以消费为主导的内生型质量型经济增长模式的转变提出新的研究方向及相关对策建议①。

在当前中国城镇劳动者的收入结构中，城镇劳动者的持久性收入比重过低，持久性收入增长缓慢；暂时性收入增长较快，但是由于暂时性收入波动较大，并不构成劳动者能够预期到的较为稳定的持久性收入。因而当前中国劳动者不合理的收入结构严重制约了广大劳动者消费需求的快速增长。要使广大劳动者的消费需求能够得到大幅度增长，必须改善当前中国劳动者不合理的收入结构，增加持久性收入是增加劳动者消费需求的关键因素。

① 谢琦．经济增长模式转型背景下劳动者收入结构的实证研究[J]．经济问题探索，2011(11)：14.

3 国民收入分配、劳动者收入结构与消费需求变动的现状分析

3.1 国民收入分配的现状分析

3.1.1 国民收入初次分配的现状分析

改革开放以来，中国经济快速增长，居民收入水平显著提高。但是当前我国的国民收入分配却出现了许多问题，具体表现在以下几个方面：

（1）政府、企业和居民之间的初次收入分配差距仍然较大

根据国家统计局提供的数据可以计算得到表 3－1，在 1992 年中国国民收入初次分配中，居民、企业和政府收入分别为 1.74 万亿元、0.51 万亿元、0.41 万亿元，所占比重分别为 65.17%、19.10%、15.73%。在 2008 年中国国民收入初次分配中，居民、企业和政府收入分别为 18.10 万亿元、7.98 万亿元、5.54 万亿元，所占比重分别为 57.24%、25.24%、17.52%。在 2016 年中国国民收入初次收入分配中，居民、企业和政府收入分别为 45.38 万亿元、17.96 万亿元、10.71 万亿元，所占比重分别为 61.27%、24.25%、14.48%。由此可见，1992—2008 年，中国国民收入初次分配中居民收入所占比重呈下降趋势，而政府和企业所占比重却呈上升趋势。2008—2016 年，中国国民收入初次分配中居民收入所占比重呈缓慢上升趋势，而政府和企业所占比重呈缓慢下降趋势。劳动者报酬占国内生产总值的比重也呈递减趋势，从 1990 年的 53.4% 下降到 2016 年的 47.5%，下降了 5.9 个百分点，其他国家和地区这一比重普遍在54%～

65%。另据调查，当前我国劳动者工资仅占企业运营成本的 10% 甚至更低，远低于发达国家 50% 的平均水平。

表 3－1　中国国民初次分配格局

年份	居民初次分配收入/万亿元	企业初次分配收入/万亿元	政府初次分配收入/万亿元	居民初次分配比重/%	企业初次分配比重/%	政府初次分配比重/%
1992	1.74	0.51	0.41	65.17	19.10	15.73
2008	18.10	7.98	5.54	57.24	25.24	17.52
2016	45.38	17.96	10.71	61.27	24.25	14.48

资料来源：《中国统计年鉴（2019）》。

此外，联合国出版的《2016 年人类发展报告》一书中的数据显示，2010—2015 年中国的基尼系数为 0.422，位于收入差距最大 15% 的国家之中，远远高于 0.393 的世界平均水平。可见，近年来中国国民收入初次分配差距相比以前虽然有所减小，但是从相对水平来看仍然在高位徘徊，初次收入分配差距较大的状况不容忽视。

（2）城乡居民之间的收入差距由缓慢扩大向适度缩小趋势转变

在表 3－2 中，1978 年中国城镇居民人均可支配收入为 343.4 元，中国农村居民人均可支配收入为 133.6 元。2012 年中国城镇居民人均可支配收入为 24126.7 元，中国农村居民人均可支配收入为 8389.3 元。[①] 1978—2012 年，中国城乡居民收入比从 2.57∶1 扩大到 2.88∶1。2013 年，中国城镇居民人均可支配收入为 26467 元，中国农村居民人均可支配收入为 9430 元。2017 年，中国城镇居民人均可支配收入为 36396 元，中国农村居民人均可支配收入为 13432 元。2013—2017 年，中国城乡居民收入比从 2.81∶1 缩小到 2.71∶1。另外，根据国家统计局公布的数据，2002 年城镇最高收入户的人均可支配收入是农村低收入户的人均可支配收入的 7.89 倍，2012 年这一比值则下降到 7.77 倍。2013 年城镇最高收入户的

① 由于从 2013 年起，国家统计局开展了城乡一体化住户收支与生活状况调查，2013 年及以后数据来源于此项调查，与 2013 年前的分城镇和农村住户调查的调查范围、调查方法、指标口径有所不同，此处由于 2013 年之前的数据与 2013 年之后的数据统计口径不同，城乡收入比按照 2013 年之后的数据进行分析。

人均可支配收入是农村低收入户的人均可支配收入的5.84倍，2017年这一比值则下降到5.62倍。上述这些数据表明了中国城乡居民之间的收入差距由缓慢扩大向适度缩小转变的趋势，但是城乡居民之间的收入差距依然较大。

表3-2 城乡劳动者人均可支配收入

单位：元

年份	城镇居民人均可支配收入	农村居民人均可支配收入
1978	343.4	133.6
1979	405.0	160.2
1980	477.6	191.3
1981	500.4	223.4
1982	535.3	270.1
1983	564.6	309.8
1984	652.1	355.3
1985	739.1	397.6
1986	900.9	423.8
1987	1002.1	462.6
1988	1180.2	544.9
1989	1373.9	601.5
1990	1510.2	686.3
1991	1700.6	708.6
1992	2026.6	784.0
1993	2577.4	921.6
1994	3496.2	1221.0
1995	4283.0	1577.7
1996	4838.9	1926.1
1997	5160.3	2090.1
1998	5425.1	2162.0
1999	5854.0	2210.3
2000	6255.7	2282.1
2001	6824	2406.9
2002	7652.4	2528.9

续表

年份	城镇居民人均可支配收入	农村居民人均可支配收入
2003	8405.5	2690.3
2004	9334.8	3026.6
2005	10382.3	3370.2
2006	11619.7	3731
2007	13602.5	4327
2008	15549.4	4998.8
2009	16900.5	5435.1
2010	18779.1	6272.4
2011	21426.9	7393.9
2012	24126.7	8389.3
2013	26467	9430
2014	28844	10489
2015	31195	11422
2016	33616	12363
2017	36396	13432

资料来源：《中国统计年鉴（2019）》。

（3）不同地区之间居民的收入差距不断扩大

如图 3－1 所示，2017 年中国东部地区、中部地区、西部地区、东北地区城镇居民人均可支配收入分别为 42989.8 元、31293.8 元、30986.9 元和 30959.5 元。城镇居民人均可支配收入最高的东部地区与最低的东北地区相差 12030.3 元。由此可见，不同地区之间城镇居民的收入差距较大。

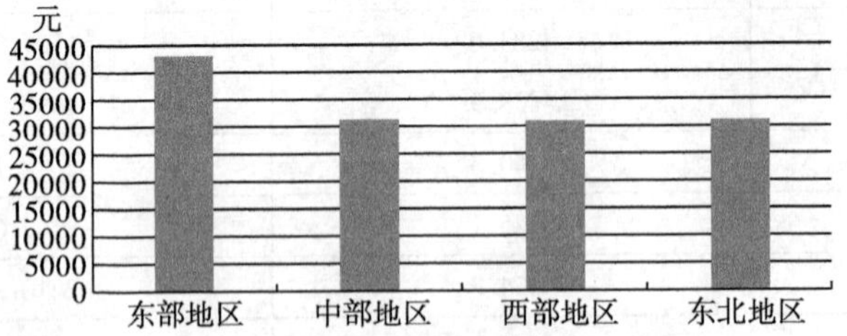

图 3－1　2017 年不同地区城镇居民人均可支配收入

考察不同地区农村居民人均可支配收入水平，如图 3－2 所示。2017

年中国东部地区、东北地区、中部地区、西部地区农村居民人均可支配收入分别为16822.1元、13115.8元、12805.8元和10828.6元。农村居民人均可支配收入最高的东部地区与最低的西部地区相差5993.5元。由此可见，不同地区之间农村居民的收入差距也较大。但是和城镇居民相比，不同地区农村居民间的收入差距相对较小。

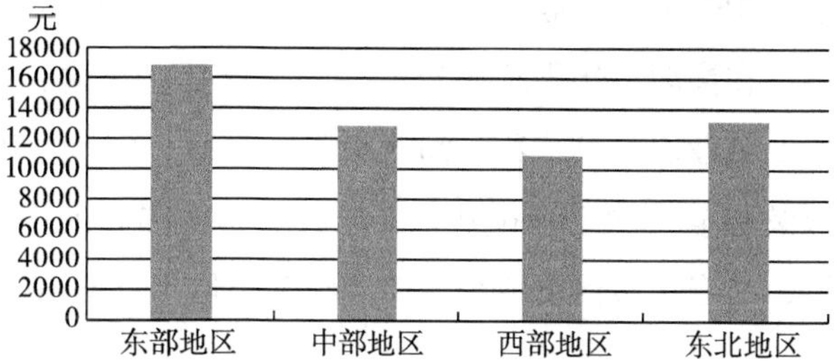

图3－2　2017年不同地区农村居民人均可支配收入

（4）城乡内部居民收入差距不断扩大

根据国家统计局的数据，2017年城镇居民中20%最高收入组（77097.2元）的收入是20%最低收入组（13723.1元）的5.62倍，农村居民中20%最高收入组（31299.3元）的收入是20%最低收入组（3301.9元）的9.48倍。根据财政部的调查，当前中国国民收入分配差距已经达到“高度不平等”状态，10%的富裕家庭占有城市居民全部财产的45%。世界银行公布的数据显示，中国居民收入的基尼系数已由改革开放前的0.16上升到目前的0.47，不仅超过了国际上0.4的警戒线，也超过了世界上所有发达国家的水平。由于部分群体隐性福利的存在，有专家认为中国的实际收入差距还要更大。世界银行提供的127个国家近年来收入分配不平等状况的指标表明，基尼系数低于中国的国家有94个，高于中国的国家只有29个，其中27个是拉丁美洲和非洲国家，亚洲只有马来西亚和菲律宾两个国家高于中国。这种状况说明，中国的基尼系数高于所有发达国家和大多数发展中国家，也高于中国的历史高点①。

① 谢琦．国民收入分配现状及其深层次原因探讨[J]．商业时代，2013(3)：16.

（5）行业间居民收入差距不断扩大

如图 3－3 所示，根据国家统计局公布的数据，2017 年全国城镇单位就业人员年平均工资最高的三个行业分别是信息传输、计算机服务和软件业 133150 元，金融业 122851 元，科学研究、技术服务和地质勘查业 107815 元；年平均工资最低的三个行业分别是农、林、牧、渔业 36504 元，住宿和餐饮业 45751 元，居民服务和其他服务业 50552 元。2017 年全国城镇非私营单位在岗职工年平均工资最高的行业信息传输、计算机服务和软件业与最低的行业农、林、牧、渔业工资之比为 3.65∶1。2010 年上海某银行员工工资及奖金人均 29.66 万元，员工的其他福利人均 6.08 万元，合计 35.75 万元，是当年城镇单位企业在岗职工平均工资的 10 倍。

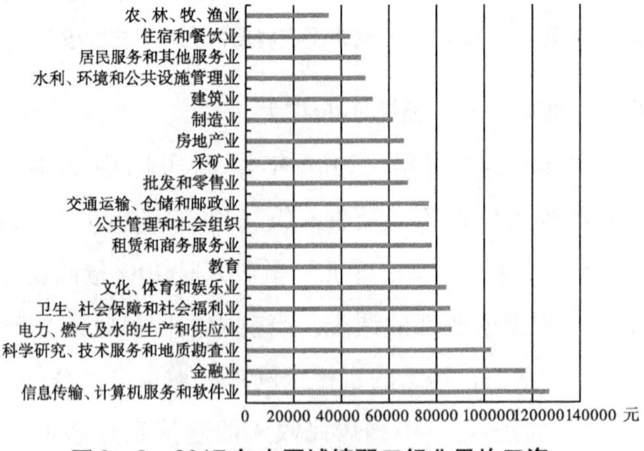

图 3－3　2017 年中国城镇职工行业平均工资

（6）同一企业内部高管与一线工人之间的收入差距不断扩大

我国企业内部的职工工资差距更大。2009 年全国总工会的专项调研显示，国企高管与一线职工的收入差距从 2006 年的 6.72 倍扩大至 2008 年的 17.95 倍。企业内部职工收入差距的不断扩大，导致我国低收入职工比例较大，67.2% 的职工每月收入低于 2152 元的全国平均水平，17.3% 的职工每月只拿 1000 元左右的薪酬。2013 年我国沪深上市公司主要负责人年平均薪酬水平为 76.3 万元，全部负责人平均薪酬水平为 46.1 万元。央企负责人的薪酬水平是同期沪深上市公司主要负责人的 2～3 倍，与职工薪酬差距达到12倍之多，显著偏高①。全球知名咨询公司合益集团在2015年发布的关于全球薪资的一份报告指出，在世界范围内，高管和员工之间的收入差距正在扩大，而且最大的薪酬差距出现在中国，中国企业的高管和底层员工的收入差距有12.7倍②。

（7）不同所有制企业之间职工的收入差距不断扩大

国家统计局的数据显示，2009年，中国城镇非私营企业职工平均工资为32244元，中国城镇私营企业职工平均工资为18199元，二者相差14045元。2017年，中国城镇非私营企业职工平均工资为74318元，中国城镇私营企业职工平均工资为45761元，二者相差28557元。可见，近年来中国城镇非私营企业职工平均工资高于城镇私营企业职工的平均工资，二者之间的差距不断扩大。如果再加上中国城镇非私营企业职工享有的单位福利房、子女教育、医疗服务等各种隐性福利，那么其与私营企业职工之间的收入差距将更加明显。

3.1.2 国民收入再分配的现状分析

由于我国还处在转型时期，完善的社会保障制度还没有真正建立，高昂的医疗费、高昂的房价、较低的生活保障，使劳动者能够通过国民收入再分配得到的社会保障十分有限。具体表现在以下几个方面：

（1）社会保障各项支出占国内生产总值的比重明显偏低

从图3-4中可以看到，在2017年中央财政各项支出中，教育支出、社会保障和就业支出、医疗卫生支出、住房保障支出等政府支出占GDP的比重分别为3.67%、3%、1.76%和0.8%。2017年这四项财政支出加总起来也仅占当年GDP的9.23%。可见，这四项与劳动者紧密相关的财政支出占国内生产总值的比重明显偏低。

① 崔丽，宋首君.《中央管理企业负责人薪酬制度改革方案》正式实施[N]. 中国青年报，2015-01-04.

② 马思华. 中国企业高管和员工的收入差距有12.7倍[N]. 劳动报，2015-03-15.

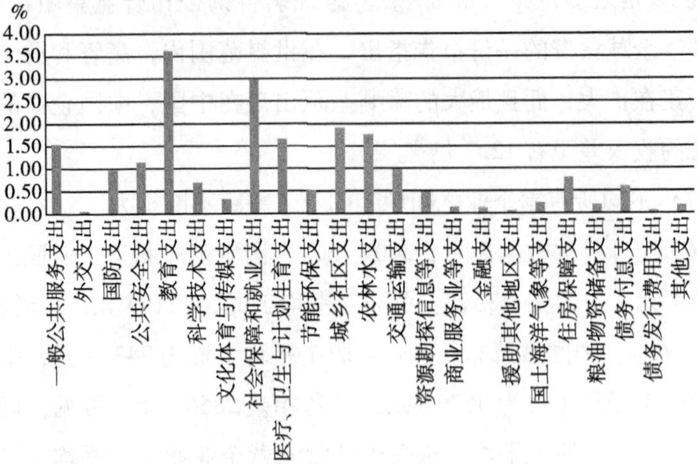

图3-4　2017年中央各项财政支出占GDP的比重

（2）失业保险和工伤保险覆盖面较低，基本养老保险比重仍有待提高

2017年末中国参加基本养老保险人数为9.15亿人，参加基本医疗保险人数为11.77亿人，参加失业保险人数为1.88亿人，参加工伤保险人数为2.27亿人①。2017年中国参加基本养老保险、基本医疗保险、失业保险和工伤保险人口比重依次为65.86%、84.66%、13.51%、16.35%。从上述数据中可以看到目前参加基本医疗保险的人数已超过80%，但是参加基本养老保险的人数只有65.86%，其比重还有待提高。参加失业保险的人口比重只有不到14%，在四项基本保险里这一项保险的参加人口比重最低。参加工伤保险的人口比重只有不到17%，也处于较低水平。由此可见，在当前劳动者应该享有的四项社会保险中，失业保险和工伤保险覆盖面较低，基本养老保险的比重仍有待提高，否则会制约社会保障功能的发挥。

不仅如此，尽管目前在中国广大农村地区已经实行了新农合医疗保险制度，但是由于每位农民从新农合中能够获得的医疗保险金额太低，对于农村劳动者家庭来说没有起到重要的保障作用，再加上其他几项保险制度

① 人力资源和社会保障部.2017年度人力资源和社会保障事业发展统计公报[R].2017.

也流于形式，因此和当前城镇劳动者相比，可以说绝大多数农村劳动者并没有真正享有较为完善的社会保障制度，有相当数量的农村劳动者仍然处于社会保障体系之外。这种状况如果不加以改变，很难适应我国当前经济社会发展的需要。

（3）养老和医疗保险的资金积累和保障功能明显与不断攀升的老龄人口现状不相适应

国家统计局的数据显示，1982 年我国 65 岁以上老年人口为 0.5 亿人，2017 年为 1.58 亿人。1982—2017 年，我国 65 岁以上老年人口占全国总人口的比重从 4.91% 上升到 11.39%，上升了 6.48 个百分点。从 2014 年以来，我国 65 岁以上老龄人口比重一直保持在 10% 以上。目前我国早已进入“老龄化”社会，而老龄人口的养老和医疗保险资金积累和保险功能明显不能适应目前这种情况。另外，从目前全国不同地区的养老金收支情况来看，很多地方都动用了全部劳动者个人的账户资金，即使在“空账运行”的条件下仍收不抵支，并且随着时间的推移，这一赤字规模持续扩大，只能依靠各级政府的财政补贴。这种资金上的巨大缺口使得目前确定的“统账结合”的养老模式基本上不可能实现。养老金面临严峻的隐性债务危机和当期支付的财务危机。

（4）劳动者家庭住房方面的支出压力较大

近年来房地产价格不断上涨，使得劳动者家庭购房压力不断增大。根据国家统计局的数据（见表 3－3），2013—2017 年我国劳动者居住方面的人均支出比重年均为 22.17%，在各项支出中居第二位。其中，2013—2017 年这五年间，城镇劳动者居住方面的人均支出比重年均为 22.55%，农村劳动者居住方面的人均支出比重年均为 21.14%。全国住宅商品房平均销售价格从 1998 年的 1854 元/平方米上涨到 2017 年的 7614 元/平方米，这 20 年间上涨了 3.11 倍。如果考察各地主要大中城市，房产价格上涨的情况更令人担忧。其中，北京市住宅商品房平均销售价格从 1998 年的 376.99 元/平方米上涨到 2017 年的 34117 元/平方米，这 20 年间上涨了 89.5 倍。上海市住宅商品房平均销售价格从 1998 年的 1056.77 元/平方米上涨到2017年的24866元/平方米，这20年间上涨了22.53倍。而普通劳动者的收入水平却并没有同步增长。1998年全国城镇居民人均可支配收入为5425.05元，2017年全国城镇居民人均可支配收入为36396元，这20年间只增长了5.71倍。1998年北京市城镇居民人均可支配收入为8471.98元，2017年北京市城镇居民人均可支配收入为57229.8元，这20年间只增长了5.76倍。1998年上海市城镇居民人均可支配收入为8773.1元，2017年上海市城镇居民人均可支配收入为58988元，这20年间只增长了5.72倍。由此可见，由于近年来房地产价格不断上涨，而政府为劳动者提供的住房保障还十分有限，导致劳动者家庭住房方面的支出压力巨大。

表3-3　按用途分商品房平均销售价格

单位：元/平方米

年份/地区	商品房平均销售价格	住宅		办公楼	商业营业用房	其他
			#别墅、高档公寓			
1998	2063	1854	4596	5552	3170	1837
2000	2112	1948	4288	4751	3260	1864
2005	3168	2937	5834	6923	5022	2829
2006	3367	3119	6585	8053	5247	3131
2007	3864	3645	7471	8667	5774	3351
2008	3800	3576	7801	8378	5886	3219
2009	4681	4459	9662	10608	6871	3671
2010	5032	4725	10934	11406	7747	4099
2011	5357	4993	10994	12327	8488	4182
2012	5791	5430	11460	12306	9021	4306
2013	6237	5850	12591	12997	9777	4907
2014	6324	5933	12965	11826	9817	5177
2015	6793	6473	15157	12914	9566	4845
2016	7476	7203	15911	14332	9786	4832
2017	7892	7614	14965	13543	10323	5364
北京	32140	34117	49926	34539	36370	9385

续表

年份/地区	商品房平均销售价格	住宅	#别墅、高档公寓	办公楼	商业营业用房	其他
天津	15331	15139	17951	18327	17291	14117
河北	7203	7039	10253	10334	9115	4882
山西	5619	5457	10899	8810	9211	4251
内蒙古	4628	4239	6783	6950	7793	4625
辽宁	6681	6458	11121	10943	9787	6512
吉林	6021	5748	10357	7811	8283	5095
黑龙江	6471	6073	12057	11444	8720	5897
上海	23804	24866	54399	31753	26249	6024
江苏	9195	9070	14010	10923	11633	5222
浙江	12855	13430	15779	13661	13906	5343
安徽	6375	6137	8932	8067	8781	3838
福建	9746	9284	15557	17560	12279	6678
江西	6150	5800	7773	8582	8808	5340
山东	6319	6153	10876	9787	8796	4138
河南	5355	5038	10155	9555	7658	5691
湖北	7675	7307	9037	14474	10794	7695
湖南	5228	4846	8089	9101	8877	4011
广东	11776	11416	16573	21151	14529	7555
广西	5834	5623	8945	9540	9560	5049
海南	11837	11381	18008	17334	18918	24187
重庆	6792	6605	11107	9623	9926	3612
四川	6217	5888	11138	9042	10253	3635
贵州	4771	4165	8820	6667	8719	3737
云南	5919	5664	6193	8039	8406	4685
西藏	6626	5604		5798	14374	
陕西	6840	6477	10897	10519	10368	5564
甘肃	5709	5326	9403	14016	8839	4457
青海	6001	5298	13132	8025	10235	3795
宁夏	4544	4243	6658	8119	6810	3526
新疆	4965	4538	7885	7745	7407	3862

（5）劳动者及其家庭教育方面的支出不断增加

国家统计局的数据显示，我国劳动者教育文化娱乐方面的人均支出比重从2013年的10.57%上升到2017年的11.39%，上升了0.82个百分点。其中，城镇劳动者教育文化娱乐方面的人均支出比重从2013年的10.75%上升到2017年的11.65%，上升了0.90个百分点。农村劳动者教育文化娱乐方面的人均支出比重从2013年的10.08%上升到2017年的10.69%，上升了0.61个百分点。

近年来，教育文化娱乐用品及服务类城市居民消费价格指数呈现出不断上升的趋势。在图3－5中的几项指数中，值得注意的是，教育类城市居民消费价格指数涨幅中位数为2.15%，从2013年开始教育类城市居民消费价格指数涨幅超过了2.6%。教育类城市居民消费价格指数的不断上涨以及当前我国教育资源分布的非均衡性导致了城镇劳动者在子女入园、上学等方面的负担沉重，这些都作为不稳定因素增加了城镇劳动者的教育支出，从而限制了城镇劳动者在其他方面的消费支出，不利于城镇劳动者生活水平的改善。

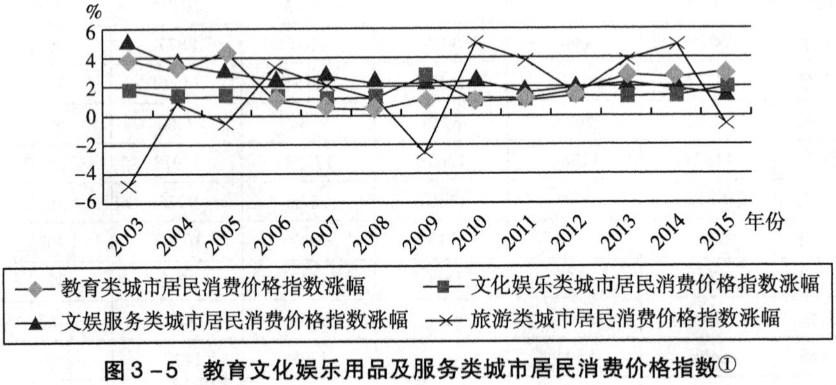

图3－5　教育文化娱乐用品及服务类城市居民消费价格指数①

（6）劳动者家庭医疗支出比重不断加大

国家统计局的数据显示，我国劳动者医疗保健方面的人均支出比重从2013

① 国家统计局《中国统计年鉴》(2019)。

年的6.9%上升到2017年的7.92%，上升了1.02个百分点。其中，城镇劳动者医疗保健方面的人均支出比重从2013年的6.15%上升到2017年的7.27%，上升了1.12个百分点。农村劳动者医疗保健方面的人均支出比重从2013年的8.93%上升到2017年的9.66%，上升了0.73个百分点。

此外，由于当前我国医疗社会保障制度还不健全，城镇劳动者生病住院后个人及其家庭就要承担很大部分的医疗费用。而近年来医疗保健类和医疗保健服务类城市居民消费价格指数总体却呈现出连续多年不断上升的趋势，医疗保健类城市居民消费价格指数总体涨幅要高于医疗保健服务类城市居民消费价格指数。在图3－6中，中药材及中成药类城市居民消费价格指数从2007年开始出现大幅上涨的趋势，尤其是2007年、2008年、2010年、2011年、2012年，涨幅分别达到7.5%、6.5%、11.2%、11.7%和5%。西药类城市居民消费价格指数从2008年开始呈现出总体不断上涨的趋势，尤其是2015年涨幅达到了2.1%。上述数据表明，近年来城镇劳动者在医疗保健及服务类方面的支出不断增加，药品价格的不断上涨更是导致城镇劳动者“看病贵”“因病致贫”的主要原因。

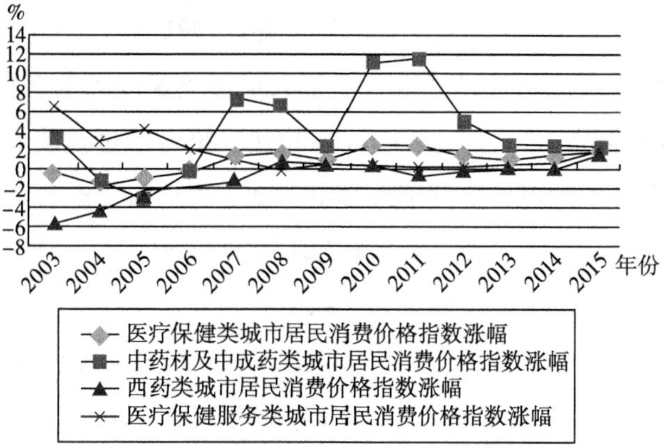

图3－6 医疗保健及服务类城市居民消费价格指数

（7）失业人数增加较多，失业保险面临巨大压力

2019年全年城镇新增就业1352万人，比2018年少增加9万人，2019年末全国城镇调查失业率为5.2%。全国每年大约有2400万人需要安排工

作，包括800万的失业人员、600万的下岗人员、新增劳动力1000万（其中包括高中毕业生、大学毕业生和转业军人）。同时，我国灵活就业群体的规模相当庞大，占城镇从业人员的1/3左右，这些灵活就业人员由于工作稳定性差，经常在就业与非就业之间变换，使就业与失业之间的界限混淆不清，不利于其为失业保险制度所覆盖。可见，当前我国失业人数增加较多，失业保险面临巨大压力[①]。

3.2 城乡劳动者收入结构的现状分析

3.2.1 城镇劳动者收入结构的现状分析

（1）城镇劳动者人均实际可支配收入的现状分析

如表3-4和表3-5所示，从总体趋势来看，1991年我国城镇劳动者人均可支配收入名义增长率为12.6%，人均可支配收入实际增长率为5%，国内生产总值实际增长率为6.7%。而2017年我国城镇劳动者人均可支配收入名义增长率为8.3%，人均可支配收入实际增长率为1.7%，国内生产总值实际增长率为4.1%。从这组数据可知，1991—2017年我国国内生产总值的实际增长速度超过了城镇劳动者人均可支配收入的实际增长速度。在20世纪90年代初，我国经济实际增长速度略微超过城镇劳动者人均可支配收入实际增长速度，而近年来城镇劳动者人均可支配收入的实际增长速度出现了不断下降的趋势，尤其是2017年我国经济实际增长速度明显超过了城镇劳动者人均可支配收入的实际增长速度。

再分阶段来考察，从图3-7中可以发现，1992—1997年我国城镇劳动者人均可支配收入实际增长速度超过经济实际增长速度。1998—1999年，两者均为负增长。而2000—2011年，我国经济实际增长速度超过了城镇劳动者人均可支配收入实际增长速度，2012—2016年，我国城镇劳动者人均可支配收入实际增长速度又略超过经济实际增长速度，2017年我国经

① 谢琦，燕晓飞．社会保障制度与劳动者收入相关性研究[J]．商业时代，2010（12）：85.

济实际增长速度再次超过了城镇劳动者人均可支配收入实际增长速度。

表 3-4 城镇劳动者人均可支配收入和国内生产总值

年份	城镇劳动者人均可支配收入		国内生产总值		不变价国内生产总值/亿元
	绝对数/元	指数（1978=100）	绝对数/亿元	指数（1978=100）	
1978	343.4	100.0	3650.2	100.0	3650.2
1980	477.6	127.0	4551.6	116.0	3923.5
1985	739.1	160.4	9039.9	192.7	4691.9
1990	1510.2	198.1	18774.3	282.7	6642.0
1991	1700.6	212.4	21895.5	308.9	7087.9
1992	2026.6	232.9	27068.3	353.0	7668.5
1993	2577.4	255.1	35524.3	402.2	8833.0
1994	3496.2	276.8	48459.6	454.8	10654.1
1995	4283.0	290.3	61129.8	504.8	12110.0
1996	4838.9	301.6	71572.3	554.9	12898.6
1997	5160.3	311.9	79429.5	606.1	13105.1
1998	5425.1	329.9	84883.7	653.7	12985.9
1999	5854.0	360.6	90187.7	703.5	12820.1
2000	6280.0	383.7	99776.3	762.8	13080.3
2001	6859.6	416.3	110270.4	826.1	13347.6
2002	7702.8	472.1	121002.0	901.2	13426.8
2003	8472.2	514.6	136564.6	991.5	13773.3
2004	9421.6	554.2	160714.4	1091.4	14725.0
2005	10493.0	607.4	185895.8	1215.3	15296.4
2006	11759.5	670.7	217656.6	1369.5	15893.6
2007	13785.8	752.5	268019.4	1563.9	17137.7
2008	15780.8	815.7	316751.7	1714.4	18476.1
2009	17174.7	895.4	345629.2	1872.7	18455.9
2010	19109.4	965.2	408903.0	2071.8	19736.8
2011	21809.8	1046.3	484123.5	2268.3	21342.7
2012	24564.7	1146.7	534123.0	2444.1	21853.8
2013	26955.1	1227.0	588018.8	2631.9	22341.9
2014	29381.0	1310.5	636138.7	2823.2	22532.2

续表

年份	城镇劳动者人均可支配收入		国内生产总值		不变价国内生产总值/亿元
	绝对数/元	指数（1978=100）	绝对数/亿元	指数（1978=100）	
2015	31194.8	1371.5	689052.1	3027.2	22762.0
2016	33616.3	1448.0	743585.5	3230.6	23016.9
2017	36396.2	1541.6	827121.7	3452.1	23960.0

资料来源：《中国统计年鉴（2019）》。

表3-5　城镇劳动者人均可支配收入与国内生产总值增长速度

（%）

年份	城镇劳动者人均可支配收入名义增长率	城镇劳动者人均可支配收入实际增长率	国内生产总值名义增长率	国内生产总值实际增长率
1991	12.6	5.0	16.6	6.7
1992	19.2	8.7	23.6	8.2
1993	27.2	16.1	31.2	15.3
1994	35.6	25.0	36.4	20.7
1995	22.5	16.8	26.1	13.7
1996	13.0	8.7	17.1	6.5
1997	6.6	3.1	11.0	1.6
1998	5.1	-0.6	6.9	-0.9
1999	7.9	-1.3	6.2	-1.3
2000	6.9	0.8	10.6	2.0
2001	9.1	0.7	10.5	2.0
2002	12.1	-1.0	9.7	0.6
2003	9.8	0.9	12.9	2.6
2004	11.1	3.3	17.7	6.9
2005	11.2	1.6	15.7	3.8
2006	11.9	1.5	17.1	3.9
2007	17.1	4.5	23.1	7.8
2008	14.3	5.6	18.2	7.8
2009	8.7	-0.9	9.1	-0.3
2010	11.1	3.2	18.3	6.9
2011	14.1	5.3	18.4	8.1

续表

年份	城镇劳动者人均可支配收入名义增长率	城镇劳动者人均可支配收入实际增长率	国内生产总值名义增长率	国内生产总值实际增长率
2012	12. 6	2. 7	10. 3	2. 3
2013	9. 7	2. 6	10. 1	2. 2
2014	9. 0	2. 1	8. 2	0. 8
2015	8. 2	1. 5	8. 3	1. 3
2016	7. 8	2. 1	7. 9	1. 1
2017	8. 3	1. 7	11. 2	4. 1

资料来源：《中国统计年鉴（2019）》。

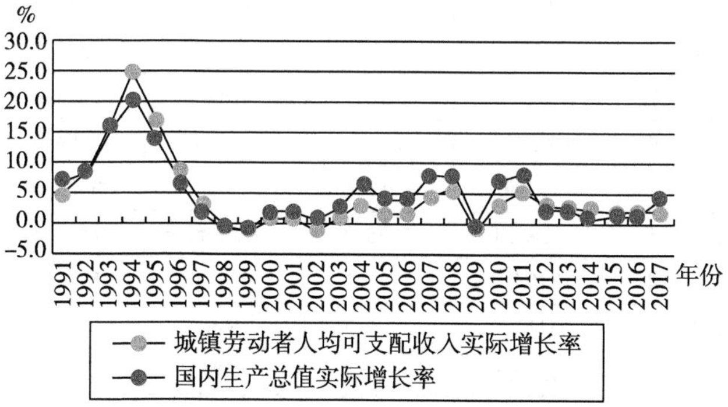

图 3 -7 城镇劳动者人均可支配收入与国内生产总值实际增长率

（2）城镇劳动者工资性收入的现状分析

①工资性收入占城镇劳动者收入的比重呈现出不断下降的趋势

在表 3 -6 中，1997 年城镇劳动者人均工资性收入为 3735. 7 元，2012 年城镇劳动者人均工资性收入为 17335. 6 元，城镇劳动者人均工资性收入占比从 1997 的 78. 07% 下降到 64. 3%，下降了 13. 77 个百分点（见图 3 -8）。在表 3 -7 中，2013 年城镇劳动者人均工资性收入为 16617 元，2017 年城镇劳动者人均工资性收入为 22201 元，城镇劳动者人均工资性收入占比从 2013 年的 62. 78% 下降到 2017 年的 61%，下降了 1. 78 个百分点（见图 3 -9）。从上述数据可以看出，工资性收入占劳动者收入的比重近 40 年呈现出不断下降的趋势（见图 3 -10）。

表3-6　城镇劳动者人均各项收入来源

单位：元

年份	城镇劳动者人均总收入	城镇劳动者人均工资性收入	城镇劳动者人均经营性收入	城镇劳动者人均财产性收入	城镇劳动者人均转移性收入	城镇劳动者人均可支配收入
1997①	5188.5	3735.7	168.2	124.4	756.9	5160.3
1998	5458.3	3806.2	186.7	132.9	879	5425.1
1999	5888.8	4008.4	221.9	128.7	1257.2	5854
2000	6295.9	4480.5	246.2	128.4	1440.8	6255.7
2001	6907.1	4829.9	274.1	134.6	1668.6	6824
2002	8177.4	5740	332.2	102.1	2003.2	7652.4
2003	9061.2	6410.2	403.8	135	2112.2	8405.5
2004	10128.5	7152.8	493.9	161.2	2320.7	9334.8
2005	11320.8	7797.5	679.6	192.9	2650.7	10382.3
2006	12719.2	8767	809.6	244	2898.7	11619.7
2007	14908.6	10234.8	940.7	348.5	3384.6	13602.5
2008	17067.8	11299	1453.6	387	3928.2	15549.4
2009	18858.1	12382.1	1528.7	431.8	4515.5	16900.5
2010	21033.4	13707.7	1713.5	520.3	5091.9	18779.1
2011	23979.2	15411.9	2209.7	649	5708.6	21426.9
2012	26959	17335.6	2548.3	707	6368.1	24126.7

资料来源：《中国统计年鉴（2019）》。

表3-7　城镇劳动者人均可支配收入来源

单位：元

年份	城镇劳动者人均可支配收入	城镇劳动者人均可支配工资性收入	城镇劳动者人均可支配经营性收入	城镇劳动者人均可支配财产性收入	城镇劳动者人均可支配转移性收入
2013	26467	16617	2975	2552	4323
2014	28844	17937	3279	2812	4816
2015	31195	19337	3476	3042	5340
2016	33616	20665	3770	3271	5910
2017	36396	22201	4065	3607	6524

资料来源：《中国统计年鉴（2019）》。

① 由于统计局没有公布1997年之前的收入来源情况，从1997年的数据开始进行分析。

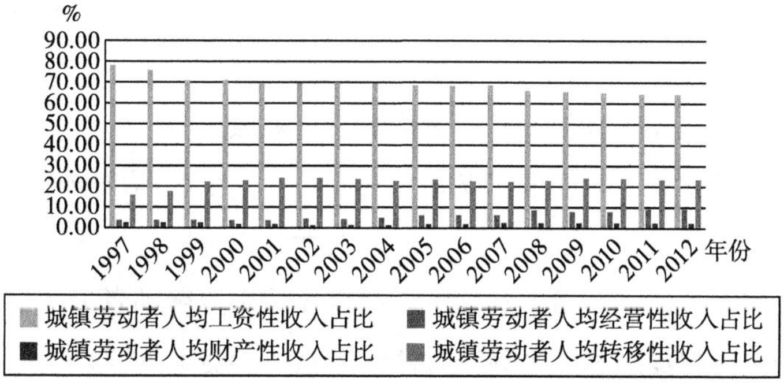

图3－8　1997—2012年城镇劳动者各项收入来源占比情况

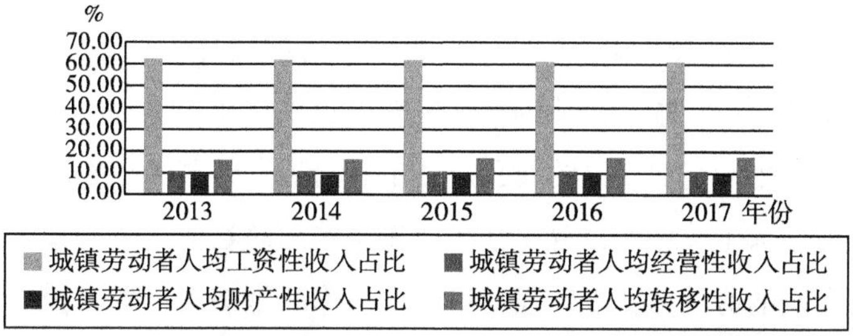

图3－9　2013—2017年城镇劳动者各项收入来源占比情况

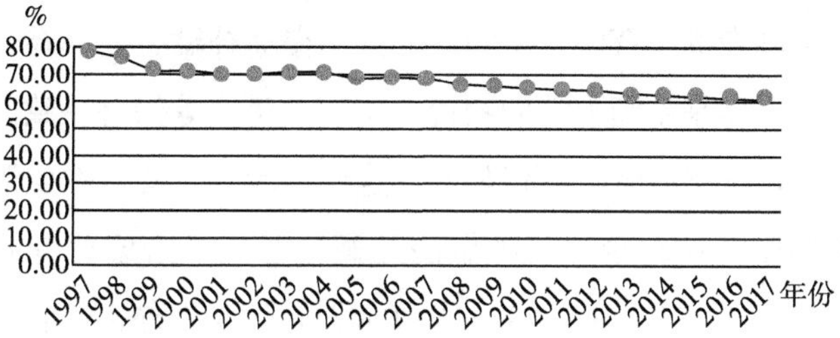

图3－10　1997—2017年城镇劳动者人均工资性收入占比情况

②城镇劳动者固定工资部分比重偏低，增长缓慢

当前劳动者的工资性收入是其持久性收入中最基本也是最重要的组成部分，工资性收入的多少直接影响到劳动者的收入水平，进而影响劳动者及其家庭的消费能力与生活质量。课题组的调研数据显示，当前中国劳动者的工资收入中，基础工资、岗位工资、薪级工资、工龄工资、技能工资等是主要部分，也是劳动者收入中最为稳定的部分，但是当前许多企业劳

动者的这一固定工资部分占工资性收入的比重偏低，多年来增长非常缓慢，固定工资与浮动工资甚至出现了“倒挂”现象。例如，调研中许多企业的劳动者普遍反映基础工资、岗位工资、薪级工资、工龄工资、技能工资等工资基数太低，年度增长仅为十几元。这种情况的出现不仅降低了劳动者的工资性收入，还限制了劳动者持久性收入的稳定增长，严重抑制了劳动者消费需求的快速增长。此外，也会导致企业劳动者退休以后由于没有了较高的岗位津贴和奖金等暂时性收入这一部分，而只剩下较低的固定工资部分，从而也减少了劳动者退休后的持久性收入，进而降低了他们的消费需求与生活质量，在很大程度上损害了劳动者的利益。

③城镇劳动者的实际工资收入呈不断下降的趋势

在实地调研中，很多企业的劳动者普遍反映近年来当地物价、房租、房价等与老百姓生活密切相关的商品价格不断上涨，但是多年来企业劳动者工资上涨的速度却十分缓慢，普遍存在“工资跑不赢物价”的现象。尤其是工作在一线车间的劳动者，工作强度很大，工作非常辛苦，然而由于企业实行的计件工资标准偏低，劳动者辛苦工作却只拿到很少的工资性收入，远远赶不上当地不断攀升的物价与房价，导致劳动者及其家庭的生活负担十分沉重。此外，劳动者的工资收入中物价补贴、交通补贴、住房补贴等多项补贴项目也未能与多年来不断上涨的物价、房租、房价等保持一致，从而造成劳动者的实际生活水平下降。不仅如此，这些保障劳动者基本生活需要的各项补贴还要缴纳个人所得税，这种做法无疑更降低了给劳动者的实际补贴标准，使本来就为数不多的补贴收入大打折扣。除此之外，还有一些奖励政策也存在滞后现象。例如，独生子女费实行了40年，一直都是每月5元，在20世纪80年代初期，这一奖励政策的5元钱相当于同期劳动者月工资收入的10%，政策制定得较为合适。但当前，与不断上涨的物价和生活费用相比，这项奖励政策已无多大实际意义，因此需要根据经济社会发展的新情况重新制定或者调整这些新的政策奖励标准和补贴标准。

④不同企业城镇劳动者工资收入项目差别较大

调研数据显示，目前许多企业劳动者的工资条中的项目和内容繁杂，工资由大大小小十几个项目构成，而且有些项目每个月的数额差异巨大。例如，有劳动者反映有些工资项目不同月份间的数额相差竟达到数百元。并且，在调研中许多劳动者都普遍反映看不懂自己的工资条，对自己的工资收入的具体构成并不十分清楚。此外，全国不同类型企业劳动者的工资收入项目差别较大，即使同一地区的国有企事业单位，劳动者工资收入各个项目在名称、数额方面也存在较大差异。这些状况使劳动者无法对自己的工资收入进行准确的估算，从而增加了他们未来收入预期的不确定性，制约了劳动者消费需求的快速增长。此外，还有许多私营企业为了获得高额利润变相压低劳动者的收入，普遍采取底薪加提成的做法，造成劳动者在企业效益不好的时候，由于没有了提成收入，只能获得微薄的底薪，劳动者真正拿到手的工资甚至都达不到当地最低工资的标准，难以维持个人及家庭的基本生活需要。

（3）城镇劳动者经营性收入的现状分析

1997 年城镇劳动者人均经营性收入为 168. 2 元，2012 年城镇劳动者人均经营性收入为 2548. 3 元，占比从 3. 52% 提高到 9. 46%，提高了 5. 94 个百分点。2013 年城镇劳动者人均经营性收入为 2975 元，2017 年城镇劳动者人均经营性收入为 4065 元，占比从 11. 24% 下降到 11. 17%，下降了 0. 07 个百分点（见图 3 – 11）。

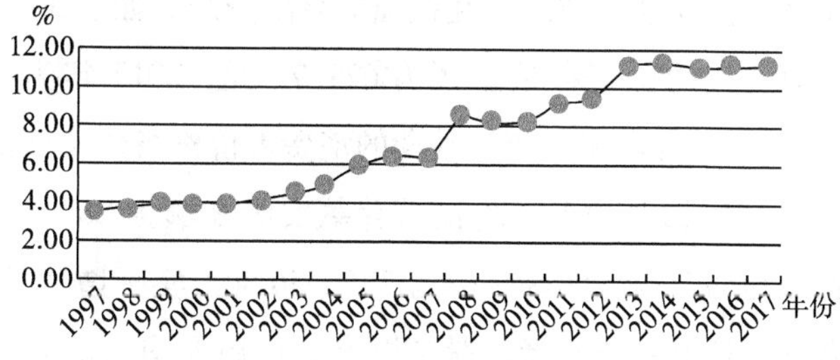

图 3 – 11　城镇劳动者人均经营性收入占比情况

资料来源：《中国统计年鉴（2019）》。

（4）城镇劳动者财产性收入的现状分析

国家统计局的数据显示（见图 3 – 12），1997 年城镇劳动者人均财产性收入为124.4元，2012年城镇劳动者人均财产性收入为707元，占比从2.6%提高到2.62%，提高了0.02个百分点。2013年城镇劳动者人均财产性收入为2552元，2017年城镇劳动者人均财产性收入为3607元，占比从9.64%提高到9.91%，提高了0.27个百分点。可见，城镇劳动者人均财产性收入近年来提高幅度并不大，财产性收入占城镇劳动者收入的比重较低。

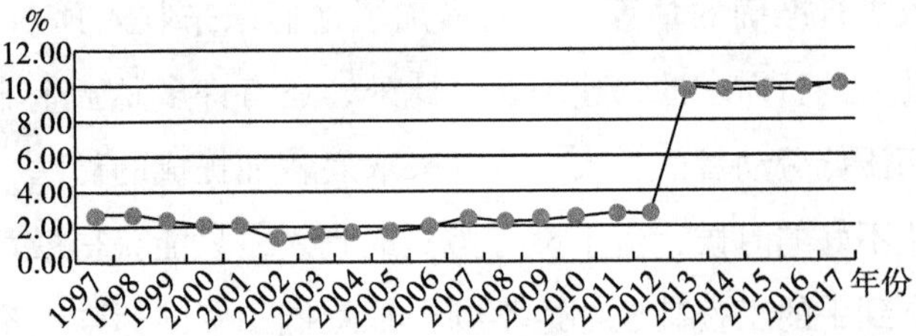

图3-12　城镇劳动者人均财产性收入占比情况

资料来源：《中国统计年鉴（2019）》。

劳动者的财产分为金融资产和实物资产两种类型，下面再分别分析城镇劳动者这两种不同类型财产性收入的具体情况。

①城镇劳动者的金融资产

改革开放初期，较低的经济发展水平导致劳动者收入水平偏低，因此劳动者没有更多的财产性收入，他们更加偏好流动性资产，劳动者家庭多持有现金和储蓄存款这两类流动性最强的金融资产。如表3-8所示，1990年，城镇劳动者人均储蓄存款余额为622.71元，2017年为46311.58元，增长了73.31倍。从以1978年为基期的消费者价格指数换算得到的真实数值来看，1990年城镇劳动者人均储蓄存款实际余额为287.76元，2017年城镇劳动者人均储蓄存款实际余额为7264.56元，实际增长了24.25倍。

接下来再计算城镇劳动者的股市财富。城镇人均股市财富指标用股票市价总值除以城镇人口数计算得出。根据1988—2018年《中国统计年鉴》可以测算出1987年城镇人均股票资产为378.7元，2017年为69712元，增长了183.1倍。但是，从用1987年为基期的城市消费者价格指数换算得到的真实数值来看，1987年城镇人均股票实际资产为242.45元，2017年城镇人均股票实际资产为10132.56元，实际增长了40.79倍。

近年来，股市的剧烈波动使中低收入股民投资的积极性受到了严重的打击，股市财富对劳动者财产性收入的增加十分有限，甚至出现了负效应。而占劳动者财产性收入比重较大的储蓄存款由于不断上升的物价和生活成本而严重缩水。因此，城镇劳动者的金融资产具有很大的不确定性并面临很大的波动性。

表3-8 人民生活基本情况

指 标	1990年	2000年	2010年	2011年	2012年	2017年
就业						
城镇劳动者家庭每户就业人口/人	1.98	1.68	1.49	1.48	1.49	—
农村劳动者家庭每户整半劳动力/人	2.92	2.76	2.85	2.78	2.76	—
城镇劳动者家庭每一就业者负担人数/人	1.77	1.86	1.93	1.94	1.92	—
农村劳动者家庭每一劳动力负担人数/人	1.64	1.52	1.39	1.40	1.40	—
城镇登记失业人数/万人	383	595	908	922	917	—
城镇登记失业率/%	2.5	3.1	4.1	4.1	4.1	—
收入与支出						
城镇劳动者人均可支配收入/元	1510	6280	19109	21810	24565	36396
农村劳动者人均纯收入/元	686	2253	5919	6977	7917	13432
城镇劳动者人均现金消费支出/元	1279	4998	13471	15161	16674	20329
农村劳动者人均消费支出/元	585	1670	4382	5221	5908	10955
人均储蓄存款余额/元	622.71	5076	22619	25505	29508	46311.58
生活质量						
劳动者家庭恩格尔系数/%						
城镇	54.2	39.4	35.7	36.3	36.2	28.6
农村	58.8	49.1	41.1	40.4	39.3	31.2
居住条件						
城镇劳动者人均住房建筑面积/平方米	—	—	31.6	32.7	32.9	—
农村劳动者人均居住住房面积/平方米	17.8	24.8	34.1	36.2	37.1	—
交通条件						
城市每万人拥有公交车辆/标准台	2.2	5.3	11.2	11.8	12.1	—
城市人均拥有道路面积/平方米	3.1	6.1	13.2	13.8	14.4	—

续表

指　标	1990 年	2000 年	2010 年	2011 年	2012 年	2017 年
城镇劳动者每百户拥有家用汽车/辆		0.50	13.07	18.58	21.54	37.5
农村劳动者每百户拥有生活用汽车/辆		0.30	2.75	5.51	6.59	—
通信条件						
电话普及率（含移动电话）/（部/百人）	1.11	19.10	86.41	94.81	103.10	—
移动电话普及率/（部/百人）	0.002	6.72	64.36	73.55	82.50	—
城市公用设施普及占有率						
用水普及率/%	48.0	63.9	96.7	97.0	97.2	—
燃气普及率/%	19.1	45.4	92.0	92.4	93.2	—
人均公园绿地面积/平方米	1.8	3.7	11.2	11.8	12.3	—
每万人拥有公共厕所/座	3.0	2.7	3.0	2.9	2.9	—
人均国内旅游花费/元		427	598	731	768	—
城镇		679	883	878	915	—
农村		227	306	471	491	—
文化、教育和卫生						
文化						
广播节目综合人口覆盖率/%	74.7	92.5	96.8	97.1	97.5	—
电视节目综合人口覆盖率/%	79.4	93.7	97.6	97.8	98.2	—
每百户彩色电视机拥有量/台						
城镇	59.0	116.6	137.4	135.2	136.1	123.8
农村	4.7	48.7	111.8	115.5	116.9	120.03
每百户家庭计算机拥有量/台						
城镇		9.7	71.2	81.9	87.0	80.8
农村		0.5	10.4	18.0	21.4	19.30
劳动者家庭人均文教娱乐支出比重/%						
城镇	11.1	13.4	12.1	12.2	12.2	—
农村	5.4	11.2	8.4	7.6	7.5	—
教育						
各级普通学校毕业生升学率/%						
高中升学率	27.3	73.2	83.3	86.5	87.0	—
初中升学率	40.6	51.2	87.5	88.9	88.4	—
小学升学率	74.6	94.9	98.7	98.3	98.3	—

续表

指　标	1990 年	2000 年	2010 年	2011 年	2012 年	2017 年
卫生						
每万人口医院、卫生院床位数/张	23.2	23.8	32.9	35.3	39.0	—
每万人口执业（助理）医师/人	15.6	16.8	17.9	18.2	19.4	—
劳动者家庭人均医疗保健支出比重/%						
城镇	2.0	6.4	6.5	6.4	6.4	—
农村	3.3	5.2	7.4	8.4	8.7	—
社会保障						
参加城镇职工基本养老保险人数/万人	6166	13617	25707	28391	30427	—
职工人数	5201	10447	19402	21565	22981	—
离退休人数	965	3170	6305	6826	7446	—
参加城镇基本医疗保险职工和退休人数/万人		3787	23735	25227	26486	—
参加失业保险人数/万人		10408	13376	14317	15225	—
参加工伤保险人数/万人		4350	16161	17696	19010	—
参加生育保险人数/万人		3002	12336	13892	15429	—
社会保险基金收入/亿元	187	2645	18823	24043	28910	—

资料来源：《中国统计年鉴（2019）》。

②城镇劳动者的实物资产

当前劳动者的实物资产可以用住宅资产这个指标来衡量，具体方法可以用住宅商品房销售额除以人口数计算得出。根据国家统计局提供的数据可以测算出 1978 年城镇劳动者人均住房面积为 3.9 平方米，住房资产价值为 66.3 元；2012 年城镇劳动者人均住房面积为 32.9 平方米，住房资产价值为 178647 元；1978—2012 年城镇劳动者人均住房面积增长了 7.44 倍，住房资产价值增长了 2693.52 倍。但是，如果从以 1978 年为基期的消费者价格指数换算得到的真实数值来看，1978 年城镇劳动者人均住房实际价值为 60.55 元，2012 年为 28666.08 元，实际增长了 472.43 倍。从上述数据可以看出，近年来城镇劳动者的财产性收入有所增加。但是城镇居民之间财产性收入差距日益扩大，以住房资产为例，近年来中国房地产价格一路飙升，城镇劳动者的住宅资产虽然有了较快幅度的增长，但是只拥有一套小面积住宅或者无房的中低收入劳动者占人口的比重较大，这部分中低收入劳动者的住房只能满足自住的需要，房地产价格上升刺激消费需求的财富效应并未显现。同时，对于无房的劳动者而言，由于住房主要是满足其居住需求的，住宅可以说是他们的生活必需品，因而在房价与房租不断上涨的背景下，这部分劳动者只能节衣缩食、持币待购或交高价房租，他们的消费需求也不可能大幅度增加。相反，在房价不断攀升的背景下，少数拥有两套甚至多套住宅的高收入阶层却获得了巨大的财产性收入，他们与中低收入劳动者的财产性收入差距呈现出不断扩大的趋势，由此造成的巨大财产性收入差距将严重抑制广大劳动者潜在消费需求的快速增长。

（5）城镇劳动者转移性收入的现状分析

《中国统计年鉴（2019）》数据显示，1997 年城镇劳动者人均转移性收入为 756.9 元，2012 年城镇劳动者人均转移性收入为 6368.1 元，占比从 15.82% 提高到 23.62%，提高了 7.8 个百分点。2013 年城镇劳动者人均转移性收入为 4323 元，2017 年城镇劳动者人均转移性收入为 6524 元，占比从 16.33% 提高到 17.93%，提高了 1.60 个百分点（见图 3－13）。

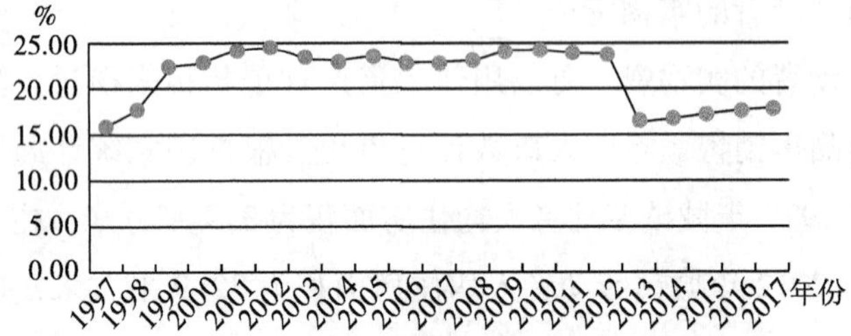

图 3－13　城镇劳动者人均转移性收入占比情况

当前中国城镇劳动者转移性收入增长缓慢，且不同企业间差异较大。转移性收入作为政府和单位向劳动者发放的一种社会保障与福利收入，本来可以起到矫正国民收入初次分配不平等的作用，可以对中国目前日益扩大的劳动者收入差距进行有效调节。然而，随着中国经济的快速发展，不同地区、不同单位劳动者的住房公积金却存在较大的差距，很多私营企业的劳动者甚至根本没有住房公积金。

此外，不同企业劳动者离退休后的收入也存在较大差距。中国很多竞争性行业劳动者离退休后的收入增长十分缓慢，而国家公务员、垄断行业和军队等离退休人员的养老金近年来却呈快速增长趋势，二者之间的收入差距日益扩大。根据中国家庭追踪调查数据（CFPS），城镇居民收入最高组的平均养老金为每人每月 3019 元，农村居民收入最低组为每人每月 189 元，两者相差 16 倍①。如果再计算垄断行业退休职工的养老金，差距则更大。因此，从上述数据中可以看出，中国普通劳动者的转移性收入增长非常缓慢，并且与高收入群体间的转移性收入差距明显。

（6）城镇劳动者暂时性收入的现状分析

暂时性收入虽然增长较快，却存在不确定性与不稳定性。与固定工资缓慢增长的情况正好相反，当前中国许多企业劳动者的暂时性收入中，绩效工资、岗位津贴、奖金等浮动工资部分的比重却大幅增加。然而受近年来经济周期性波动、市场化改革、政府宏观政策的不断调整等多重因素的影响，劳动者的绩效工资、岗位津贴、加班费、奖金等暂时性收入部分经常处在不断的变化之中，存在很大的不确定性，造成不同月份及年份之间劳动者收入的差异性较大，劳动者很难将其看作未来可以稳定预期的持久性收入，因而表现为劳动者的暂时性收入中相当大的部分会转化为劳动者的个人储蓄存款，以备未来不时之需，难以真正增加个人的消费需求。

3.2.2 农村劳动者收入结构的现状分析

（1）农村劳动者实际纯收入的现状分析

如表 3－9 和表 3－10 所示，从总体趋势来看，1991 年，我国农村劳动者人均纯收入名义增长率为 3.2%，农村劳动者人均纯收入实际增长率为 1.2%，国内生产总值实际增长率为 6.7%。从这组数据可知，1991 年

① 马正南．养老金收入对居民收入差距的影响[D]．南京:南京财经大学,2019.

我国国内生产总值的实际增长速度远远超过了农村劳动者人均纯收入的实际增长速度。而 2017 年我国农村劳动者人均纯收入的名义增长率为 8.6%，农村劳动者人均纯收入的实际增长率为 1.3%，国内生产总值实际增长率为 4.1%。可见 20 世纪 90 年代初，我国经济实际增长速度远远超过农村劳动者人均纯收入实际增长速度，而改革开放 40 多年来农村劳动者实际纯收入只出现了十分缓慢的上升，但是国内生产总值的实际上升速度却更为明显。

分阶段进行考察，如图 3－14 所示，可以发现 1991—1993 年，我国经济实际增长速度超过农村劳动者人均纯收入实际增长速度；1994—1998 年，我国农村劳动者人均纯收入实际增长速度超过经济实际增长速度；而 1998—1999 年，两者均为负增长；2000—2011 年，我国经济实际增长速度又超过农村劳动者人均纯收入实际增长速度；2012—2016 年，我国农村劳动者人均纯收入实际增长速度又超过了经济实际增长速度；2017 年，我国经济实际增长速度再次超过农村劳动者人均纯收入实际增速。

表 3－9　农村劳动者人均纯收入与国内生产总值

年份	农村劳动者人均纯收入		国内生产总值		不变价国内生产总值/亿元
	绝对数/元	指数（1978＝100）	绝对数/亿元	指数（1978＝100）	
1978	133.6	100.0	3650.2	100.0	3650.2
1980	191.3	139.0	4551.6	116.0	3923.5
1985	397.6	268.9	9039.9	192.7	4691.9
1990	686.3	311.2	18774.3	282.7	6642.0
1991	708.6	317.4	21895.5	308.9	7087.9
1992	784.0	336.2	27068.3	353.0	7668.5
1993	921.6	346.9	35524.3	402.2	8833.0
1994	1221.0	364.3	48459.6	454.8	10654.1
1995	1577.7	383.6	61129.8	504.8	12110.0
1996	1926.1	418.1	71572.3	554.9	12898.6
1997	2090.1	437.3	79429.5	606.1	13105.1
1998	2162.0	456.1	84883.7	653.7	12985.9

续表

年份	农村劳动者人均纯收入		国内生产总值		不变价国内生产总值/亿元
	绝对数/元	指数（1978=100）	绝对数/亿元	指数（1978=100）	
1999	2210.3	473.5	90187.7	703.5	12820.1
2000	2253.4	483.4	99776.3	762.8	13080.3
2001	2366.4	503.7	110270.4	826.1	13347.6
2002	2475.6	527.9	121002.0	901.2	13426.8
2003	2622.2	550.6	136564.6	991.5	13773.3
2004	2936.4	588.0	160714.4	1091.4	14725.0
2005	3254.9	624.5	185895.8	1215.3	15296.4
2006	3587.0	670.7	217656.6	1369.5	15893.6
2007	4140.4	734.4	268019.4	1563.9	17137.7
2008	4760.6	793.2	316751.7	1714.4	18476.1
2009	5153.2	860.6	345629.2	1872.7	18455.9
2010	5919.0	954.4	408903.0	2071.8	19736.8
2011	6977.3	1063.2	484123.5	2268.3	21342.7
2012	7916.6	1176.9	534123.0	2444.1	21853.8
2013	8895.9	1286.4	588018.8	2631.9	22341.9
2014	9892.0	1404.7	636138.7	2823.2	22532.2
2015	11421.7	1602.3	689052.1	3027.2	22762.0
2016	12363.4	1702.1	743585.5	3230.6	23016.9
2017	13432.4	1825.5	827121.7	3452.1	23960.0

表3－10　农村劳动者人均纯收入与国内生产总值增长速度

（%）

年份	农村劳动者人均纯收入名义增长率	农村劳动者人均纯收入实际增长率	国内生产总值名义增长率	国内生产总值实际增长率
1991	3.2	1.2	16.6	6.7
1992	10.6	4.5	23.6	8.2
1993	17.6	13.9	31.2	15.3
1994	32.5	26.2	36.4	20.7

续表

年份	农村劳动者人均纯收入名义增长率	农村劳动者人均纯收入实际增长率	国内生产总值名义增长率	国内生产总值实际增长率
1995	29.2	22.7	26.1	13.7
1996	22.1	12.0	17.1	6.5
1997	8.5	3.8	11.0	1.6
1998	3.4	-0.8	6.9	-0.9
1999	2.2	-1.5	6.2	-1.3
2000	1.9	-0.1	10.6	2.0
2001	5.0	0.8	10.5	2.0
2002	4.6	-0.2	9.7	0.6
2003	5.9	1.6	12.9	2.6
2004	12.0	4.9	17.7	6.9
2005	10.8	4.4	15.7	3.8
2006	10.2	2.6	17.1	3.9
2007	15.4	5.4	23.1	7.8
2008	15.0	6.5	18.2	7.8
2009	8.2	-0.2	9.1	-0.3
2010	14.9	3.6	18.3	6.9
2011	17.9	5.8	18.4	8.1
2012	13.5	2.5	10.3	2.3
2013	12.4	2.8	10.1	2.2
2014	11.2	1.8	8.2	0.8
2015	15.5	7.4	8.3	1.3
2016	8.2	1.9	7.9	1.1
2017	8.6	1.3	11.2	4.1

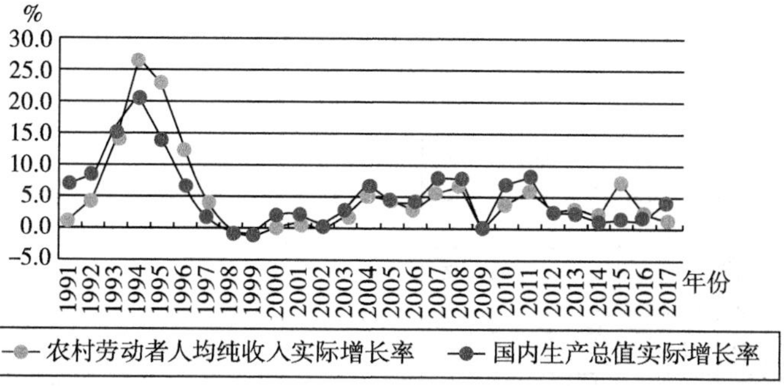

图 3-14 农村劳动者人均纯收入与国内生产总值实际增长率

（2）工资性收入成为农村劳动者主要的收入来源

从表 3-11 中可以看出，1990 年农村劳动者工资性收入为 138.80 元，2017 年为 5498.42 元，增长了 39.61 倍。从以 1978 年为基期的农村居民消费者价格指数换算得到的真实数值来看，1990 年农村劳动者实际工资性收入为 84.07 元，2017 年农村劳动者实际工资性收入为 1148.14 元，实际增长了 12.66 倍。再从农村劳动者收入结构来看，1990 年农村劳动者工资性收入所占比重为 14.01%，而 2017 年农村劳动者工资性收入所占比重为 40.93%，上升了 26.92 个百分点（见图 3-15）。可见，1990 年农村劳动者的工资性收入比重偏低，而自从 2015 年以后农村劳动者的工资性收入开始超过了经营性收入，农村劳动者的工资性收入的比重明显上升，工资性收入已经成为现今农村劳动者收入的主要来源。

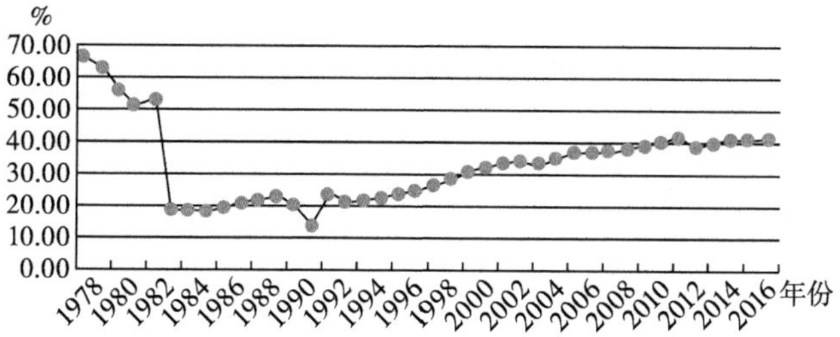

图 3-15 农村劳动者人均工资性纯收入占比情况

表 3 – 11　农村劳动者家庭基本情况

单位：元

指标	1990 年	1995 年	2000 年	2010 年	2011 年	2012 年	2013 年	2014 年	2015 年	2016 年	2017 年
每人年均收入	990.38	2337.87	3146.21	8119.51	9833.14	10990.67	9429.59	10488.88	11421.71	12363.41	13432.43
工资性收入	138.80	353.70	702.30	2431.05	2963.43	3447.46	18929.79	4152.20	4600.31	5021.85	5498.42
家庭经营性收入	815.79	1877.42	2251.28	4937.48	5939.79	6460.97	2797.11	4237.39	4503.58	4741.28	5027.82
财产性收入	35.79	40.98	45.04	202.25	228.57	249.05	809.88	222.07	251.53	272.05	302.96
转移性收入		65.77	147.59	548.74	701.35	833.18	7010.26	1877.22	2066.30	2328.23	2603.23
每人年均支出	903.47	2138.33	2652.42	6991.79	8641.63	9605.53	8382.57	9222.59	10129.78	10954.53	8382.57

（3）经营性收入仍然是农村劳动者重要的收入来源

在表 3－11 中，1990 年农村劳动者家庭经营性收入为 815.79 元，2017 年为 5027.82 元，增长了 5.16 倍。从以 1978 年为基期的农村居民消费者价格指数换算得到的真实数值来看，1990 年农村劳动者家庭实际经营性收入为 494.12 元，2017 年为 1049.87 元，实际增长了 1.13 倍。1990 年农村劳动者经营性收入占比为 82.37%，而 2017 年为 37.43%，下降了 44.94 个百分点（见图 3－16）。可见，1990 年农村劳动者的经营性收入是农民收入的重要来源，而 2017 年农村劳动者的经营性收入仍然是农民收入的重要来源，但是所占比重相比 1990 年已经有了明显下降。

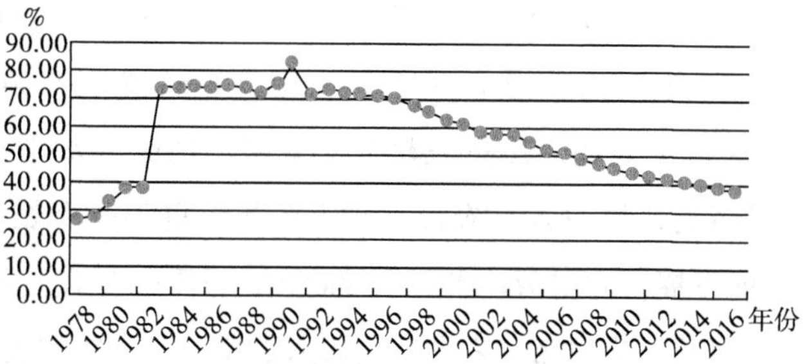

图 3－16　农村劳动者人均经营性纯收入占比情况

（4）转移性收入缓慢上升

在表 3－11 中，1995 年农村劳动者转移性收入为 65.77 元①，2017 年为 2603.23 元，增加了 38.58 倍。从以 1978 年为基期的农村居民消费者价格指数换算得到的真实数值来看，1995 年农村劳动者实际转移性收入为 22.58 元，2017 年为 543.58 元，实际增加了 23.07 倍。1995 年农村劳动者转移性收入占比为 2.8%，而 2017 年为 19.38%，上升了 16.58 个百分点（见图 3－17）。可见，2017 年农村劳动者的转移性收入所占比重明显上升，说明近年来政府加大了对农村劳动者的转移支付力度。但是，农村劳动者转移性收入也只表现为缓慢上升的趋势。

① 由于缺少 1990 年的统计资料，按照 1995 年的农村劳动者转移性收入来计算收入差距。

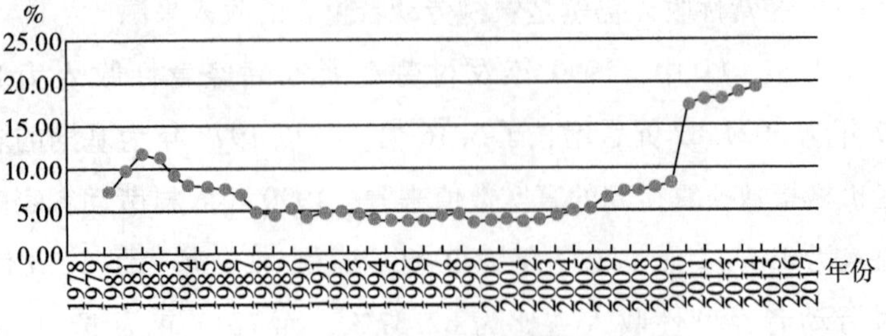

图 3－17　农村劳动者人均转移性纯收入占比情况

（5）财产性收入比重偏低，且增长非常缓慢

在表 3－11 中，1990 年农村劳动者财产性收入为 35.79 元①，2017 年为 302.96 元，增加了 7.46 倍。1990 年农村劳动者财产性收入占比为 3.61%，而 2017 年该比重为 2.26%，下降了 1.35 个百分点（见图 3－18）。上述统计数据表明，虽然农村劳动者财产性收入水平在不断增加，但是农村劳动者财产性收入在农民总收入中的比重却一直处于较低水平，经过 20 多年的发展，农村劳动者财产性收入比重不仅没有上升，反而出现了不断下降的趋势，农村劳动者财产性收入的增长速度非常缓慢。

不仅如此，受现行农村土地流转制度等因素的制约，农村劳动者所拥有的个人住房、宅基地以及土地的产权不明晰，广大农民无法从出售或出租房屋和土地等资产中获取稳定的财产性收入，导致近年来中国农村劳动者的财产性收入增长缓慢，城乡劳动者财产性收入差距呈现出日益扩大的态势。

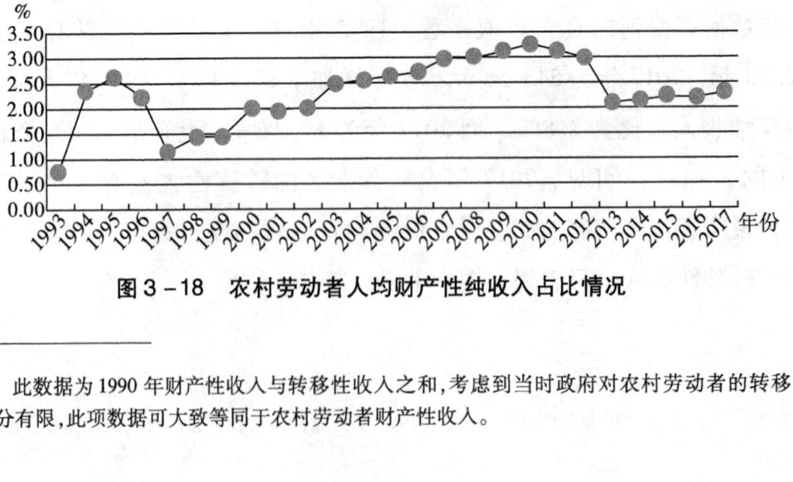

图 3－18　农村劳动者人均财产性纯收入占比情况

① 此数据为 1990 年财产性收入与转移性收入之和，考虑到当时政府对农村劳动者的转移性收入十分有限，此项数据可大致等同于农村劳动者财产性收入。

3.3 城乡劳动者消费需求的现状分析

3.3.1 城乡劳动者消费水平的现状分析

（1）城乡劳动者家庭收入的基本状况

从表3-12中可以看出，城镇劳动者人均可支配收入从1978年的343.4元增加到2017年的36396.19元，增加了104.99倍；而农村劳动者人均可支配收入从1978年的133.60元增加到2017年的13432.40元，增加了99.54倍。如果按城乡劳动者消费价格指数来计算实际值，城镇劳动者人均实际可支配收入从1978年的343.4元增加到2017年的5290.14元，增加了14.41倍；而农村劳动者人均实际可支配收入从1985年的397.6元增加到2017年的2804.84元，增加了4.18倍。可见，如果剔除价格指数上涨因素的影响，城乡劳动者实际收入的增长幅度远远小于名义收入的增长幅度。

表3-12 城乡劳动者家庭可支配收入

单位：元

年份	城镇劳动者家庭人均可支配收入	农村劳动者家庭人均可支配收入	城镇劳动者家庭人均实际可支配收入	农村劳动者家庭人均实际可支配收入
1978	343.40	133.60	343.40	
1980	477.60	191.30	436.16	
1985	739.10	397.60	550.75	397.60
1990	1510.20	686.30	680.27	415.69
1995	4283.00	1577.70	996.97	541.42
1996	4838.90	1926.10	1035.28	612.63
1997	5160.30	2090.10	1070.82	648.50
1998	5425.10	2162.00	1132.59	677.53
1999	5854.02	2210.30	1238.16	703.25
2000	6280.00	2253.40	1317.67	717.64
2001	6859.60	2366.40	1429.38	747.68
2002	7702.80	2475.60	1621.30	785.41
2003	8472.20	2622.20	1767.25	818.93

续表

年份	城镇劳动者家庭人均可支配收入	农村劳动者家庭人均可支配收入	城镇劳动者家庭人均实际可支配收入	农村劳动者家庭人均实际可支配收入
2004	9421.60	2936.40	1902.58	874.97
2005	10493.00	3254.90	2085.67	948.95
2006	11759.50	3587.00	2303.07	1030.45
2007	13785.80	4140.40	2583.55	1128.48
2008	15780.76	4760.62	2800.49	1218.48
2009	17174.65	5153.17	3075.69	1323.02
2010	19109.44	5919.01	3315.88	1466.92
2011	21809.78	6977.29	3594.23	1634.41
2012	24564.72	7916.58	3941.71	1809.09
2013	26955.10	8895.91	4215.69	1977.31
2014	29381.00	9892.00	4500.77	2159.83
2015	31194.83	11421.70	4707.94	2461.57
2016	33616.25	12363.40	4969.14	2614.93
2017	36396.19	13432.40	5290.14	2804.84

(2) 城乡劳动者家庭恩格尔系数的变化特征分析

德国统计学家恩格尔提出用食品支出占总消费支出的比例即恩格尔系数来反映劳动者的消费水平。目前，恩格尔系数已经被世界各国普遍采纳，是反映各国劳动者家庭消费水平的重要指标。当前中国劳动者家庭的恩格尔系数如表 3－13 所示。中国城镇劳动者家庭恩格尔系数从 1978 年的 57.5% 下降到 2017 年的 28.6%，下降了 28.9 个百分点。这表明改革开放之初中国城镇劳动者的消费水平处于仅能维持温饱水平的状态，而经过改革开放 40 多年的经济发展，中国城镇劳动者的消费水平已经达到较为富裕的状态，中国劳动者的生活水平实现了巨大的质的飞跃。而农村劳动者家庭的恩格尔系数从 1978 年的 67.7% 下降为 2017 年的 31.2%，下降了 36.5 个百分点。这说明改革开放之初中国农村劳动者的生活处于非常贫困的状态，而经过 40 多年的发展，中国农村劳动者的生活水平已经达到小康状态。同时还可以看出，从 1996 年开始中国城镇劳动者的恩格尔系数开始低于50%，其消费水平开始进入小康型结构，而中国农村劳动者的恩格尔系数从2000年之后才开始低于50%的水平，说明城乡之间消费水平存在较大差异。如果再衡量城乡劳动者在食品以及耐用消费品等方面的实际消费情况，城乡之间的实际消费水平差距更大。

表3－13 城乡劳动者家庭人均收入及恩格尔系数

年份	城镇劳动者家庭人均可支配收入		农村劳动者家庭人均纯收入		城镇劳动者家庭恩格尔系数/%	农村劳动者家庭恩格尔系数/%
	绝对数/元	指数（1978＝100）	绝对数/元	指数（1978＝100）		
1978	343.4	100.0	133.6	100.0	57.5	67.7
1979	405.0	115.7	160.2	119.2	—	64.0
1980	477.6	127.0	191.3	139.0	56.9	61.8
1981	500.4	129.9	223.4	160.4	56.7	59.9
1982	535.3	136.3	270.1	192.3	58.6	60.7
1983	564.6	141.5	309.8	219.6	59.2	59.4
1984	652.1	158.7	355.3	249.5	58.0	59.2
1985	739.1	160.4	397.6	268.9	53.3	57.8
1986	900.9	182.7	423.8	277.6	52.4	56.4
1987	1002.1	186.8	462.6	292.0	53.5	55.8
1988	1180.2	182.3	544.9	310.7	51.4	54.0
1989	1373.9	182.5	601.5	305.7	54.5	54.8
1990	1510.2	198.1	686.3	311.2	54.2	58.8
1991	1700.6	212.4	708.6	317.4	53.8	57.6
1992	2026.6	232.9	784.0	336.2	53.0	57.6
1993	2577.4	255.1	921.6	346.9	50.3	58.1
1994	3496.2	276.8	1221.0	364.3	50.0	58.9
1995	4283.0	290.3	1577.7	383.6	50.1	58.6
1996	4838.9	301.6	1926.1	418.1	48.8	56.3
1997	5160.3	311.9	2090.1	437.3	46.6	55.1
1998	5425.1	329.9	2162.0	456.1	44.7	53.4
1999	5854.0	360.6	2210.3	473.5	42.1	52.6
2000	6280.0	383.7	2253.4	483.4	39.4	49.1

续表

年份	城镇劳动者家庭人均可支配收入		农村劳动者家庭人均纯收入		城镇劳动者家庭恩格尔系数/%	农村劳动者家庭恩格尔系数/%
	绝对数/元	指数（1978 = 100）	绝对数/元	指数（1978 = 100）		
2001	6859.6	416.3	2366.4	503.7	38.2	47.7
2002	7702.8	472.1	2475.6	527.9	37.7	46.2
2003	8472.2	514.6	2622.2	550.6	37.1	45.6
2004	9421.6	554.2	2936.4	588.0	37.7	47.2
2005	10493.0	607.4	3254.9	624.5	36.7	45.5
2006	11759.5	670.7	3587.0	670.7	35.8	43.0
2007	13785.8	752.5	4140.4	734.4	36.3	43.1
2008	15780.8	815.7	4760.6	793.2	37.9	43.7
2009	17174.7	895.4	5153.2	860.6	36.5	41.0
2010	19109.4	965.2	5919.0	954.4	35.7	41.1
2011	21809.8	1046.3	6977.3	1063.2	36.3	40.4
2012	24564.7	1146.7	7916.6	1176.9	36.2	39.3
2013	26955.1	1227.0	8895.9	1286.4	35.3	34.1
2014	29381.0	1310.5	9892.0	1404.7	35.2	34.3
2015	31195.0	1371.5	11422.0	1602.3	29.7	33.1
2016	33616.0	1448.0	12363.0	1702.1	29.3	32.2
2017	36396.0	1541.6	13432.0	1825.5	28.6	31.2

（3）不同收入组劳动者家庭恩格尔系数的变化特征分析

下面再分析不同收入组城乡劳动者家庭的恩格尔系数①。在表 3 – 15 中，2012 年城镇最低收入户（10%）、困难户和较低收入户（10%）、中等偏下户（20%）、中等收入户（20%）、中等偏上户（20%）、较高收入户（10%）、最高收入户（10%）劳动者家庭的恩格尔系数依次为 45.34%、46.79%、43.16%、40.95%、38.56%、35.82%、33.19% 和

① 由于统计局没有提供 2013 年以后的相关数据，本书中按收入等级分城镇劳动者家庭平均每人全年现金消费支出指标选取 2012 年的数据。

27.41%。从以上数据可以看出，当前我国城镇劳动者最低收入户、困难户、较低收入户和中等偏下户的生活状况总体处于小康水平，城镇劳动者中等收入户、中等偏上户和较高收入户的生活状况总体处于富裕水平，最高收入户的生活状况总体处于最为富裕水平（见表3－14）。

从表3－15中可以看出，2003—2012年，城镇最低收入户劳动者家庭、城镇困难户劳动者家庭、城镇较低收入户劳动者家庭、城镇中等偏下收入户劳动者家庭、城镇中等收入户劳动者家庭、城镇中等偏上收入户劳动者家庭、城镇较高收入户劳动者家庭、城镇最高收入户劳动者家庭恩格尔系数分别下降了2.38个、1.8个、1.77个、1.31个、0.67个、0.79个、1.48个、2.44个百分点。从上述数据可以看出，城镇最高收入户劳动者家庭恩格尔系数下降幅度最大，而城镇中等收入户劳动者家庭恩格尔系数下降幅度最小。另外，从图3－19可以看出，2012年城镇最低收入户劳动者家庭恩格尔系数比城镇最高收入户劳动者家庭恩格尔系数高了17.93个百分点，即使是城镇中等收入户劳动者家庭也比城镇最高收入户劳动者家庭恩格尔系数高了11.15个百分点。可见，中国不同劳动者群体之间生活差距很大。

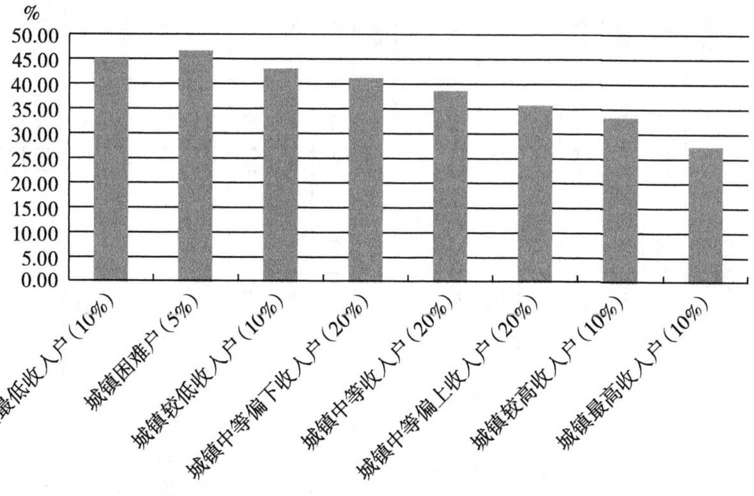

图3－19 2012年不同收入组城镇劳动者家庭恩格尔系数

表 3-14　按收入等级分城镇劳动者家庭平均每人全年现金消费支出（2012 年）

指标	全国	最低收入户（10%）	#困难户	较低收入户（10%）	中等偏下户（20%）	中等收入户（20%）	中等偏上户（20%）	较高收入户（10%）	最高收入户（10%）
现金消费支出/元	16674. 32	7301. 37	6366. 78	9610. 41	12280. 83	15719. 94	19830. 17	25796. 93	37661. 68
食品	6040. 85	3310. 41	2979. 29	4147. 35	5028. 58	6061. 37	7102. 41	8560. 96	10323. 06
#粮食	458. 53	364. 97	358. 68	385. 75	426. 03	473. 18	501. 69	542. 74	564. 46
肉禽及其制品	1183. 59	767. 51	699. 27	946. 71	1088. 30	1249. 37	1341. 13	1480. 40	1555. 67
蛋类	119. 00	84. 30	76. 97	96. 64	112. 02	125. 68	133. 33	142. 42	147. 05
水产品	408. 92	173. 39	145. 05	235. 60	308. 75	412. 72	522. 70	630. 61	768. 17
奶及奶制品	253. 57	125. 75	110. 11	169. 02	208. 34	260. 07	308. 80	365. 39	423. 34
衣着	1823. 39	706. 80	589. 78	1045. 50	1408. 21	1765. 93	2213. 83	2767. 50	3928. 48
#服装	1344. 87	494. 80	408. 08	746. 36	1018. 94	1288. 06	1637. 68	2067. 91	3019. 31
居住	1484. 26	832. 60	759. 62	924. 49	1160. 43	1384. 31	1708. 68	2154. 27	3123. 28
#住房	463. 64	177. 46	140. 84	168. 83	279. 33	354. 81	543. 48	798. 49	1520. 36
家庭设备及用品	1116. 06	405. 35	333. 10	569. 25	760. 00	1033. 64	1346. 21	1827. 88	2807. 29
#耐用消费品	431. 52	119. 37	91. 70	185. 89	272. 85	395. 16	532. 17	738. 16	1195. 76
交通通信	2455. 47	602. 83	495. 33	954. 38	1392. 97	2063. 25	2960. 62	4304. 11	7971. 14
文教娱乐	2033. 50	722. 96	613. 94	1034. 87	1326. 62	1785. 45	2449. 14	3432. 77	5431. 59
#文化娱乐用品	451. 88	144. 68	117. 98	209. 60	284. 93	404. 79	565. 38	793. 42	1187. 24
医疗保健	1063. 68	548. 33	466. 51	669. 58	832. 93	1096. 04	1248. 92	1580. 04	1951. 11
其他	657. 10	172. 09	129. 21	264. 99	371. 10	529. 94	800. 35	1169. 41	2125. 73

续表

指标	全国	最低收入户（10%）	#困难户	较低收入户（10%）	中等偏下户（20%）	中等收入户（20%）	中等偏上户（20%）	较高收入户（10%）	最高收入户（10%）
现金消费支出构成/%									
食品	36.23	45.34	46.79	43.15	40.95	38.56	35.82	33.19	27.41
衣着	10.94	9.68	9.26	10.88	11.47	11.23	11.16	10.73	10.43
居住	8.90	11.40	11.93	9.62	9.45	8.81	8.62	8.35	8.29
家庭设备及用品	6.69	5.55	5.23	5.92	6.19	6.58	6.79	7.09	7.45
交通通信	14.73	8.26	7.78	9.93	11.34	13.13	14.93	16.68	21.17
文教娱乐	12.20	9.90	9.64	10.77	10.80	11.36	12.35	13.31	14.42
医疗保健	6.38	7.51	7.33	6.97	6.78	6.97	6.30	6.12	5.18
其他	3.94	2.36	2.03	2.76	3.02	3.37	4.04	4.53	5.64

表 3－15　城镇劳动者家庭恩格尔系数（按收入分组）

（%）

年份	城镇最低收入户（10%）劳动者家庭恩格尔系数	城镇困难户（5%）劳动者家庭恩格尔系数	城镇较低收入户（10%）劳动者家庭恩格尔系数	城镇中等偏下收入户（20%）劳动者家庭恩格尔系数	城镇中等收入户（20%）劳动者家庭恩格尔系数	城镇中等偏上收入户（20%）劳动者家庭恩格尔系数	城镇较高收入户（10%）劳动者家庭恩格尔系数	城镇最高收入户（10%）劳动者家庭恩格尔系数
2003	47.72	48.59	44.93	42.26	39.23	36.61	34.67	29.85
2004	49.66	51.16	46.35	43.21	39.72	37.51	34.80	29.18
2005	47.43	48.57	44.84	41.91	38.84	36.40	34.30	28.02
2006	46.33	46.99	43.51	40.67	38.19	35.70	33.35	27.29
2007	47.17	48.51	43.51	41.31	38.89	36.56	33.09	27.59
2008	48.14	48.93	45.94	42.90	40.42	37.87	34.03	29.18
2009	46.81	47.96	44.63	41.66	39.00	35.87	33.02	28.05
2010	46.15	47.32	44.11	40.89	37.86	35.38	32.17	26.87
2011	45.85	46.97	43.67	41.72	38.97	35.87	32.59	27.52
2012	45.34	46.79	43.16	40.95	38.56	35.82	33.19	27.41

然而值得注意的是，单用恩格尔系数这个指标并不能够全面衡量劳动者家庭消费水平的真实情况，还需要辅之以其他指标来综合反映当前我国劳动者家庭消费的总体状况。物价因素会影响到恩格尔系数的大小，在其他条件不变时，如果物价上涨，则劳动者家庭的恩格尔系数会上升。此外，商品质量的好坏也会影响到劳动者家庭消费的质量，但是通过恩格尔系数却无法反映出商品的质量对劳动者家庭消费质量的影响。最后，在住房、医疗、教育、养老等社会保障制度还不健全的条件下，劳动者及其家庭不得不节衣缩食减少食品支出，因此尽管恩格尔系数在不断下降，但是并不表明劳动者的生活水平已经进入了高质量的高级发展阶段。因此，下面再通过其他指标来更加全面地衡量劳动者家庭消费支出的状况，综合考量劳动者家庭真实的生活水平与生活质量。

（4）城乡劳动者家庭消费支出的基本情况

从表3－16中的城镇劳动者消费结构可以看出，城镇劳动者食品消费支出所占比重从1990年的54.25%下降到2017年的28.64%，下降了25.61个百分点。衣着所占比重从1990年的13.36%下降到2017年的7.19%，下降了6.17个百分点。居住所占比重从1990年的4.76%上升到2017年的22.76%，上升了18个百分点。家庭设备及用品所占比重从1990年的8.48%下降到2017年的6.24%，下降了2.24个百分点。交通通信所占比重从1990年的3.17%上升到2017年的13.59%，上升了10.42个百分点。文教娱乐所占比重从1990年的8.78%上升到2017年的11.65%，上升了2.87个百分点。医疗保健所占比重从1990年的2.01%上升到2017年的7.27%，上升了5.26个百分点。从上述数据可以看出，改革开放以来我国城镇劳动者的食品消费支出所占比重出现了大幅下降的趋势，城镇劳动者的居住消费支出、交通通信支出、医疗保健支出所占比重出现了大幅上升的趋势，文教娱乐支出比重出现了小幅上升的态势，这说明改革开放以来我国城镇劳动者的生存需要已经基本得到满足，城镇劳动者在娱乐教育方面的消费支出不断增加，生活品质和生活质量得到了较大幅度的改善。

此外，在表3－16中，测算2017年中国城镇劳动者各项消费支出比重，第一为食品，所占比重为 28.64%；第二为居住，所占比重为 22.76%；第三为交通通信，所占比重为 13.59%；第四为文教娱乐，所占比重为 11.65%；第五为医疗保健，所占比重为 7.27%；第六为衣着，所占比重为 7.19；第七为家庭设备及用品，所占比重为 6.24%；第八为其他，所占比重为 2.67%。

从表 3－17 中的农村劳动者消费结构可以看出，农村劳动者食品消费支出所占比重从 1990 年的 58.8% 下降到 2017 年的 31.17%，下降了 27.63 个百分点；农村劳动者衣着所占比重从 1990 年的 7.77% 下降到 2017 年的 5.59%，下降了 2.18 个百分点；农村劳动者的居住所占比重从 1990 年的 17.34% 上升到 2017 年的 21.49%，上升了 4.15 个百分点；农村劳动者的家庭设备及用品所占比重从 1990 年的 5.29% 上升到 2017 年的 5.79%，上升了 0.5 个百分点；农村劳动者的交通通信所占比重从 1990 年的 1.44% 上升到 2017 年的 13.77%，上升了 12.33 个百分点；农村劳动者的文教娱乐所占比重从 1990 年的 5.37% 上升到 2017 年的 10.69%，上升了 5.32 个百分点；农村劳动者的医疗保健所占比重从 1990 年的 3.25% 上升到 2017 年的 9.67%，上升了 6.42 个百分点。从上述数据可以看出，改革开放以来我国农村劳动者的食品消费支出所占比重出现了大幅下降的趋势，农村劳动者的交通通信支出所占比重出现了大幅上升的趋势，农村劳动者的医疗保健、文教娱乐、居住以及家庭设备及用品所占比重出现了小幅上升的趋势，这说明改革开放以来我国农村劳动者的生存需要已经基本得到满足，农村劳动者在医疗保健、文教娱乐、居住以及交通通信等方面的消费支出不断增加，农村劳动者的生活品质和生活质量得到了较大幅度的改善。

在表 3－17 中，再测算 2017 年中国农村劳动者各项消费支出比重，第一为食品，所占比重为 31.17%；第二为居住，所占比重为 21.49%；第三为交通通信，所占比重为 13.77%；第四为文教娱乐，所占比重为 10.69%；第五为医疗保健，所占比重为 9.67%；第六为家庭设备及用品，所占比重为 5.79%；第七为衣着，所占比重为 5.59%；第八为其他，所占比重为 1.83%。

表 3－16 城镇劳动者家庭基本情况

指标	1990 年	2000 年	2010 年	2011 年	2012 年	2014 年	2015 年	2016 年	2017 年
工资性收入/元	1149. 70	4480. 50	13707. 68	15411. 91	17335. 62	17936. 8	19337	20665	22201
经营性收入/元	22. 50	246. 24	1713. 51	2209. 74	2548. 29	3279. 0	3476	3770	4065
财产性收入/元	15. 60	128. 38	520. 33	648. 97	706. 96	2812. 1	3042	3271	3607
转移性收入/元	328. 41	1440. 78	5091. 90	5708. 58	6368. 12	4815. 9	5340	5910	6524
可支配收入/元	1510. 16	6279. 98	19109. 44	21809. 78	24564. 72	28843. 9	31195	33616	36396
平均每人现金消费支出/元	1278. 89	4998. 00	13471. 45	15160. 89	16674. 32	16690. 6	21392	23079	24445
食品	693. 77	1971. 32	4804. 71	5506. 33	6040. 85	5874. 9	6360	6762	7001
衣着	170. 90	500. 46	1444. 34	1674. 70	1823. 39	1626. 6	1701	1739	1758
居住	60. 86	565. 29	1332. 14	1405. 01	1484. 26	1625. 6	4726	5114	5564
家庭设备及用品	108. 45	374. 49	908. 01	1023. 17	1116. 06	1225. 6			
交通通信	40. 51	426. 95	1983. 70	2149. 69	2455. 47	2631. 5	2895	3174	3322
文教娱乐	112. 26	669. 58	1627. 64	1851. 74	2033. 50	2140. 7	2383	2638	2847
医疗保健	25. 67	318. 07	871. 77	968. 98	1063. 68	1038. 5	1443	1631	1777
其他	66. 57	171. 83	499. 15	581. 26	657. 10	527. 1	578	595	652
平均每人现金消费支出构成（人均现金消费支出＝100）									
食品	54. 25	39. 44	35. 67	36. 32	36. 23	35. 20	29. 73	29. 30	28. 64

续表

指标	1990年	2000年	2010年	2011年	2012年	2014年	2015年	2016年	2017
衣着	13.36	10.01	10.72	11.05	10.94	9.75	7.95	7.53	7.19
居住	4.76	11.31	9.89	9.27	8.90	9.74	22.09	22.16	22.76
家庭设备及用品	8.48	7.49	6.74	6.75	6.69	7.34	6.11	6.18	6.24
交通通信	3.17	8.54	14.73	14.18	14.73	15.77	13.53	13.75	13.59
文教娱乐	8.78	13.40	12.08	12.21	12.20	12.83	11.14	11.43	11.65
医疗保健	2.01	6.36	6.47	6.39	6.38	6.22	6.75	7.07	7.27
其他	5.21	3.44	3.71	3.83	3.94	3.16	2.70	2.58	2.67

资料来源:《中国统计年鉴(2019)》。

表 3-17 农村劳动者家庭基本情况

指标	1990 年	2012 年	2014 年	2015 年	2016 年	2017 年
平均每人现金消费支出/元	584.63	5908.02	8382.57	9223	10130	10955
食品	343.76	2323.89	2813.99	3048	3266	3415
衣着	45.44	396.39	510.40	550	575	612
居住	101.37	1086.35	1762.75	1926	2147	2354
家庭设备及用品	30.90	341.71	506.49	546	596	634
交通通信	8.42	652.79	1012.63	1163	1360	1509
文教娱乐	31.38	445.49	859.50	969	1070	1171
医疗保健	19.02	513.81	753.85	846	929	1059
其他	4.34	147.58	162.96	174	186	201
平均每人现金消费支出构成（人均现金消费支出＝100）						
食品	58.80	39.33	33.57	33.05	32.24	31.17
衣着	7.77	6.71	6.09	5.96	5.68	5.59
居住	17.34	18.39	21.03	20.88	21.19	21.49
家庭设备及用品	5.29	5.78	6.04	5.92	5.88	5.79
交通通信	1.44	11.05	12.08	12.61	13.43	13.77
文教娱乐	5.37	7.54	10.25	10.51	10.56	10.69
医疗保健	3.25	8.70	8.99	9.17	9.17	9.67
其他	0.74	2.50	1.94	1.89	1.84	1.83

从上述城乡劳动者各项消费支出的比较可以看出，城乡劳动者食品消费占总支出的比重都是最大的，由此说明食品依然是城乡劳动者主要的消费支出，食品价格的上涨对城乡劳动者生活的影响非常大。城乡劳动者在居住和交通通信方面的支出比重也较大，尤其是居住方面的消费支出在城乡劳动者的消费支出中都排在第二位，说明房地产价格上涨也将极大地影响城乡劳动者的生活水平与生活质量。文教娱乐方面的支出在城乡劳动者消费支出中都排在第四位，说明随着生活水平的提高，城乡劳动者用于文化教育以及闲暇消费的支出日益增加。而医疗保健在城乡劳动者消费支出

中都排在了第五位，说明城乡劳动者在看病方面的医疗支出比重较大。尤其是农村劳动者的医疗保健支出比重接近10%，高于城镇劳动者的医疗保健支出比重，说明中国农村的医疗保障体系远未完善，农村劳动者在医疗方面的消费支出较大。

（5）不同地区城乡劳动者消费收支差异

①不同地区城镇劳动者消费收支情况

从表3－18和图3－20中可以看出，2017年中国城镇劳动者人均可支配收入由高到低依次为：东部地区、中部地区、西部地区和东北地区；2017年人均消费支出由高到低依次为：东部地区、西部地区、中部地区和东北地区。另外，2017年不同地区城镇劳动者年收支差额差别较大。东部地区城镇劳动者年收支差额中位数为11664.22元，中部地区城镇劳动者年收支差额中位数为11337.93元，西部地区城镇劳动者年收支差额中位数为9825.52元，东北地区城镇劳动者年收支差额中位数为8267.51元。城镇劳动者年收支差额最高的东部地区比最低的东北地区高出3396.71元。

表3－18　2017年城镇劳动者分地区人均收支情况

单位：元

地区	可支配收入	消费支出	收支差额
东部地区	40626.34	28962.12	11664.22
中部地区	31419.19	20081.26	11337.93
西部地区	30699.00	20873.48	9825.52
东北地区	28318.75	20051.24	8267.51

再考察工资性收入的情况。通过表3－19、图3－21可以看出，与不同地区城镇劳动者消费支出相比，其工资性收入都出现了不同程度的“入不敷出”的情况，大多数省份的城镇劳动者的工资性收入都小于其消费支出，陷入“入不敷出”的境地。这说明当前各地城镇劳动者如果单靠工资性收入竟然不足以应付日常生活消费支出，把经营性收入、转移性收入与财产性收入加总在内的可支配收入才略微超过了支出，可见当前城镇劳动者的工资性收入过低制约了消费需求的快速增加。

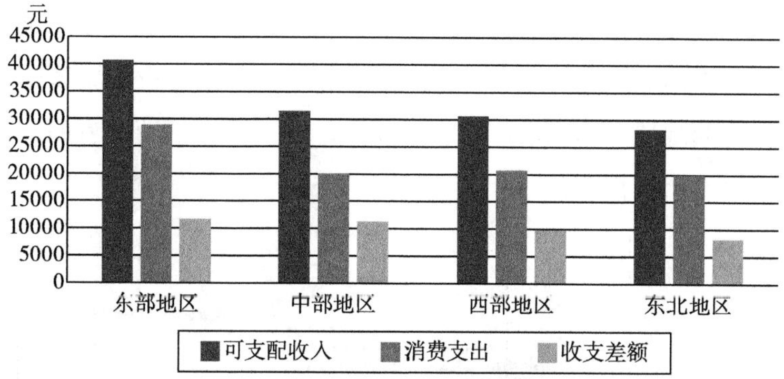

图 3-20　2017 年不同地区城镇劳动者人均可支配收入与消费支出情况

表 3-19　2017 年城镇劳动者分地区人均工资性收入支出情况

单位：元

地区	工资性收入	消费支出	收支差额
东部地区	25800.40	28962.12	-3161.72
中部地区	18340.56	20081.26	-1740.70
西部地区	18397.70	20873.48	-2475.78
东北地区	16917.13	20051.24	-3134.12

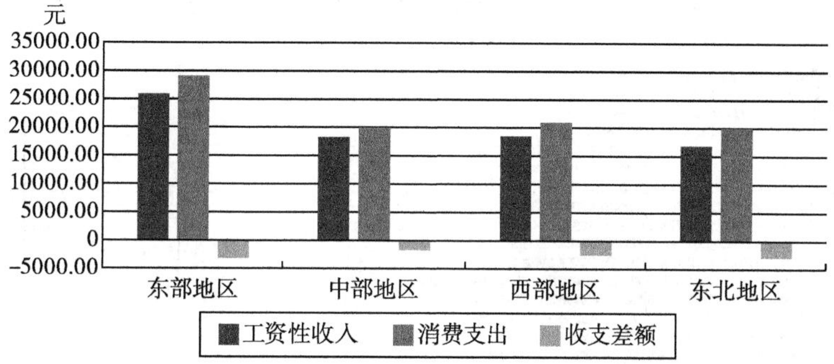

图 3-21　2017 年不同地区城镇劳动者人均工资性收入与消费支出情况

如果再具体到各省份来考察，又可以在图 3-22 和图 3-23 中发现，除西藏、江西、山东和海南四个省份城镇劳动者的工资性收入与消费支出差额为正数外，其余省份城镇劳动者的工资性收入与消费支出差额均为负数，说明当前中国绝大多数省份城镇劳动者的工资性收入均不足以维持基本的日常消费支出，城镇劳动者的生活状况令人担忧。其中，城镇劳动者工资收入与消费支出差额排在最后十名的分别为：上海、辽宁、天津、四川、重庆、湖南、贵州、黑龙江、湖北和吉林。这些省份的城镇劳动者工资性收入与当地较高的生活成本差距较大，还需要城镇劳动者的其他收入来应付日常支出的需要。

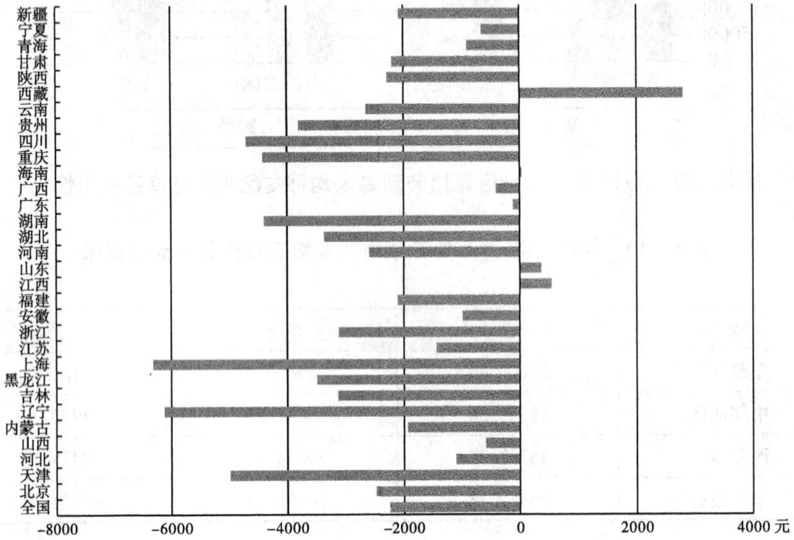

图3－22　各地城镇劳动者人均工资性收入与消费支出差额

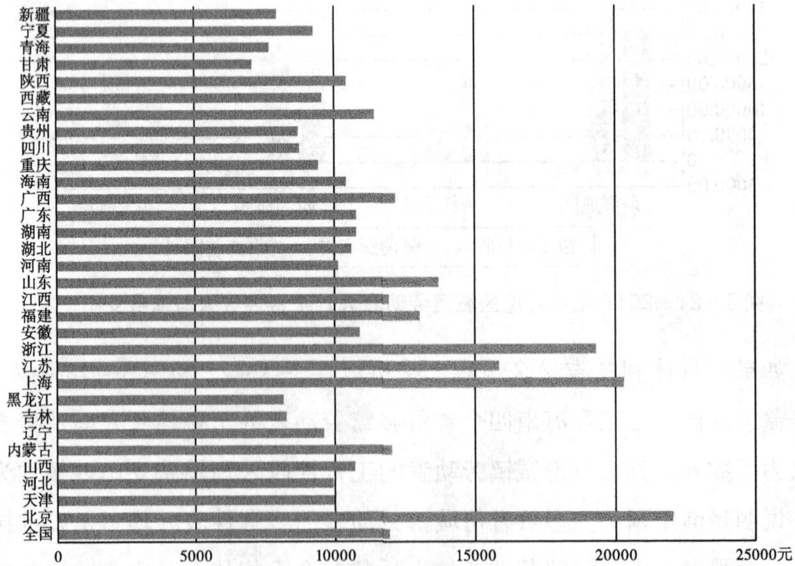

图3－23　各地城镇劳动者人均可支配收入与消费支出差额

②不同地区农村劳动者消费收支情况

从表3－20和图3－24中可以看出，2017年中国农村劳动者人均可支配收入由高到低依次为：东部地区、东北地区、中部地区和西部地区；人均消费支出由高到低依次为：东部地区、东北地区、中部地区和西部地区。2017年不同地区农村劳动者年收支差额差别较大。东部地区农村劳动者年收支差额为2938.95元，西部地区农村劳动者年收支差额为1162.96元，中部地区农村劳动者年收支差额为2358.77元，东北地区农村劳动者年收支差额为2426.56元。农村劳动者年收支差额最高的东部地区比最低的西部地区高出1775.99元。

表3－20 2017年农村劳动者分地区人均收支情况

单位：元

地区	可支配收入	消费支出	收支差额
东部地区	17746.41	14807.46	2938.95
中部地区	12847.00	10488.23	2358.77
西部地区	10534.05	9371.08	1162.96
东北地区	12950.44	10523.88	2426.56

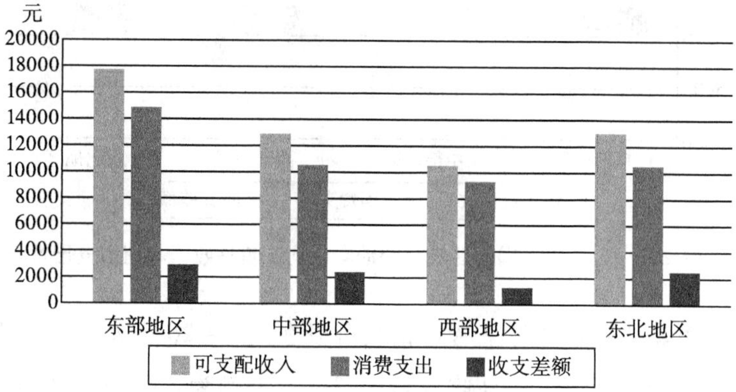

图3－24 2017年分地区农村劳动者人均可支配收入与消费支出情况

再考察工资性收入的情况。通过表3－21、图3－25可以看出，与不同地区城镇劳动者工资性收入与支出情况比较，我国不同地区农村劳动者的工资性收入与消费支出差额都出现了更大程度的“入不敷出”的情况，多数省份的农村劳动者的工资性收入都小于其消费支出，陷入“入不敷出”的境地。说明当前各地农村劳动者如果单靠工资性收入竟然远远不能应付日常生活消费支出，把经营性收入、转移性收入与财产性收入加总在内的可支配收入才略微超过了支出，可见当前农村劳动者的工资性收入过低制约了消费需求的快速增加。

表 3－21　2017 年农村劳动者分地区人均工资性收入与消费支出情况

单位：元

地区	工资性收入	消费支出	收支差额
东部地区	8683.80	14807.46	－6123.66
中部地区	5055.57	10488.23	－5432.66
西部地区	3019.43	9371.08	－6351.65
东北地区	3018.33	10523.88	－7505.54

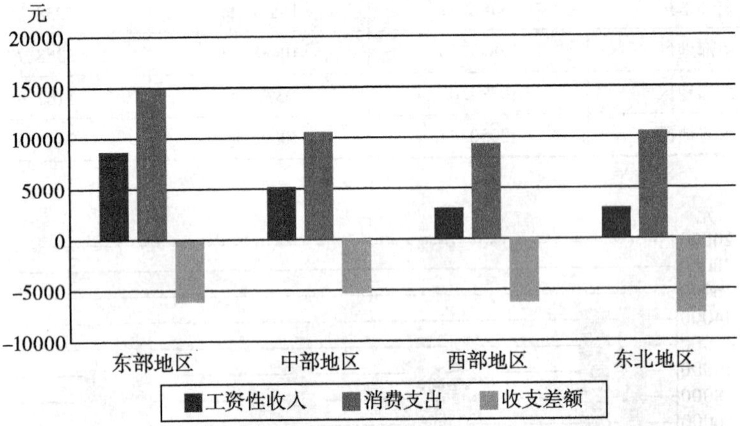

图 3－25　2017 年不同地区农村劳动者人均工资性收入与消费支出情况

如果再具体到各省份来考察，又可以在图 3－26 中发现，除上海一个省份农村劳动者的工资性收入与消费支出差额为正数外，其余省份农村劳动者的工资性收入与消费支出差额均为负数，说明当前中国绝大多数省份农村劳动者的工资性收入均不足以维持基本的日常消费支出，农村劳动者的生活状况令人担忧。其中，农村劳动者工资收入与消费支出差额排在最后十名的分别为：内蒙古、黑龙江、四川、吉林、湖北、青海、福建、重庆、安徽和广西。这些省份农村的劳动者工资性收入与当地较高的生活成本差距较大，还需要农村劳动者的其他收入来应付日常支出的需要。

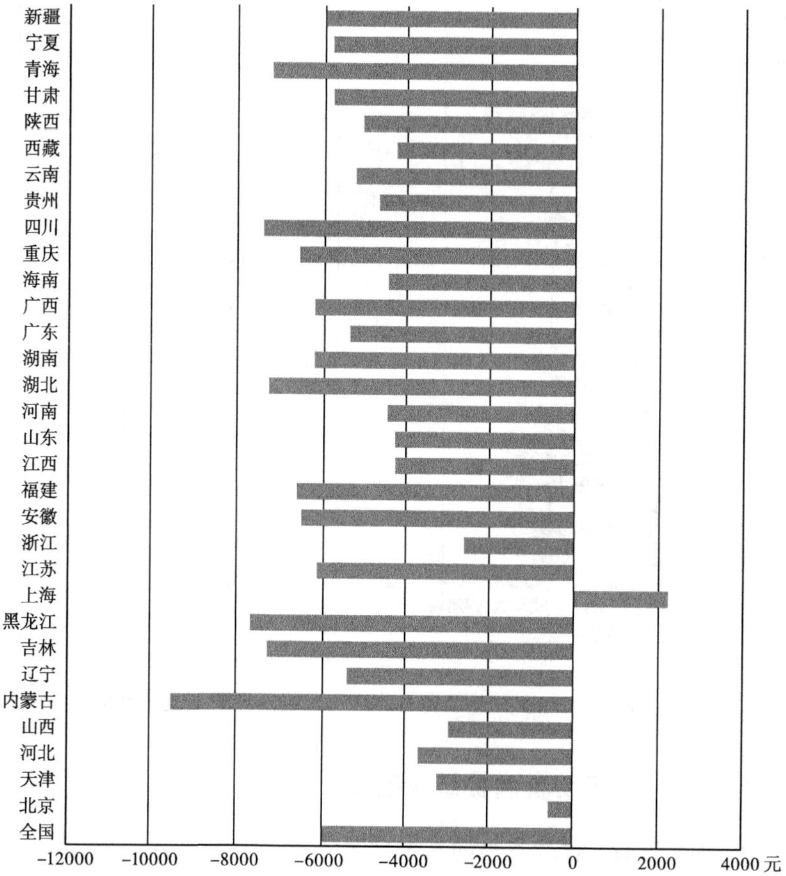

图 3－26 各地农村劳动者人均工资性收入与消费支出差额

此外，在图 3－27 中，考察农村劳动者的可支配收入与消费支出的差额可以看到：除青海外，其他省份农村劳动者的可支配收入与消费支出的差额都为正数。但是仔细观察也会发现，许多地区农村劳动者的可支配收入虽然没有出现入不敷出的情况，但是其可支配收入也仅是略微超过支出。

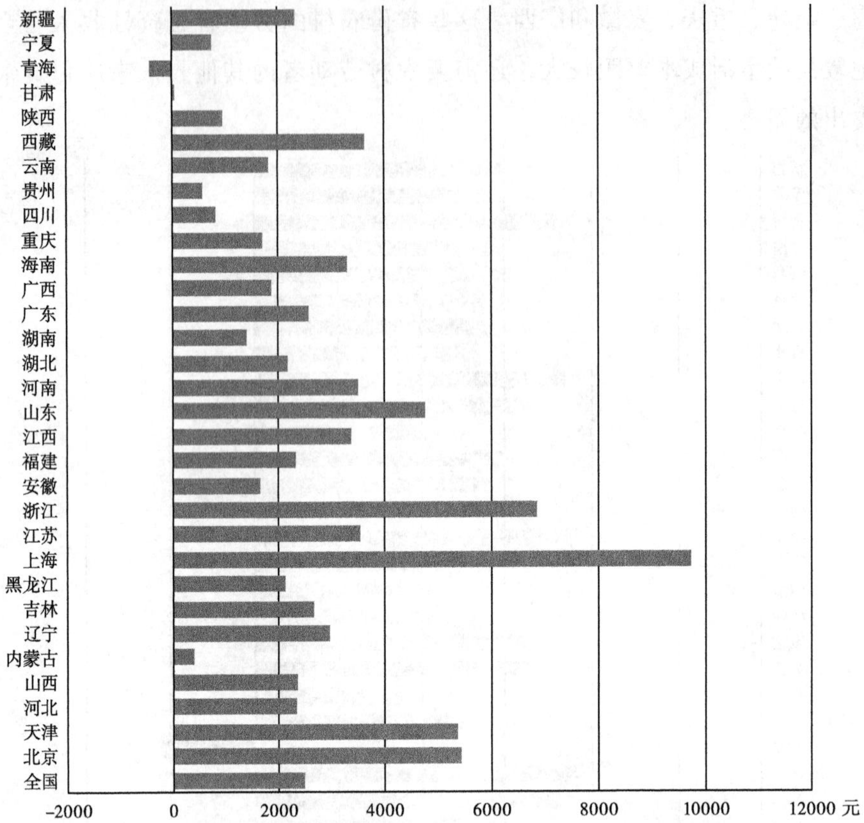

图 3-27　各地农村劳动者人均可支配收入与消费支出差额

3.3.2　城乡劳动者消费结构的现状分析

(1) 城乡劳动者食品支出的基本情况

上文通过恩格尔系数指标反映了食物支出占劳动者消费支出的变动情况，下面再根据城乡劳动者食品支出的分项来详细考察劳动者食品支出的具体情况。根据表 3-22 所提供的数据，中国城镇劳动者家庭人均粮食消费量从 1990 年的 130.72 千克下降到 2017 年的 109.75 千克，鲜菜消费量从 1990 年的 138.70 千克下降到 2017 年的 102.48 千克，食用植物油消费量从 1990 年的 6.40 千克上升到 2017 年的 10.67 千克，猪肉消费量从 1990 年的 18.46 千克上升到 2017 年的 20.62 千克，牛羊肉消费量从 1990 年的 3.28 千克上升到 2017 年的 4.22 千克，禽类消费量从 1990

年的 3.42 千克上升到 2017 年的 9.74 千克，鲜蛋消费量从 1990 年的 7.25 千克上升到 2017 年的 10.91 千克，水产品消费量从 1990 年的 7.69 千克上升到 2017 年的 14.81 千克，鲜奶消费量从 1990 年的 4.63 千克上升到 2017 年的 16.48 千克，鲜瓜果消费量从 1990 年的 41.11 千克上升到 2017 年的 54.30 千克。

表 3-22　城镇劳动者家庭平均每人主要食品消费量

单位：千克

指标	1990 年	1995 年	2011 年	2012 年	2013 年	2014 年	2015 年	2016 年	2017 年
粮食	130.72	97.00	80.71	78.76	121.33	117.18	112.61	111.94	109.75
鲜菜	138.70	116.47	114.56	112.33	100.09	100.07	100.24	103.16	102.48
食用植物油	6.40	7.11	9.26	9.14	10.77	10.85	11.07	10.97	10.67
猪肉	18.46	17.24	20.63	21.23	20.43	20.79	20.74	20.43	20.62
牛羊肉	3.28	2.44	3.95	3.73	3.35	3.41	3.87	4.31	4.22
禽类	3.42	3.97	10.59	10.75	8.13	9.07	9.45	10.17	9.74
鲜蛋	7.25	9.74	10.12	10.52	9.43	9.81	10.48	10.67	10.91
水产品	7.69	9.20	14.62	15.19	14.96	14.43	14.71	14.82	14.81
鲜奶	4.63	4.62	13.70	13.95	17.13	18.13	17.15	16.54	16.48
鲜瓜果	41.11	44.96	52.02	56.05	47.64	48.09	49.90	52.61	54.30

根据表 3-23 所提供的数据，中国农村劳动者家庭人均粮食的消费量从 1990 年的 262.08 千克下降到 2017 年的 154.64 千克，蔬菜消费量从 1990 年的 134 千克下降到 2017 年的 88.45 千克，食油消费量从 1990 年的 5.17 千克上升到 2017 年的 10.11 千克，肉禽及制品消费量从 1990 年的 12.59 千克上升到 2017 年的 31.48 千克，蛋及制品消费量从 1990 年的 2.41 千克上升到 2017 年的 8.94 千克，水产品消费量从 1990 年的 2.13 千克上升到 2017 年的 7.42 千克，奶及制品消费量从 1990 年的 1.10 千克上升到 2017 年的 6.90 千克，瓜果及制品消费量从 1990 年的 5.89 千克上升到 2017 年的 38.37 千克。

从城乡劳动者家庭食品消费支出的详细情况来看，城乡劳动者粮食等主食消费的比重明显下降，而副食消费的比重则出现大幅度上升的趋势，说明城乡劳动者食品内部消费结构呈现出日益优化的态势（见表3－24、表3－25）。

表3－23　农村劳动者家庭平均每人主要食品消费量

单位：千克

指标	1990年	1995年	2011年	2012年	2013年	2014年	2015年	2016年	2017年
粮食（原粮）	262.08	256.07	170.74	164.27	178.51	167.65	159.51	157.24	154.64
蔬菜	134.00	104.62	89.36	84.72	89.19	87.46	88.75	89.69	88.45
食油	5.17	5.80	7.48	7.83	14.34	13.56	10.07	10.19	10.11
#植物油	3.54	4.25	6.60	6.93	13.39	12.69	9.19	9.30	9.24
肉禽及制品	12.59	13.56	23.30	23.45	28.57	29.17	30.20	30.62	31.48
#猪肉	10.54	10.58	14.42	14.40	19.07	19.20	19.45	18.68	19.49
#牛肉	0.40	0.36	0.98	1.02	0.76	0.77	0.84	0.91	0.94
#羊肉	0.40	0.35	0.92	0.94	0.71	0.72	0.90	1.11	1.04
#禽类	1.25	1.83	4.54	4.49	6.16	6.70	7.11	7.91	7.87
蛋及制品	2.41	3.22	5.40	5.87	6.96	7.21	8.30	8.48	8.94
奶及制品	1.10	0.60	5.16	5.29	5.71	6.43	6.33	6.63	6.90
水产品	2.13	3.36	5.36	5.36	6.56	6.76	7.15	7.49	7.42
瓜果及制品	5.89	13.01	21.30	22.81	27.06	27.96	32.34	36.81	38.37

此外，再考察城镇劳动者不同收入组食品消费支出的具体情况。根据图3－28中的数据，粮食和肉禽制品消费是城镇最低收入组（包括困难户）、较低收入组、中等偏下收入组和中等收入组劳动者日常消费的主要支出项目，因而粮食以及肉禽制品价格的上涨对城镇中低收入劳动者的影响将非常大。[①] 根据表3－26中的数据，以1978年作为参照期来看，2012年的劳动者消费价格指数、城镇劳动者消费价格指数、农村劳动者消费价

① 国家统计局没有公布2012年以后的数据，因此选择2012年不同收入组城镇劳动者食品支出内部各分项消费支出进行比较。为与劳动者消费支出相对应，后面的消费者价格指数也选取了2012年的数据。

格指数和商品零售价格指数分别为 579.7、623.2、437.6 和 434.7。与 1978 年相比，2012 年的劳动者消费价格指数、城镇劳动者消费价格指数、农村劳动者消费价格指数和商品零售价格指数分别上涨了 4.8 倍、5.2 倍、3.4 倍和 3.3 倍。再根据表 3－27 提供的与劳动者日常生活密切相关的食品类消费价格指数来看，2012 年全国粮食价格同比上涨 4%，面粉价格同比上涨 2.6%，淀粉及制品价格同比上涨 3.2%，干豆类及豆制品价格同比上涨 2%，油脂价格同比上涨 5.1%，肉禽及其制品同比上涨 2.1%，水产品价格同比上涨 8%，蔬菜价格同比上涨 13.7%，调味品价格同比上涨 4.2%，蛋价格同比下降 2.9%，茶及饮料价格同比上涨 4.2%，饮料价格同比上涨 4.6%，干鲜瓜果价格同比上涨 0.1%，糕点饼干面包价格同比上涨 4.3%，液体乳及乳制品价格同比上涨 3.2%，在外用膳食品价格同比上涨 6.7%，其他食品价格同比上涨 4.2%。通过上述数据可以看出，与劳动者日常生活密切相关的大部分食品价格是不断上涨的，由此造成劳动者用于食品方面的支出必然不断增加，这无疑会加重中低收入劳动者生活的负担，尤其是对于那些工资上涨幅度很低甚至没有增加的劳动者来说，他们的家庭日常生活压力之大更是难以想象。

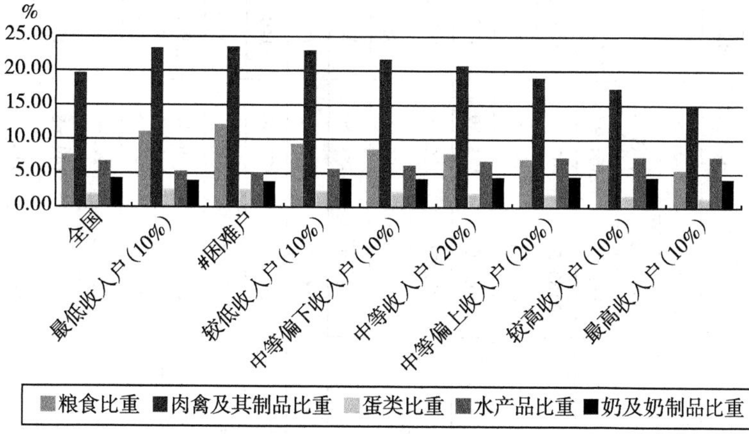

图 3－28　不同收入组城镇劳动者食品支出内部各分项消费支出比较

表 3-24　按收入等级分城镇劳动者家庭平均每人全年现金消费支出(2012 年)

指标	全国	最低收入户（10%）	#困难户	较低收入户（10%）	中等偏下户（20%）	中等收入户（20%）	中等偏上户（20%）	较高收入户（10%）	最高收入户（10%）
现金消费支出/元	16674.32	7301.37	6366.78	9610.41	12280.83	15719.94	19830.17	25796.93	37661.68
食品	6040.85	3310.41	2979.29	4147.35	5028.58	6061.37	7102.41	8560.96	10323.06
#粮食	458.53	364.97	358.68	385.75	426.03	473.18	501.69	542.74	564.46
肉禽及其制品	1183.59	767.51	699.27	946.71	1088.30	1249.37	1341.13	1480.40	1555.67
蛋类	119.00	84.30	76.97	96.64	112.02	125.68	133.33	142.42	147.05
水产品	408.92	173.39	145.05	235.60	308.75	412.72	522.70	630.61	768.17
奶及奶制品	253.57	125.75	110.11	169.02	208.34	260.07	308.80	365.39	423.34
衣着	1823.39	706.80	589.78	1045.50	1408.21	1765.93	2213.83	2767.50	3928.48
#服装	1344.87	494.80	408.08	746.36	1018.94	1288.06	1637.68	2067.91	3019.31
居住	1484.26	832.60	759.62	924.49	1160.43	1384.31	1708.68	2154.27	3123.28
#住房	463.64	177.46	140.84	168.83	279.33	354.81	543.48	798.49	1520.36
家庭设备及用品	1116.06	405.35	333.10	569.25	760.00	1033.64	1346.21	1827.88	2807.29
#耐用消费品	431.52	119.37	91.70	185.89	272.85	395.16	532.17	738.16	1195.76
交通通信	2455.47	602.83	495.33	954.38	1392.97	2063.25	2960.62	4304.11	7971.14
文教娱乐	2033.50	722.96	613.94	1034.87	1326.62	1785.45	2449.14	3432.77	5431.59
#文化娱乐用品	451.88	144.68	117.98	209.60	284.93	404.79	565.38	793.42	1187.24
医疗保健	1063.68	548.33	466.51	669.58	832.93	1096.04	1248.92	1580.04	1951.11
其他	657.10	172.09	129.21	264.99	371.10	529.94	800.35	1169.41	2125.73

续表

指标	全国	最低收入户（10%）	#困难户	较低收入户（10%）	中等偏下户（20%）	中等收入户（20%）	中等偏上户（20%）	较高收入户（10%）	最高收入户（10%）
现金消费支出构成/%									
食品	36.23	45.34	46.79	43.15	40.95	38.56	35.82	33.19	27.41
衣着	10.94	9.68	9.26	10.88	11.47	11.23	11.16	10.73	10.43
居住	8.90	11.40	11.93	9.62	9.45	8.81	8.62	8.35	8.29
家庭设备及用品	6.69	5.55	5.23	5.92	6.19	6.58	6.79	7.09	7.45
交通通信	14.73	8.26	7.78	9.93	11.34	13.13	14.93	16.68	21.17
文教娱乐	12.20	9.90	9.64	10.77	10.80	11.36	12.35	13.31	14.42
医疗保健	6.38	7.51	7.33	6.97	6.78	6.97	6.30	6.12	5.18
其他	3.94	2.36	2.03	2.76	3.02	3.37	4.04	4.53	5.64

表 3－25　农村劳动者家庭基本情况

指标	1990 年	1995 年	2000 年	2010 年	2011 年	2012 年
调查户数/户	66960	67340	68116	68190	73630	73750
调查户人口/人						
平均每户常住人口	4. 80	4. 48	4. 20	3. 95	3. 90	3. 88
平均每户整半劳动力	2. 92	2. 88	2. 76	2. 85	2. 78	2. 76
平均每个劳动力负担人口（含本人）	1. 64	1. 56	1. 52	1. 39	1. 40	1. 40
平均每人年收入/元						
总收入	990. 38	2337. 87	3146. 21	8119. 51	9833. 14	10990. 67
工资性收入	138. 80	353. 70	702. 30	2431. 05	2963. 43	3447. 46
家庭经营性收入	815. 79	1877. 42	2251. 28	4937. 48	5939. 79	6460. 97
财产性收入	35. 79	40. 98	45. 04	202. 25	228. 57	249. 05
转移性收入		65. 77	147. 59	548. 74	701. 35	833. 18
现金收入	676. 67	1595. 56	2381. 60	7088. 76	8638. 51	9787. 19
工资性收入	136. 43	352. 88	700. 41	2427. 89	2959. 74	3443. 53
家庭经营性收入	481. 19	1116. 73	1498. 81	3955. 36	4810. 37	5313. 14
财产性收入	59. 05	38. 19	38. 89	168. 33	185. 76	219. 28
转移性收入		87. 76	143. 49	537. 18	682. 64	811. 25
纯收入	686. 31	1577. 74	2253. 42	5919. 01	6977. 29	7916. 58
工资性收入	138. 80	353. 70	702. 30	2431. 05	2963. 43	3447. 46
家庭经营性收入	518. 55	1125. 79	1427. 27	2832. 80	3221. 98	3533. 37
财产性收入	28. 96	40. 98	45. 04	202. 25	228. 57	249. 05
转移性收入		57. 27	78. 81	452. 92	563. 32	686. 70
平均每人年支出/元						
总支出	903. 47	2138. 33	2652. 42	6991. 79	8641. 63	9605. 53
家庭经营费用支出	241. 09	621. 71	654. 27	1915. 62	2431. 05	2626. 00
购置生产性固定资产	20. 29	62. 33	63. 90	193. 26	265. 75	272. 61
税费支出	38. 66	88. 65	95. 52	8. 57	11. 67	10. 04
消费支出	584. 63	1310. 36	1670. 13	4381. 82	5221. 13	5908. 02
财产性支出	18. 80	55. 28	19. 74	49. 25	12. 27	9. 86
转移性支出		148. 86	443. 27	699. 76	778. 99	

续表

指标	1990 年	1995 年	2000 年	2010 年	2011 年	2012 年
现金支出	639.06	1545.81	2140.37	6307.43	7984.94	8961.85
家庭经营费用支出	162.90	454.74	544.49	1757.58	2269.19	2483.01
购买生产性固定资产	20.46	62.32	63.91	193.26	265.75	272.61
税费支出	33.37	76.96	89.81	8.56	11.65	9.96
消费支出	374.74	859.43	1284.74	3859.33	4733.35	5414.47
财产性支出	47.59	92.35	9.82	49.25	12.27	9.86
转移性支出		147.60	439.45	692.73	771.94	

资料来源：《中国统计年鉴》(2019)。

表 3-26 各种价格定基指数

年份	劳动者消费价格指数	城镇劳动者消费价格指数	农村劳动者消费价格指数	商品零售价格指数
1978	100.0	100.0	—	100.0
1980	109.5	109.5	—	108.1
1985	131.1	134.2	100.0	128.1
1990	216.4	222.0	165.1	207.7
1995	396.9	429.6	291.4	356.1
1996	429.9	467.4	314.4	377.8
1997	441.9	481.9	322.3	380.8
1998	438.4	479.0	319.1	370.9
1999	432.2	472.8	314.3	359.8
2000	434.0	476.6	314.0	354.4
2001	437.0	479.9	316.5	351.6
2002	433.5	475.1	315.2	347.0
2003	438.7	479.4	320.2	346.7
2004	455.8	495.2	335.6	356.4
2005	464.0	503.1	343.0	359.3
2006	471.0	510.6	348.1	362.9
2007	493.6	533.6	366.9	376.7
2008	522.7	563.5	390.7	398.9
2009	519.0	558.4	389.5	394.1
2010	536.1	576.3	403.5	406.3
2011	565.0	606.8	426.9	426.2

续表

年份	劳动者消费价格指数	城镇劳动者消费价格指数	农村劳动者消费价格指数	商品零售价格指数
2012	579.7	623.2	437.6	434.7
2013	579.7	623.2	437.6	434.7
2014	594.8	639.4	449.9	440.8
2015	606.7	652.8	458	445.2
2016	615.2	662.6	464	445.6
2017	627.5	676.5	472.8	448.7

表 3-27　食品类消费价格分类指数（2012 年）

（上年 =100）

项目	全国	城市	农村
消费价格指数	102.6	102.7	102.5
食品	104.8	105.1	104.0
粮食	104.0	104.1	103.6
#大米	104.0	104.1	103.8
#面粉	102.6	102.5	102.7
淀粉及制品	103.2	104.0	101.0
干豆类及豆制品	102.0	102.2	101.4
油脂	105.1	105.6	104.1
肉禽及其制品	102.1	102.8	100.2
蛋	97.1	97.3	96.8
水产品	108.0	107.7	109.0
菜	113.7	113.7	113.9
#鲜菜	115.9	115.7	116.5
调味品	104.2	104.3	103.9
#糖	104.2	104.6	103.3
茶及饮料	104.2	104.4	103.3
#茶叶	103.3	103.4	103.1
#饮料	104.6	105.0	103.4
干鲜瓜果	100.1	100.0	100.2
#鲜果	98.8	98.8	99.0

续表

项目	全国	城市	农村
糕点饼干面包	104.3	104.2	104.5
液体乳及乳制品	103.2	103.3	102.6
在外用膳食品	106.7	106.8	106.5
其他食品	104.2	104.4	103.8

资料来源：《中国统计年鉴（2019）》。

（2）城乡劳动者耐用消费品支出的基本情况

①城镇劳动者人均耐用消费品消费情况

如表3－28所示，1990年中国城镇劳动者家庭平均每百户彩色电视机、洗衣机、电冰箱、照相机、空调和摩托车的拥有量分别为59.04台、78.41台、42.33台、19.22台、0.34台和1.94辆；1995年中国城镇劳动者家庭平均每百户淋浴热水器的拥有量为30.05台。2017年中国城镇劳动者家庭平均每百户彩色电视机、洗衣机、电冰箱、照相机、空调、淋浴热水器和摩托车的拥有量分别为123.8台、95.7台、98台、29.1台、128.6台、90.7台和20.8辆。另外，2000年中国城镇劳动者家庭平均每百户计算机、微波炉、移动电话、汽车的拥有量分别为9.7台、17.6台、19.5部、0.5辆；2013年中国城镇劳动者家庭平均每百户电动助力车和排油烟机的拥有量分别为39辆和66.1台。2017年中国城镇劳动者家庭平均每百户计算机、微波炉、移动电话、汽车拥有量分别为80.8台、56.9台、235.4部和37.5辆。从上述数据可以看出，如今中国城镇劳动者家庭每百户彩色电视机、空调拥有量已经突破了100台，移动电话拥有量更是超过了200部，洗衣机、电冰箱和淋浴热水器的拥有量也很快会突破100台。[①]上述数据说明经过改革开放40多年的发展，城镇劳动者生活水平有了显著的提高，劳动者的生活质量有了明显改善，消费结构出现不断高级化、现代化的发展趋势。

① 国家统计局没有公布2012年以后的数据，因此选择2012年城镇劳动者家庭人均日用消费品消费情况。

②农村劳动者人均耐用消费品消费情况

如表3－29所示，1990年中国农村劳动者家庭平均每百户彩色电视机、洗衣机、电冰箱、照相机、摩托车的拥有量分别为4.72台、9.12台、1.22台、0.7台、0.89辆，2017年中国农村劳动者家庭平均每百户彩色电视机、洗衣机、电冰箱、照相机、摩托车的拥有量分别为120.03台、86.28台、91.70台、3.91台、64.05辆。另外，2000年中国农村劳动者家庭平均每百户空调、计算机、移动电话、抽油烟机的拥有量分别为1.32台、0.47台、26.38部、2.75台，2017年中国农村劳动者家庭平均每百户空调、计算机、移动电话、抽油烟机的拥有量分别为52.63台、29.21台、246.06部、20.42台。2013年中国农村劳动者家庭平均每百户家用汽车和微波炉的拥有量分别为9.95辆和14.11台，2017年这两种耐用消费品的拥有量分别为19.3辆和17.26台。通过上述数据可以看出，中国农村劳动者家庭平均每百户彩色电视机、移动电话的拥有量已经突破了100台，但是洗衣机、空调、照相机、计算机等耐用消费品的拥有量与城镇劳动者家庭相比还存在较大的差距。

表 3－28　城镇劳动者家庭平均每百户年底耐用消费品拥有量

指标	1990 年	1995 年	2000 年	2005 年	2010 年	2011 年	2012 年	2013 年	2014 年	2015 年	2016 年	2017 年
摩托车/辆	1.94	6.29	18.80	25.00	22.51	20.13	20.27	20.78	24.51	22.7	20.9	20.8
洗衣机/台	78.41	88.97	90.50	95.51	96.92	97.05	98.02	88.35	90.71	92.3	94.2	95.7
电冰箱/台	42.33	66.22	80.10	90.72	96.61	97.23	98.48	89.21	91.69	94.0	96.4	98.0
彩色电视机/台	59.04	89.79	116.60	134.80	137.43	135.15	136.07	118.59	121.97	122.3	122.3	123.8
照相机/台	19.22	30.56	38.40	46.94	43.70	44.48	46.42	34.04	35.18	33.0	28.5	29.1
空调/台	0.34	8.09	30.80	80.67	112.07	122.00	126.81	102.20	107.42	114.6	123.7	128.6
淋浴热水器/台	—	30.05	49.10	72.65	84.82	89.14	91.02	80.34	82.98	85.6	88.7	90.7
计算机/台	—	—	9.70	41.52	71.16	81.88	87.03	71.53	76.23	78.5	80.0	80.8
摄像机/架	—	—	1.30	4.32	8.20	9.42	10.00	—	—	—	—	—
微波炉/台	—	—	17.60	47.61	59.00	60.65	62.24	50.57	52.63	53.8	55.3	56.9
移动电话/部	—	—	19.50	137.00	188.86	205.25	212.64	206.13	216.57	223.8	231.4	235.4
家用汽车/辆	—	—	0.50	3.37	13.07	18.58	21.54	22.30	25.72	30.0	35.5	37.5
电动助力车/辆	—	—	—	—	—	—	—	39.0	42.5	45.8	49.7	53.1
排油烟机/台	—	—	—	—	—	—	—	66.1	68.2	69.2	71.5	73.7

表 3-29 农村劳动者家庭平均每百户年底耐用消费品拥有量

指标	1990 年	1995 年	2000 年	2010 年	2011 年	2012 年	2013 年	2014 年	2015 年	2016 年	2017 年
洗衣机/台	9.12	16.90	28.58	57.32	62.57	67.22	71.21	74.82	78.82	84.03	86.28
电冰箱/台	1.22	5.15	12.31	45.19	61.54	67.32	72.85	77.58	82.55	89.55	91.70
空调/台	—	0.18	1.32	16.00	22.58	25.36	29.80	34.22	38.77	47.58	52.63
抽油烟机/台	—	0.61	2.75	11.11	13.23	14.69	12.37	13.88	15.31	18.36	20.42
摩托车/辆	0.89	4.91	120.48	59.02	60.85	62.20	61.07	67.64	67.52	65.07	64.05
固定电话/部	—	—	21.94	60.76	43.11	42.24	32.56	38.90	60.8	43.1	42.2
移动电话/部	—	—	26.38	136.54	179.74	197.80	199.55	215.03	226.13	240.75	246.06
黑白电视机/台	39.72	63.81	52.97	6.38	1.66	1.44	6.4	1.7	1.4	—	—
彩色电视机/台	4.72	16.92	48.74	111.79	115.46	116.90	112.88	115.61	116.89	118.76	120.03
照相机/台	0.70	1.42	3.12	5.17	4.55	5.18	4.42	4.49	4.08	3.42	3.91
计算机/台	—	—	0.47	10.37	17.96	21.36	20.00	23.52	25.72	27.94	29.21
家用汽车/辆	—	—	—	—	—	—	9.95	10.97	13.26	17.41	19.30
微波炉/台	—	—	—	—	—	—	14.11	14.75	15.01	16.11	17.26

4 国民收入分配、劳动者收入结构与消费需求变动的实证研究

4.1 国民收入分配对消费需求影响的实证研究

4.1.1 国民收入初次分配对消费需求影响的实证研究

(1) 引言

中国自1978年改革开放以来，经过40多年的经济发展，国民经济取得了快速的增长，中国居民的生活水平和生活质量获得了显著的提高。然而当前中国经济仍然面临许多问题，其中一个突出问题就是长期以来中国经济过度依赖投资需求和净出口需求来推动，而居民消费率却是国民经济发展的短板，2017年中国居民消费率还不足40%。和世界许多发展中国家与发达国家相比较，近年来中国居民的消费率依然偏低。深入分析造成当前中国居民消费率较低的主要原因发现，国民收入初次分配领域出现了严重失衡，因而导致居民收入增长缓慢，居民间收入差距不断扩大，严重制约了广大居民消费需求的快速增长。因此，从国民收入初次分配视角深入剖析我国居民消费需求下降的原因具有非常重要的现实意义。

从相关文献资料来看，学者对国民收入分配与消费需求的研究主要集中在以下几个方面：第一，对收入分配差距与消费需求之间的关系进行了理论分析与实证研究。陈乐一（2005）认为收入分配差距是消费需求不足的主要原因，要扩大消费需求，必须增加普通城乡居民尤其是低

收入者的实际收入，缩小收入差距[①]。白暴力、傅辉煌（2011）认为劳动收入偏低、收入分配差距偏大导致了我国总消费需求不足[②]。陈斌开（2012）通过实证研究发现收入水平、收入差距与居民平均消费倾向和边际消费倾向呈反方向变动[③]。第二，对收入分配、消费需求与经济增长之间的关系进行了实证分析。臧旭恒、张继海（2002）分别运用相关年份城镇居民按收入分组的收入和消费的相关数据，检验了城镇居民基尼系数和居民平均消费倾向之间的关系，发现边际消费倾向同收入水平之间存在显著的负相关关系，改善收入分配状况会提高居民的平均消费倾向，从而提高总消费水平，促进内需增长[④]。余官胜（2009）利用VAR模型对收入分配不平等和居民消费需求之间的动态关系进行了实证研究，发现两者之间存在长期的协整关系，收入分配不平等扩大是我国居民消费需求不足的重要原因[⑤]。董碧松、张少杰（2009）通过实证研究发现，收入分配通过消费需求这一渠道影响经济增长[⑥]。第三，对国民收入初次分配、再分配对居民消费需求的影响进行了研究。姜洋（2008）发现在国民收入再分配的过程中，分配影响着各个收入群体的收入和消费行为[⑦]。骆祚炎（2010）[⑧] 和高连水等（2009）[⑨] 认为，初次收入分配中劳动收入份额的下降使居民消费对当期收入产生过度依赖，从

---

① 陈乐一．收入分配与消费不足[J]．经济问题探索，2005(4)：23.

② 白暴力，傅辉煌．收入分配差距偏大的主要因素和消费需求牵扯[J]．改革，2011(1)：32.

③ 陈斌开．收入分配与中国居民消费——理论和基于中国的实证研究[J]．南开经济研究，2012(1)：33.

④ 臧旭恒，张继海．收入分配对中国城镇居民消费需求影响的实证分析[J]．中国社会科学，2002(2)：5.

⑤ 余官胜．收入不平等和居民消费需求不足：基于VAR模型的实证研究[J]．当代经济管理，2009(11)：13.

⑥ 董碧松，张少杰．收入分配与经济增长——基于消费需求视角的研究[J]．经济问题，2009(9)：16.

⑦ 姜洋．90年代以来国民收入分配格局变迁对消费需求的影响[J]．社会科学家，2008(4)：47.

⑧ 骆祚炎．城镇居民收入结构、收入初次分配格局与消费过度敏感性——1985—2008年的经验数据[J]．财贸研究，2010(2)：2.

⑨ 高连水，邓路．居民消费率与收入分配结构和分配差距关系的经验分析[J]．消费经济，2009(4)：4.

根本上制约了居民消费需求的增长。何磊、王宇鹏（2010）通过统计数据发现，近年来国民收入在企业、政府和居民三部门之间的分配格局发生了重大变化，国民收入分配从向居民倾斜日益演变为向政府倾斜，这是当前我国居民消费需求不断下降的重要原因①。刘伟（2019）就国民收入初次分配和再分配结构对居民消费需求的影响进行了深入分析，认为未来要扩大居民消费需求必须不断完善国民收入分配结构与居民收入分配结构以及相应的财政和货币政策②。

从目前已经取得的研究成果来看，大多侧重于对城乡居民收入差距或国民收入分配不平等与居民消费需求的关系研究，关于我国国民收入初次分配对消费需求的影响缺乏较为深入的理论分析，并且学者大多是通过数据进行统计描述性分析，这方面的实证研究较少，数据年代也过于久远，不能全面剖析国民收入初次分配与居民消费需求两者之间的深层次关系与作用机理。因此，本书通过理论分析与实证研究，深入分析了我国当前国民收入初次分配对消费需求的影响机理，运用1990—2016年的时间序列数据对国民收入初次分配对居民消费需求的影响进行了实证研究，从国民收入初次分配视角为新时期扩大居民消费需求和提高劳动者收入提出对策与建议。

（2）国民收入初次分配影响居民消费需求的机理分析

根据经济学家凯恩斯的绝对收入理论，收入水平是决定消费需求的关键因素。因此，当前我国国民收入初次分配的水平及其结构直接决定了我国居民的消费需求。然而目前我国国民收入初次分配领域出现了严重失衡，初次收入分配结构不合理，导致居民消费需求不足。这主要表现在以下两个方面。

①初次收入分配水平影响居民消费需求的机理分析

在国民收入初次分配领域，企业支付给劳动者的报酬直接决定了居民

① 何磊，王宇鹏．谁在抑制居民的消费需求？——基于国民收入分配格局的分析[J]．当代经济科学，2010(6)：24.

② 刘伟．完善分配结构　释放消费潜力　转换增长动能[J]．上海行政学院学报，2019(1)：4－11.

的收入水平，进而影响到居民的消费需求。然而，由于当前我国劳动力市场总体呈现供过于求的状态，劳动者在劳动力市场处于劣势地位，同企业经营管理者的议价能力较弱，无法与强资本相抗衡。因此，在劳动者处于弱势地位的条件下，企业经营管理者必然会为了获取更多的利润拼命压低甚至克扣工人工资，导致劳动者只能获得较低的工资收入。此外，目前关于保障劳动者经济权益的法律体系仍不健全，企业经营管理者为了获得更高的利润，会采取各种手段减少劳动者的工资与各种福利补贴，导致劳动者的工资与收入水平偏低，严重制约了广大中低收入居民消费需求的增加。

②初次收入分配结构影响居民消费需求的机理分析

凯恩斯提出的边际消费倾向递减规律表明，收入较高的阶层基本的需求已经得到满足，这部分人群的边际消费倾向相对较低，增加的收入大多数转化为投资需求；而收入较低的阶层基本的需求还远未实现，这部分人群的边际消费倾向相对较高，增加的收入大部分转化为消费需求①。经济学家卡莱茨基的研究也表明，资本收入的边际消费倾向要远低于工资收入的边际消费倾向②。因此，广大居民是边际消费倾向最高的群体，他们具有很强的消费意愿；而资本所有者的边际消费倾向要明显低于劳动者的边际消费倾向。因此，初次收入分配结构也是制约广大中低收入居民消费需求的关键因素。国家统计局的数据显示，我国劳动者报酬占国内生产总值的比重呈现出逐年下降的趋势，从 1990 年的 53.4% 下降到 2016 年的 52.04%，下降了 1.36 个百分点。而这一比重，其他发达国家与发展中国家普遍在 54% ~65%。可见，在当前我国国民收入初次分配结构中劳动者报酬所占比重还不尽合理，导致劳动者收入增长缓慢，抑制了广大中低收入居民消费需求的快速增长。具体表现如下：

① [英]凯恩斯．就业、利息和货币通论[M]．北京：商务印书馆，1997：104.

② KALECKI, M. Selected essays on the dynamics of the capitalist economy[M]. Cambridge University Press, 1971:53.

第一，居民内部收入差距扩大对消费需求的影响。

居民内部收入差距不断扩大，抑制了广大居民消费需求的快速增长。国家统计局公布的数据显示，2017 年城镇最高收入户的人均可支配收入是城镇最低收入户的人均可支配收入的 6.77 倍。根据财政部的调查，当前我国的收入分配差距已经达到“高度不平等”状态，10% 的富裕家庭占城市居民全部财产的 45%。反映居民收入差距的基尼系数已由 1978 年的 0.16 上升到 2010 年的 0.47，远远突破了 0.4 的国际警戒线。由于部分群体隐性福利的存在，有学者认为中国居民的实际收入差距还要更高。根据世界银行公布的 127 个国家近年来收入分配不平等状况的数据，基尼系数低于中国的国家有 94 个，高于中国的国家只有 29 个，其中 27 个是拉丁美洲和非洲国家，亚洲只有马来西亚和菲律宾两个国家高于中国。这种状况说明，中国的基尼系数高于所有发达国家和大多数发展中国家，也高于中国的历史高点。可见，不断扩大的居民收入差距降低了我国中低收入阶层消费需求的快速增长。

虽然城镇居民最高收入户与最低收入户的收入差距近年来呈现出缓慢缩小的态势，但依然较为明显。较大的收入差距降低了中低收入居民消费需求的快速增长。因此，大幅提高劳动者报酬占国民收入初次分配的比重，就可以增加广大居民的消费需求，保持国民经济健康运行。

第二，行业间、企业间劳动者收入差距对消费需求的影响。

我国行业间、企业间劳动者初次分配收入差距不断扩大，也是居民消费需求增长缓慢的重要原因。2017 年全国城镇单位就业人员年平均工资最高的三个行业分别是：信息传输、计算机服务和软件业 133150 元，金融业 122851 元，科学研究和技术服务业 107815 元；2017 年平均工资最低的三个行业分别是农、林、牧、渔业 36504 元，住宿和餐饮业 45751 元，居民服务、修理和其他服务业 50552 元。2017 年全国城镇非私营单位在岗职工年平均工资最高行业信息传输、计算机服务和软件业与最低行业农、林、牧、渔业之比为3.65:1[①]。2011—2017年城镇居民行业收入差距略微缩小，但依然较大。行业间、企业间居民收入差距过大，严重制约了广大居民消费需求的增加。

第三，企业内部职工收入差距日益扩大对消费需求的影响。

2011年全国总工会的专项调研显示，当前我国低收入劳动者比例较大，67.2%的劳动者每月收入低于2152元的全国平均水平，17.3%的劳动者每月只有1000元左右收入。同时，企业内部收入分配差距过大。全球知名咨询公司合益集团在2015年发布的关于全球薪资的一份报告指出，在世界范围内，高管和员工之间的收入差距正在扩大，而且最大的薪酬差距出现在中国，中国企业的高管和低层员工的收入差距有12.7倍[②]。企业内部高层管理者与劳动者之间收入差距的不断扩大，导致了低收入劳动者的比重过大，严重制约了广大居民消费需求的快速增加[③]。

（3）国民收入初次分配对居民消费需求影响的实证分析

①计量模型的建立与数据来源

本书采用以下计量模型来分析居民的劳动报酬、利润与居民消费需求之间的关系：

$$C = \alpha LI + \beta PF$$

其中，C为消费需求，LI为劳动者报酬，PF为利润，α为劳动报酬的边际消费倾向，β为利润的边际消费倾向。为了更好地进行分析，对上述模型两边取自然对数，可以得到：$\ln C = \ln A + \alpha \ln LI + \beta \ln PF + \varepsilon_t$。

本书的居民消费需求、劳动者报酬和利润分别选取1990—2016年的居民消费支出、劳动者报酬和利润指标，所有数据均来源于1991—2017年《中国统计年鉴》（见表4－1）。

① 资料来源：《中国统计年鉴（2019）》。

② 马思华．中国企业高管和员工的收入差距有12.7倍[N]．劳动报，2015－03－15.

③ 谢琦．国民收入分配对居民消费需求的影响[J]．现代经济探讨，2013(3)：30－33.

表 4－1　居民消费支出、劳动者报酬与利润

单位：亿元

年份	平减后的居民消费支出	平减后的劳动者报酬	平减后的利润
1990	4359.981516	4531.548059	1853.932532
1991	4711.572833	4927.533512	2101.318141
1992	5171.02058	5447.52205	2573.343133
1993	5747.418528	6346.689857	2995.950201
1994	6326.283186	6848.914454	3113.935103
1995	7073.041068	7672.907533	3188.556311
1996	7829.797627	8518.771807	3386.559665
1997	8288.368409	9193.98959	3541.61575
1998	8855.337591	10033.97582	3570.095803
1999	9698.033318	10626.19852	3856.038871
2000	10826.68203	11508.80184	4269.308756
2001	11603.84439	12570.89245	4582.356979
2002	12705.0519	13863.76009	5272.133795
2003	13527.19398	15331.81901	6237.647595
2004	14608.81966	15278.55126	11135.34661
2005	16213.87931	17648.28017	12599.09698
2006	17859.68153	19919.92144	15045.01486
2007	20217.44327	22190.4923	17472.84643
2008	22065.86952	28831.41381	16131.26076
2009	24404.79769	32813.04624	17360.93256
2010	27244.46932	36693.54038	21909.45906
2011	31244.60177	39385.54867	24493.29204
2012	34248.19734	44277.52458	25516.62929
2013	36947.29321	50281.14997	27371.14997
2014	39976.8749	54162.31416	28162.12296
2015	43234.73667	58100.13492	28280.8355
2016	46763.84064	61669.51394	30610.67729

②时间序列的平稳性检验

为了避免伪回归，下面用协整检验检验变量之间的长期均衡关系。先对数据的平稳性进行检验。目前，计量经济学已经发展出了各种检验平稳性的方法，本书采用 ADF 检验方法。利用计量软件 Eviews 6.0 对变量进行单位根检验（见表 4-2）。

表 4-2　ADF 单位根检验结果

变量	水平值 ADF 统计量	一阶差分 ADF 统计量
ln*C*	0.107209	-3.662243*
ln*LI*	-1.554017	-4.366626*
ln*PF*	-1.345058	-3.830352*

注：* 表示在 1% 的显著水平上拒绝有单位根的原假设。

检验结果显示，各变量的水平值均不能在 1%、5% 和 10% 的显著水平上拒绝有单位根的原假设，表明它们是非平稳时间序列。而各变量的一阶差分在 1% 的水平上拒绝有单位根的原假设，表明 ln*C*、ln*LI* 和 ln*PF* 均是一阶单整序列，满足协整检验的前提，因此可以进一步检验这些变量之间的协整性。

③协整关系检验

首先，建立如下回归方程：

$$\ln C = 1.031944 + 0.800643\ln LI + 0.080205\ln PF$$

$$(7.850899) \qquad (16.52530) \qquad (1.945057)$$

$$R^2 = 0.996636 \qquad DW = 0.638325 \qquad F = 3554.900$$

其次，对回归后得到模型的残差序列进行单位根检验，检验结果显示 ADF 统计量为 -2.207304，远小于 5% 的检验水平，可以认为残差序列是平稳的，因此，序列 ln*C*、ln*LI* 和 ln*PF* 存在协整关系，说明这些变量之间存在长期稳定的“均衡”关系。

从上述估计结果来看，在长期中劳动者报酬的消费弹性系数是 0.800643，利润的消费弹性系数是 0.080205。实证分析结果表明，长期来看劳动者报酬增加 1%，引起消费需求增加 0.8006%；利润增加 1%，引起消费需求增加 0.0802%。这说明从长期来看，劳动报酬是决定消费需求的主要因素，利润对消费需求只有非常微弱的影响。

④误差修正模型的建立及检验

上面的分析已经证明序列之间存在协整关系，因此可以建立误差修正模型。估计结果为：

$$\Delta\ln C = 1.069838 + 0.804534\ln LI + 0.075742\ln PF - 0.675697\varepsilon_{t-1}$$

(9.978081)　　(21.71634)　　(2.411064)　　(4.304263)

$R^2 = 0.998004$　　DW = 1.904906　　F－3667.011

从估计结果来看，在短期内劳动者报酬的消费弹性系数是0.8045，利润的消费弹性系数是0.0757。实证分析结果表明，短期来看劳动者报酬增加1%，引起消费需求增加0.8045%；利润增加1%，引起消费需求增加0.0757%。这说明从短期来看，劳动者报酬仍然是决定消费需求的主要因素，利润仅对居民消费需求产生十分微弱的影响。此外，通过估计结果还可以发现，长期中劳动者报酬对居民消费需求的影响程度超过短期，短期中利润对居民消费需求的影响程度超过长期。

(4) 结论及对策建议

①结论

近年来，我国劳动者报酬占国民收入初次分配的比重不断下降，说明劳动要素在初次收入分配中的地位明显下降。从实证检验结果来看，无论短期还是长期劳动者报酬，都是决定居民消费需求的主要因素，利润对居民消费需求仅产生微弱的影响。我国的消费需求属于工资领导型需求，因此要提高居民消费率扩大国内需求，必须依靠持续增加居民工资性收入才能实现。在长期中劳动者报酬对居民消费的影响程度超过短期，说明未来要真正提高居民消费需求实现经济的可持续增长，必须从国民收入初次分配环节入手，将调整和完善初次收入分配制度作为政府当前的一项重要政策长期执行，提高劳动者报酬占国民收入初次分配的比重，不断提高劳动者收入，缩小居民收入差距，改善广大居民的生活水平和生活质量，使广大中低收入阶层真正共享改革开放和经济发展的最终成果，真正实现质量型经济增长。

②对策建议

第一，建立劳动者工资正常增长机制和支付保障机制。

要努力实现劳动者工资收入增长和经济增长同步、劳动者收入增长与企业劳动生产率提高同步。为此，应该努力做到以下几个方面：一是各地政府应根据每年经济发展水平，如地区国内生产总值、地区经济增长率、当地居民消费价格指数、房屋和房租价格指数等指标，测算当地劳动力的生活成本（尤其是住房、医疗、养老、教育等因素），制定年度企业劳动者工资指导线，并强制企业执行。二是提高企业劳动者最低工资标准，健全各地最低工资法规条例，使各地规定的劳动者最低工资标准普遍达到当地社会平均工资 50% ~60% 的水平。如果企业出现严重违反国家规定和最低工资条例的做法，当地政府应当给予严厉的处罚，包括罚款、停业整改、吊销营业执照等。三是加强有关工资分配问题的立法，并强化执法监督。建议各地政府相关部门尽快制定并出台有关企业工资分配问题的立法，对工资支付的程序、范围、对象、标准等各方面作出明确规定，尤其要明确违反当地最低工资法律规定，追究企业随意压低或拖欠劳动者收入等行为的法律责任。四是进一步完善和细化劳动力市场工资指导线、人力资源市场薪酬价位、人工成本信息指导制度，提高劳动者工资收入制定的科学性和实效性。五是积极探索实施国民收入倍增计划。例如，日本实行了长达十年的“国民收入倍增计划”，结果只用了 7 年时间就使日本的国民收入翻了一番，最终实现了日本二战之后举世瞩目的经济奇迹。2019 年我国国内生产总值在世界排名第二，近年来经济快速增长，已经具备了实施“国民收入倍增计划”的条件与可能，当前亟须建立劳动者工资收入的倍增计划，通过工资正常增长机制保证劳动者收入能够随着我国经济的快速增长与企业生产效率的提高而得到明显的提高。

第二，调整和完善劳动者工资结构。

当前应加快调整和完善劳动者工资结构，加大劳动者的工龄工资、技能工资、薪级工资、岗位工资等基础性工资的年度增长基数，使劳动者的基本工资收入与企业生产效率的不断提高相适应，体现劳动力的真实价值。此外，近年来各地物价、房价、房租、水电燃气费、交通费等日常生活开支不断攀升，极大地增加了劳动者及其家庭的生活成本。因此，应增加劳动者各项日常生活补贴的幅度。近年来，住房福利制度的取消，以及养老、医疗和失业保险制度的建立，都对居民的生活产生了重大影响，而目前劳动者的工资收入结构却没有反映出这些变化。有些单位劳动者的工资收入中即使包含许多补贴，但是由于基数偏低，多数补贴仅为几元至十几元不等，与当地不断攀升的物价、房价相比，已经远远不能适应中低收入居民日常生活的需要。因此，在物价不断上涨、住房商品化和养老、医疗等福利社会化的前提下，应重新研究、制定、调整和完善工资结构，加大包括物价补贴、住房公积金、住房补贴、医疗补贴、交通补贴、通信补贴、生活补贴等在内的各项补贴力度，减轻劳动者的生活压力。

第三，深化市场经济体制改革，规范收入分配秩序，引入竞争机制，不断缩小居民间的收入分配差距。

首先，在垄断行业要引入竞争机制，控制石油、通信、金融、电力等垄断行业的过高收入，提高垄断行业的市场开放与参与程度，让更多的中小企业积极参与市场竞争，充分发挥中小企业在扩大劳动力就业和优化产业结构方面的主渠道作用。其次，制定科学、合理的国有企业定期向国家分红政策，加大对国有垄断行业企业职工的工资总额、平均工资和职工福利待遇的规范和管理力度，严格控制垄断企业的人工成本增长幅度。再次，大幅度提高企业一线工人的工资收入，严格监管和限制国有企业高级经营管理者的收入，逐渐缩小国有企业高级管理人员与企业一线工人的收入差距。例如，应当明确规定国有企业高管的收入不得超过普通职工工资收入的5~8倍。最后，进一步规范国民收入分配秩序，尽快出台财产税、遗产税等税种，在全国范围内推行房产税，加强税收对收入分配的调节力度，有效调节和限制过高收入，提高中低阶层居民收入，努力扭转城乡、地区、行业和社会成员之间收入差距不断扩大的趋势①。

---

① 谢琦．国民收入初次分配对居民消费需求影响的实证研究[J]．经济体制改革，2013(2)：21-24.

4.1.2 国民收入再分配对消费需求影响的实证研究

（1）引言

当前国民经济结构出现不平衡的状况，其中一个突出表现就是近年来中国居民消费率呈现出不断下降的趋势。因此，扩大消费需求已经成为当前经济增长模式转型背景下迫切需要解决的一个重要问题。

尹阳娜（2006）通过构建经济模型用实证研究方法分析了社会保障制度对消费需求和经济增长产生的影响，最后提出了相应的对策建议①。洪源（2009）通过实证研究发现政府民生消费支出对于城镇居民消费需求会产生更加明显的促进作用，因此需要未来政府在社会保障支出方面加大投入力度，扩大政府民生的消费支出，尤其应该重视农村居民的社会保障问题，只有这样才能实现经济的可持续增长，刺激居民潜在的消费需求②。吴庆田和陈孝光（2009）通过实证研究分析了农村社会保障支出对农村居民消费需求产生的影响，从而提出了加大农村居民社会保障支出力度的建议③。

而目前学者们更多是从收入差距和国民收入初次分配对消费需求产生影响的视角来进行深入分析，而在国民收入再分配对消费需求的影响这方面的文献资料并不多。近年来，也有少数学者开始关注这个问题，但是大多还只是进行了描述性的分析，实证研究方面的文献资料较少，也缺乏系统性。因此，本小节对国民收入再分配对消费需求产生的影响进行理论分析与实证研究，为扩大居民消费需求与实现中国经济增长模式的转型提出对策建议。

---

① 尹阳娜．社会保障、消费与内需——基于凯恩斯主义模型的应用[J]．消费经济，2006(4)：34－37.

② 洪源．政府民生消费性支出与居民消费：理论诠释与中国的实证分析[J]．财贸经济，2009(10)：31－56.

③ 吴庆田，陈孝光．农村社会保障消费效应的协整分析与误差修正模型[J]．统计与决策，2009(18)：70－80.

（2）理论解释

当前中国经济还处在转型时期，收入、就业和社会保障制度等诸多因素仍然面临许多不确定性，因此居民的预防性动机明显增强。同时由于中国当前社会保障制度还不够完善，政府对中低收入居民的社会保障支付力度尚显不足，并且中国不同地区、不同行业、不同企业、城乡间劳动者在住房、养老、医疗、失业等方面的转移性收入存在较大差距，导致居民对未来预期并不乐观，居民的生活负担加大，从而使得居民存在较强的预防性动机，导致其增加现期储蓄水平，抑制了当前消费需求的快速增长。例如，从医疗支出占国内生产总值的比重来看，2009 年世界平均水平为 10.04%，高收入国家为 11.84%，中等收入国家为 5.6%，低收入国家为 5.13%，而中国只有 4.57%。1992—2009 年，中国居民承担了大部分医疗卫生费用，许多年份居民实际负担了超过 50% 的医疗支出。由于我国医疗保险制度与医疗救助体系尚未完善，近年来药品、医疗费用上涨较快，导致我国居民及其家庭实际负担的医疗费用不断攀升，给患者个人及其家庭带来了较重的经济负担。据有关部门统计，2005 年仅慢性大病一项所造成的居民家庭经济负担就超过了 1.5 万亿元，占 2005 年国内生产总值的 8.4%，慢性大病所引起的巨额医疗支出是病人及其家庭所难以承受的，很多家庭都因此而负债累累①。此外，由于当前中国的廉租房、经济适用房、限价房等保障性住房供给非常有限，房价的不断攀升使得老百姓为购买到一套属于自己的房子需要付出几十年甚至一辈子的积蓄，因此他们必然会省吃俭用而不去消费，从而抑制了广大居民消费需求的增加。

（3）国民收入再分配对消费需求影响的实证研究

①计量模型的建立

本书采用以下计量模型来分析国民收入再分配制度对消费需求的影响：

$$C = A + \alpha ED + \beta SA + \theta HE$$

① 崔峰，李亚红，陈国洲．慢性大病渐成中国严重经济社会问题之一［N］．经济参考报，2011-07-22.

其中，C 为消费需求，ED 为国家财政教育支出，SA 为国家财政社会保障和就业支出，HE 为国家财政医疗卫生支出。α 为国家财政教育支出的边际消费倾向，β 为国家财政社会保障和就业支出的边际消费倾向，θ 为国家财政医疗卫生支出的边际消费倾向。为了更好地进行分析，对上述模型两边取自然对数，可以得到：$\ln C = \ln A + \alpha \ln ED + \beta \ln SA + \varepsilon_t$。

②数据来源及处理

消费需求、国家财政教育支出、国家财政社会保障和就业支出和国家财政医疗卫生支出数据均来源于 2018 年的《中国统计年鉴》，详见表 4－3。

表 4－3　国家财政几项主要社会保障支出　　单位：亿元

年份	国家财政教育支出	国家财政社会保障和就业支出	国家财政医疗卫生支出	居民消费
2007	7122.32	5447.16	1989.96	99793.3
2008	9010.21	6804.29	2757.04	115338.3
2009	10437.54	7606.68	3994.19	126660.9
2010	12550.02	9130.62	4804.18	146057.6
2011	16497.33	11109.4	6429.51	176532
2012	21242.1	12585.52	7245.11	198536.8
2013	22001.76	14490.54	8279.9	219762.5
2014	23041.7	15968.9	10176.8	242539.7
2015	26271.88	19018.69	11953.18	265980.1
2016	28072.8	21591.5	13158.8	293443.1
2017	30153.18	24611.68	14450.63	317964

③时间序列的平稳性检验

为避免伪回归，下面用协整检验检验变量之间的长期均衡关系。先对数据的平稳性进行检验。目前，计量经济学已经发展出了各种检验平稳性的方法，本节采用 ADF 检验方法。利用计量软件 Eviews 6.0 对变量进行单位根检验，如表 4－4 所示。

表 4－4 ADF 单位根检验结果

变量	水平值 ADF 统计量	一阶差分 ADF 统计量
ln*C*	－0.524496	－4.845766 **
ln*ED*	－0.747653	－3.675367 ***
ln*SA*	－2.567047	－4.606289 *
ln*HE*	－2.469759	－2.648746 **

注：*表示在1%的显著性水平上拒绝有单位根的原假设；**表示在5%的显著性水平上拒绝有单位根的原假设；***表示在10%的显著性水平上拒绝有单位根的原假设。

检验结果显示，各变量的水平值均不能在1%、5%和10%的显著性水平上拒绝有单位根的原假设，表明它们是非平稳时间序列。而变量 ln*SA* 的一阶差分在1%的显著性水平上拒绝有单位根的原假设，变量 ln*C* 和 ln*HE* 在5%的显著性水平上拒绝有单位根的原假设，变量 ln*ED* 在10%的显著性水平上拒绝有单位根的原假设，表明变量 ln*C*、ln*ED*、ln*SA* 和 ln*HE* 均是一阶单整序列，满足协整检验的前提，因此，可以进一步检验这些变量之间的协整性。

④协整关系检验

首先，建立如下回归方程：

$$\ln C = 4.419515 + 0.226692\ln ED + 0.619304\ln SA - 0.035429\ln HE$$

$$(13.61154)\quad(2.634958)\qquad(7.311900)\qquad(-0.442834)$$

$$R^2 = 0.998426 \qquad DW = 2.015477 \qquad F = 1480.491$$

其次，对回归后得到模型的残差序列进行单位根检验，检验结果显示 ADF 统计量为－3.734471，远小于1%的显著性水平下的检验水平，可以认为残差序列是平稳的，因此，序列 ln*C*、ln*ED*、ln*SA* 和 ln*HE* 存在协整关系，说明这些变量之间存在长期稳定的“均衡”关系。

从上述估计结果来看，在长期中国家财政社会保障和就业支出的消费弹性系数是0.619304，国家财政教育支出的消费弹性系数是0.226692，国家财政医疗卫生支出的消费弹性系数是－0.035429。实证分析结果表明，长期来看，国家财政社会保障和就业支出增加1%，引起消费需求增加

0. 6193%；国家财政教育支出增加 1%，引起消费需求增加 0. 2267%；国家财政医疗卫生支出增加 1%，引起消费需求减少 0. 0354%。

⑤误差修正模型的建立及检验

通过上面的分析已经证明序列之间存在协整关系，因此可以建立误差修正模型。估计结果为：

$$\Delta \ln C = 0.017669 + 0.160904 \ln ED + 0.503443 \ln SA + 0.000406 \ln HE - 0.976208 \varepsilon_{t-1}$$

$$(0.768233)\ (1.957777)\ (2.752322)\ (0.006509)\ (-2.638302)$$

$R^2 = 0.872807$　　　DW = 2. 031214　　　F = 8. 577552

从估计结果来看，在短期内国家财政社会保障和就业支出的消费弹性系数是 0. 5034，国家财政教育支出的消费弹性系数是 0. 1609，国家财政医疗卫生支出的消费弹性系数是 0. 0004。实证分析结果表明，短期内国家财政社会保障和就业支出增加 1%，引起消费需求增加 0. 5034%；国家财政教育支出增加 1%，引起消费需求增加 0. 1609%；国家财政医疗卫生支出增加 1%，引起消费需求增加 0. 0004%。

（4）结论与对策建议

①结论

通过实证研究可以发现，长期来看，国家财政社会保障和就业支出是影响居民消费的重要因素，国家财政教育支出也对居民消费需求的增加产生较大的影响，而国家财政医疗卫生支出对居民消费需求的影响为负，说明国家财政医疗卫生支出仍然较少，难以向劳动者提供更多的医疗保障，因而劳动者需要更多依靠家庭自身的收入，这就会造成劳动者家庭为弥补国家财政在医疗卫生方面投入的不足而进行家庭自身的储蓄以应付未来可能发生的医疗保健支出，因此劳动者只能减少当前的消费需求。

从短期来看，国家财政教育支出仍然是决定居民消费需求的主要因素，其次为国家财政教育支出，最后为国家财政医疗卫生支出。并且长期国家财政社会保障和就业支出以及国家财政教育支出对消费需求的影响程度超过了短期。而短期内国家财政医疗卫生支出的消费弹性系数为正，说明短期国家财政医疗卫生支出对居民消费需求的增加具有促进作用，但是系数较小，说明其作用效果较弱。

②对策建议

第一，进一步扩大国家财政社会保障支出的覆盖范围，缩小城乡之间社会保障支出差异。政府应尽可能扩大财政的社会保障支出范围，尤其是要关注广大农村劳动者能否享有和城镇劳动者相同的社会保障，使国家财政对于社会保障的支出能够建立起全民享有、城乡统筹、权责明确的多层次可持续发展的社会保障体系。

第二，增加国家财政教育支出。教育支出对于未来消费需求的增加和经济的可持续发展都具有重要意义。当前由于我国劳动者收入较低，劳动者对自身以及子女的教育方面的支出会受到很大限制，不会增加太多，因此国家财政应加大对劳动者及其家庭教育的投入力度，使劳动者及其家庭在教育方面能够享有更多的保障。

第三，加大政府对医疗保障支出的投入，建立多层次较为完善的医疗保障体系。通过加大政府对劳动者医疗支出的投入并建立较为完善的医疗保障体系，使劳动者减少“看病难、看病贵”的后顾之忧，减轻劳动者的生活负担，更好地刺激他们潜在的消费需求，使其生活水平得到显著提高。

4.2 城镇劳动者的收入结构对消费需求影响的实证研究

4.2.1 城镇劳动者的持久性收入、暂时性收入对消费需求影响的实证研究

（1）引言

改革开放40多年来，中国经济增长主要依靠投资和净出口需求带动，消费需求并未成为中国经济增长的强大动力。而深入探究发现，劳动者的收入水平是决定消费需求的关键因素。因此，劳动者的收入问题与劳动者的消费需求密切相关。过低的劳动收入只能使劳动者维持目前基本的生存需要，无法满足其日益增长的物质、文化和精神需求。因此，当前偏低的

中国劳动者收入水平严重制约了广大劳动者消费需求的增长，也使中国长期实行的投资、出口驱动的外生型经济增长模式无法真正转变为消费需求驱动的内生型经济增长模式。因此，在经济增长模式转型的背景下研究中国劳动者的收入结构问题具有非常重要的意义。

本小节研究的目的是在经济增长模式转型的背景下，以经济学家弗里德曼的持久性收入理论研究劳动者的收入结构对消费需求的影响，并在中国1978—2013年样本数据的基础上，对劳动者持久性收入、暂时性收入与消费需求的关系进行实证分析，深入研究中国劳动者的收入结构对消费需求以及经济增长模式转型的影响。相应地，本小节的结构安排如下：第一部分提出在经济增长模式转型背景下对中国劳动者收入结构问题进行研究的意义；第二部分是对相关研究文献进行梳理；第三部分运用弗里德曼的劳动者持久收入理论对中国劳动者的收入结构及其对消费需求的影响进行理论解释与统计描述，并对中国1980—2017年劳动者的持久性收入、暂时性收入与消费需求的关系进行实证研究；第四部分提出本小节的结论和对策建议。

（2）文献综述

消费函数理论通过建立收入与消费之间的函数关系，揭示了收入与消费需求之间的相互影响。凯恩斯的绝对收入理论认为消费者的当期收入是决定消费需求的重要因素。随着收入的增加，消费也随之增加，但消费的增加幅度小于收入的增加幅度，即消费倾向递减。杜生贝利的相对收入理论认为，消费并不取决于现期绝对收入水平，而是取决于相对收入水平，消费行为具有“示范效应”和“不可逆性”。弗里德曼提出的持久收入假定认为消费者的持久性收入是决定消费需求的关键因素。莫迪利安尼的生命周期理论则认为消费不仅取决于消费者的现期收入，而且取决于他未来的预期收入、财产水平和个人年龄的大小。

国内学者臧旭恒（1994）利用1954—1991年的统计数据，就持久性收入与暂时性收入对中国劳动者消费需求的影响进行了实证研究，结果证实持久性收入是决定劳动者消费需求的主要因素。[①] 李玲霞（2000）通过对中国不同时期消费状况的对比分析，认为增加劳动者持久性收入在中国社会主义市场经济体制下具有突出地位和作用。[②] 董长瑞等（2006）通过实证研究验证了消费与持久性收入之间的长期均衡和短期动态关系，实证结果表明持久性收入是影响中国农村居民消费的重要因素。[③] 余立凡等（2003）通过1980—2001年的数据资料，利用持久性收入假设对中国农村劳动者的消费行为进行了实证分析。[④] 韩海燕等（2010）将收入分为稳定性收入与非稳定性收入，并对中国城镇劳动者收入对消费需求的影响进行了实证研究，结果证实稳定性收入是决定城镇劳动者消费需求的关键因素。[⑤] 骆祚炎（2010）通过实证研究发现，消费过度敏感性的存在表明劳动者消费的增长受当期收入的影响较强，而初次收入分配格局是制约消费的主要原因。[⑥] 从目前已经取得的研究成果来看，对中国城乡劳动者收入结构进行研究的文献较多，关于劳动者收入结构问题的研究文献较少，并且这些学者大多数是通过统计数据进行描述性分析，对中国劳动者的收入结构与收入水平对消费需求的影响缺乏深入的实证研究。即使在已有的实证研究中，由于数据年代过于久远，指导意义也不大。本小节以西方经济学家弗里德曼的持久性收入理论作为理论依据，将当前中国劳动者的收入分为持久性收入与暂时性收入，深入分析了经济增长模式转型背景下中国劳动者的收入结构以及收入水平对消费需求的影响，并在中国1980—2017年样本数据的基础上，对劳动者的持久性收入、暂时性收入与消费需求的关系进行实证分析，从劳动者收入结构视角为扩大消费需求与实现中国经

---

① 臧旭恒．持久收入、暂时收入与消费[J]．经济科学，1994(1)：44.

② 李玲霞．论持久收入在促进国民消费增长中的作用[J]．华中理工大学学报(社会科学版)，2000(2)：92.

③ 董长瑞，梁纪尧．中国农民持久收入与消费的协整分析[J]．中国农村观察，2006(2)：43.

④ 余立凡，杜能．中国农民消费与收入的关系——弗里德曼持久收入假设消费理论在中国农村的实证分析[J]．中共南昌市委党校学报，2003(4)：38.

⑤ 韩海燕，何炼成．中国城镇居民收入结构与消费问题实证研究[J]．消费经济，2010(6)：8.

⑥ 骆祚炎．城镇居民收入结构、收入初次分配格局与消费过度敏感性：1985—2008年的经验数据[J]．财贸研究，2010(2)：1.

济增长模式的转型提出对策和建议。

(3) 城镇劳动者持久性收入、暂时性收入与消费需求的关系的实证研究

①计量模型的建立

根据弗里德曼的持久性收入理论，可以得到如下公式：

$$C = F(Y)$$

$$Y = Y_P + Y_T$$

其中，C 为消费需求；Y 为收入；Y_P 为持久性收入；Y_T 为暂时性收入。

因此，本书采用以下计量模型来分析劳动者的持久性收入、暂时性收入与消费之间的关系[①]：

$$C = a + \beta_1 Y_P + \beta_2 Y_T$$

为了更好地进行分析，对上述模型两边取自然对数，可以得到：

$$\ln C = a + \beta_1 \ln Y_P + \beta_2 \ln Y_T$$

②数据来源及处理

本书的消费需求和收入选取 1980—2017 年的数据，来源于《中国统计年鉴》(2018)。但是，由于持久性收入与暂时性收入的实际数据很难找到，本书采用弗里德曼的三阶段移动平均值方法来估算持久性收入[②]，暂时性收入按照收入与持久性收入估计值之间的差额来计算，即：

$$Y_P = (Y_t + Y_{t-1} + Y_{t-2})/3$$

$$Y_T = Y - Y_P$$

上述模型中的具体数据详见表 4 - 5。

① 计量模型参见：[美]弗里德曼．消费函数[M]．普林斯顿：普林斯顿大学出版社，1957(6)：20 - 31.

② [美]弗里德曼．消费函数[M]．普林斯顿：普林斯顿大学出版社，1957：220 - 224.

表 4－5 城镇劳动者家庭持久性收入、暂时性收入与消费

单位：元

年份	城镇劳动者家庭人均可支配收入	城镇劳动者家庭持久性收入	城镇劳动者家庭暂时性收入	城镇劳动者家庭消费
1980	477. 60	408. 67	68. 93	412. 44
1981	500. 40	461. 00	39. 40	456. 84
1982	535. 30	504. 43	30. 87	471. 00
1983	564. 60	533. 43	31. 17	505. 92
1984	652. 10	584. 00	68. 10	559. 44
1985	739. 10	651. 93	87. 17	673. 20
1986	900. 90	764. 03	136. 87	798. 96
1987	1002. 10	880. 70	121. 40	884. 40
1988	1180. 20	1027. 73	152. 47	1103. 98
1989	1373. 90	1185. 40	188. 50	1210. 95
1990	1510. 20	967. 13	543. 07	1278. 89
1991	1700. 60	1316. 63	383. 97	1453. 81
1992	2026. 60	1745. 80	280. 80	1671. 73
1993	2577. 40	2101. 53	475. 87	2110. 81
1994	3496. 20	2700. 07	796. 13	2851. 34
1995	4283. 00	3452. 20	830. 80	3537. 57
1996	4838. 90	4206. 03	632. 87	3919. 47
1997	5160. 30	4760. 73	399. 57	4185. 64
1998	5425. 10	5141. 43	283. 67	4331. 61
1999	5854. 02	5479. 81	374. 21	4615. 91
2000	6280. 00	5853. 04	426. 96	4998. 00
2001	6859. 60	6331. 21	528. 39	5309. 01
2002	7702. 80	6947. 47	755. 33	6029. 88
2003	8472. 20	7678. 20	794. 00	6510. 94
2004	9421. 60	8532. 20	889. 40	7182. 10
2005	10493. 00	9462. 27	1030. 73	7942. 88
2006	11759. 50	10558. 03	1201. 47	8696. 55
2007	13785. 80	12012. 77	1773. 03	9997. 47
2008	15780. 76	13775. 35	2005. 41	11242. 85

续表

年份	城镇劳动者家庭人均可支配收入	城镇劳动者家庭持久性收入	城镇劳动者家庭暂时性收入	城镇劳动者家庭消费
2009	17174.65	15580.40	1594.25	12264.55
2010	19109.40	17354.94	1754.46	13471.45
2011	21809.80	19364.62	2445.18	15160.89
2012	24564.70	21827.97	2736.73	16674.32
2013	26467.00	24280.50	2186.50	18487.54
2014	28843.85	26625.19	2218.67	19968.08
2015	31194.83	28835.23	2359.60	21392.36
2016	33616.25	31218.31	2397.94	23078.90
2017	36396.19	33735.76	2660.44	24444.95

资料来源：《中国统计年鉴（2018）》。

③时间序列的平稳性检验

为避免伪回归，下面用协整检验检验变量之间的长期均衡关系。先对数据的平稳性进行检验。目前，计量经济学已经发展出了各种各样检验平稳性的方法，本书使用 ADF 检验方法。利用计量软件 Eviews 6.0 对变量进行单位根检验，如表 4-6 所示。

表 4-6 ADF 单位根检验结果

变量	水平值 ADF 统计量	一阶差分 ADF 统计量	二阶差分 ADF 统计量
$\ln Y_P$	-1.210483	-8.403297*	-2.997034*
$\ln Y_T$	-2.876269	-5.406941*	-5.928688*
$\ln C$	-1.562374	-3.662056**	-5.134957*

注：*表示在1%的显著性水平上拒绝有单位根的原假设；**表示在5%的显著性水平上拒绝有单位根的原假设。

检验结果显示，各变量的水平值均不能在1%、5%和10%的显著性水平上拒绝有单位根的原假设，表明它们是非平稳时间序列。而 $\ln Y_P$ 和 $\ln Y_T$ 这两个变量的一阶差分在1%的显著性水平上拒绝有单位根的原假设，$\ln C$ 变量的一阶差分在5%的显著性水平上拒绝有单位根的原假设，表明 $\ln Y_P$、$\ln Y_T$ 和 $\ln C$ 均是一阶单整序列，满足协整检验的前提，因此可以进一步检验这些变量之间的协整性。

④协整关系检验

首先，建立如下回归方程：

$$\ln C = 0.7547717 + 0.794819 \ln Y_P + 0.135921 \ln Y_T$$

$$(20.70786) \quad (69.89714) \quad (11.37035)$$

$$R^2 = 0.999348 \quad DW = 1.147621 \quad F = 26828.12$$

其次，对回归后得到模型的残差序列进行单位根检验，检验结果显示 ADF 统计量为 -4.785770，远小于 1% 的显著性水平下的临界值 -2.628961，可以认为残差序列是平稳的，因此序列 $\ln Y_P$、$\ln Y_T$ 和 $\ln C$ 存在协整关系，说明这些变量之间存在长期稳定的“均衡”关系。

从上述估计结果来看，城镇劳动者消费的持久性收入弹性系数是 0.7948，城镇劳动者消费的暂时性收入弹性系数是 0.1359。实证分析结果表明，城镇劳动者持久性收入变动 1%，引起消费需求变动 0.7948%；城镇劳动者暂时性收入变动 1%，引起消费需求变动 0.1359%。这说明从长期来看，城镇劳动者持久性收入是决定消费需求的主要因素。

⑤误差修正模型的建立及检验

通过上面的分析已经证明序列之间存在协整关系，因此可以建立误差修正模型。估计结果为：

$$\Delta \ln C = 0.024108 + 0.627646 \ln Y_P + 0.116633 \ln Y_T - 0.637579 \varepsilon_{t-1}$$

$$(2.729622) \quad (10.64855) \quad (8.156774)$$

$$R^2 = 0.814584 \quad DW = 1.797540 \quad F = 48.32618$$

从估计结果来看，在短期内城镇劳动者消费的持久性收入弹性系数是 0.6276，城镇劳动者消费的暂时性收入弹性系数是 0.1166。实证分析结果表明，短期内城镇劳动者持久性收入变动 1%，引起消费需求变动 0.6276%；城镇劳动者暂时性收入变动 1%，引起消费需求变动 0.1166%。这说明从短期来看，城镇劳动者持久性收入还是决定消费需求的主要因素。此外，通过估计结果还可以发现，长期内城镇劳动者持久性收入和暂时性收入对消费需求产生的影响程度均超过了短期。

（4）结论与对策建议

①结论

第一，劳动者的持久性收入是决定消费需求的决定性因素。

无论是短期还是长期，城镇劳动者持久性收入都是消费需求的决定性因素，而长期内城镇劳动者的暂时性收入对消费需求产生的影响程度超过了短期。

第二，劳动者的暂时性收入与消费需求的相关程度较低。

消费需求与暂时性收入的相关程度较低，这主要取决于暂时性收入的性质，即这种暂时性收入是不稳定的，经常会受经济周期、资本市场和国家政策的影响出现较大程度的变动。因此，能够使劳动者的暂时性收入更多地转化为持久性收入，会增加整个社会的消费需求。

②对策建议

通过以上分析可以看出，近年来我国劳动者的收入结构发生了很大变化，劳动者的各项收入水平偏低，并且收入的不稳定性特征、预防性特征和不确定性特征日渐增强。而劳动者持久性收入是决定消费需求的关键因素。因此，大幅增加劳动者的持久性收入，就可以使劳动者形成对未来收入的稳定性预期，增强他们消费的信心，这对提高我国劳动者收入、改善劳动者的生活水平、扩大国内消费需求和促进经济增长模式转型具有非常重要的作用，也将为我国和谐社会的最终建立奠定基础。为此，本书在调整我国劳动者收入结构方面提出以下对策建议：

第一，提高工资性收入比重，稳定劳动者收入预期。

工资性收入是劳动者持久性收入中最主要的部分，通过大幅提高工资性收入比重可以稳定劳动者对未来收入的预期，减少不确定性，从而增加广大居民的消费需求，这对于促进我国经济增长模式的转型意义重大。为此，必须做到以下几个方面：一是健全最低工资制度，提高最低工资标准，使各地最低工资普遍达到当地每年社会平均工资 40% ~60% 的水平。如果企业发生严重违反国家规定和最低工资条例的做法，应当给予严厉处罚，包括罚款、停业整改、吊销营业执照等。二是每年各地政府应当根据当地物价、劳动力的生活成本（尤其是住房、医疗、教育等因素），及时发布当地劳动力的市场工资指导价，并制定企业工资指导线，要求企业必须执行。三是政府和相关劳动部门应当规定企业人工成本的比例，这样可以限制和约束企业压低劳动者收入的做法，从而提高劳动收入占企业利润的比重。四是大幅度提高一线工人的工资收入，严格限制国有企业高管收入，缩小国有企业高管与一线工人的收入差距。例如，应当规定国有企业高管的收入不得超过普通职工工资收入的几倍。五是在各类企业中应普遍建立并巩固工会组织，积极发挥工会保障劳动者收入权益的作用。同时，促进非公企业工会与职代会建设，继续推行工资集体协商制度，不断完善劳动关系协调机制，推动企业裁员减薪法律制度的完善。

第二，引入竞争机制，缩小行业收入差距。

由于我国目前收入分配机制还不健全，国家收入分配体系没有有效地将垄断利润在全社会范围内进行分配，对垄断企业的工资管理也没有加强监控力度，因而导致我国垄断行业的工资水平远远高于其他行业和全社会平均工资水平，行业收入差距过大，严重影响了社会公平。因此，应当深化市场经济体制改革，在垄断行业引入竞争机制，提高市场的开放程度，让更多的中小企业参与市场竞争，充分发挥中小企业在吸纳劳动力就业方面的主渠道作用，为保障劳动者的收入创造公平的社会环境。

第三，强化政府的收入再分配调节能力，增加转移性收入。

要扩大居民消费需求、保证经济长期增长和构建和谐社会，就要增加劳动者的转移性收入，为此，应强化政府的收入再分配调节能力，不断完善住房、医疗和养老保险制度等各项社会保障制度。当前亟须加大廉价和廉租房屋等保障性住房的建设力度，满足中低收入家庭基本的居住需要。此外，利用财政专项拨款、失业保障基金、再就业基金等开展城市失业、下岗职工与农民工的技能培训，从根本上改变教育资源配置严重失衡、教育机会不均等和城乡居民家庭教育负担日益沉重的现状。

第四，创新金融工具，让劳动者拥有更多的金融投资理财产品，提高其财产性收入。

应创新多种金融工具，让劳动者拥有更多的金融理财产品，使他们的财产性收入能够逐年稳步增加，这是扩大我国广大居民的消费需求，维护社会的和谐、平稳发展的重要基础。因此，应深化我国金融体制改革，引入竞争机制，创新多种金融工具，扩大劳动者投资理财的渠道①。

4.2.2 城镇劳动者的工资性收入、转移性收入、经营性收入、财产性收入对消费需求影响的实证研究

（1）城镇劳动者收入结构与消费需求的现状分析②

①城镇劳动者收入结构的现状分析

第一，城镇劳动者工资性收入所占比重呈现不断下降的趋势。

1987年城镇劳动者人均工资性收入为882.97元，2017年城镇劳动者人均工资性收入为22200.93元，城镇劳动者人均工资性收入占比从1987年的87.23%下降到2017年的61%，下降了26.23个百分点。从上述数据可以看到，工资性收入占城镇劳动者收入的比重呈现不断下降的趋势。

第二，城镇劳动者经营性收入所占比重呈现不断上升的趋势。

1987年城镇劳动者人均经营性收入为10.68元，2017年城镇劳动者人均经营性收入为4064.75元，城镇劳动者人均经营性收入占比从1987年的1.06%提高到2017年的11.17%，上升了10.11个百分点。从上述数据可以看到，城镇劳动者经营性收入所占比重呈现不断上升的趋势。

第三，城镇劳动者财产性收入所占比重呈现不断上升的趋势。

1987年城镇劳动者人均财产性收入为5.6元，2017年城镇劳动者人均财产性收入为3606.87元，城镇劳动者人均财产性收入占比从1987年的0.55%提高到2017年的9.91%，提高了9.36个百分点。从上述数据可以看到，城镇劳动者财产性收入所占比重近年来呈现不断上升的趋势。

---

① 谢琦．经济增长模式转型背景下劳动者收入结构的实证研究[J]．经济问题探索，2011(11)：16-19.

② 资料来源：《中国统计年鉴(2019)》。

第四，城镇劳动者转移性收入占比呈现缓慢上升的态势。

1987 年城镇劳动者人均转移性收入为 112. 95 元，2017 年城镇劳动者人均转移性收入为 6523. 64 元，城镇劳动者人均转移性收入占比从 1987 年的 11. 16% 提高到 2017 年的 17. 92%，提高了 6. 76 个百分点。从上述数据可以看到，城镇劳动者转移性收入占比近年来呈现缓慢上升的趋势。

从 2017 年城镇劳动者的这几项收入来源来看，工资性收入仍然是城镇劳动者最主要的收入来源，所占比重为 61%。城镇劳动者的转移性收入所占比重为 17. 92%，排在第二位。城镇劳动者的经营性收入占比为 11. 17%，排在第三位。城镇劳动者的财产性收入占比为 9. 91%，排在最后。但工资性收入虽然仍是城镇劳动者主要的收入来源，但是所占比重相比过去已经明显下降，而城镇劳动者的转移性收入与经营性收入两项收入的比重加总占到了 29. 09%，说明转移性收入和经营性收入目前已经成为城镇劳动者的重要收入来源，其对消费需求的影响不容忽视。

②城镇居民消费需求的现状分析

第一，城镇居民家庭的恩格尔系数出现大幅下降的趋势。

德国统计学家恩格尔提出用食品支出占总消费支出的比例即恩格尔系数来反映居民的消费水平。目前，恩格尔系数已经被世界各国普遍采纳，是反映各国居民家庭消费水平的重要指标。国家统计局的数据显示，中国城镇劳动者家庭恩格尔系数从 1978 年的 57. 5% 下降到 2017 年的 28. 6%，下降了 28. 9 个百分点。这表明改革开放之初中国城镇劳动者的消费水平仅处于能维持温饱的状态，而经过改革开放 40 年的经济发展，中国城镇劳动者的消费水平已经达到较为富裕的状态，城镇劳动者的生活水平实现了巨大的质的飞跃。

第二，城镇劳动者不同阶层之间的生活差距较大。

2012 年城镇最低收入户（10%）、困难户和较低收入户（10%）、中等偏下收入户（20%）、中等收入户（20%）、中等偏上收入户（20%）、较高收入户（10%）、最高收入户（10%）劳动者家庭恩格尔系数依次为

45.34%、46.79%、43.15%、40.95%、38.56%、35.82%、33.19% 和 27.41%[①]。从以上数据可以看出，当前我国城镇劳动者最低收入户、困难户、较低收入户和中等偏下收入户的生活状况总体处于小康水平，城镇劳动者中等收入户、中等偏上户和较高收入户的生活状况总体处于富裕水平，最高收入户的生活状况处于最为富裕水平。另外，2012 年城镇最高收入户劳动者家庭恩格尔系数比城镇最低收入户劳动者家庭恩格尔系数低了近 18 个百分点，城镇中等收入户比城镇最高收入户劳动者家庭的恩格尔系数高了约 11 个百分点。由此可见，中国城镇劳动者不同收入阶层之间的生活水平有着明显的差距。

第三，城镇劳动者的生活品质和生活质量得到了较大幅度的改善。

国家统计局的数据显示，从城镇劳动者的消费结构数据可以看出，改革开放以来我国城镇劳动者的食品消费支出所占比重出现了大幅下降的趋势，城镇居民的居住消费支出、交通通信支出、医疗保健支出所占比重出现了大幅上升的趋势，文教娱乐支出比重出现了小幅上升的态势，说明改革开放以来我国城镇劳动者的生存需要已经基本得到满足，城镇劳动者在娱乐教育方面的消费支出不断增加，生活品质和生活质量得到了较大幅度的改善。

第四，食品、居住、交通通信、文教娱乐和医疗保健这几项支出是目前城镇劳动者的主要消费支出项目。

从 2017 年中国城镇劳动者各项消费支出比重来看，从高到低依次为食品、居住、交通通信、文教娱乐、医疗保健、衣着、家庭设备及用品、其他。食品、居住、交通通信、文教娱乐和医疗保健这几项支出是目前城镇劳动者的主要消费支出项目。

（2）城镇居民收入结构对消费需求影响的实证研究

①计量模型的建立与数据来源

根据莫迪利安尼的生命周期理论，本书采用以下计量模型来分析城镇

① 由于统计局没有提供 2013 年以后的相关数据，书中按收入等级分城镇居民家庭平均每人全年现金消费支出指标选取 2012 年的数据。

劳动者的收入结构与居民消费需求之间的关系：

$$C = A + \alpha \mathrm{WA} + \beta \mathrm{TR} + \theta \mathrm{JY} + \eta \mathrm{WE}$$

其中，C 为消费需求，A 为自发性消费，WA 为工资性收入，TR 为转移性收入，JY 为经营性收入，WE 为财产性收入。α 为工资性收入的边际消费倾向，β 为转移性收入的边际消费倾向，θ 为经营性收入的边际消费倾向，η 为财产性收入的边际消费倾向。为了更好地进行分析，对上述模型两边取自然对数，可以得到：

$$\ln C = \ln A + \alpha \ln \mathrm{WA} + \beta \ln \mathrm{TR} + \theta \ln \mathrm{JY} + \eta \ln \mathrm{WE} + \varepsilon_t$$

1987—2017 年的城镇劳动者消费需求、工资性收入、转移性收入、经营性收入和财产性收入数据均来源于 1988—2018 年的《中国统计年鉴》。

②时间序列的平稳性检验

为了避免伪回归，下面用协整检验检验变量之间的长期均衡关系。先对数据的平稳性进行检验。目前，计量经济学已经发展出了各种检验平稳性的方法，本书采用 ADF 检验方法。利用计量软件 EViews 6. 0 对变量进行单位根检验，如表 4 - 7 所示。

表 4 - 7　ADF 单位根检验结果

变量	水平值 ADF 统计量	一阶差分 ADF 统计量
lnC	- 1. 890303	- 2. 877279 ***
lnWA	- 2. 591917	- 2. 840397 ***
lnTR	- 1. 387834	- 5. 357663 *
lnJY	- 1. 199075	- 6. 398745 *
lnWE	- 1. 884641	- 4. 837663 *

注：* 表示在 1% 的显著性水平上拒绝有单位根的原假设；* * * 表示在 10% 的显著性水平上拒绝有单位根的原假设。

检验结果显示，各变量的水平值均不能在 1% 、5% 和 10% 的显著性水平上拒绝有单位根的原假设，表明它们是非平稳时间序列。而变量 lnTR、lnJY 和 lnWE 的一阶差分在 1% 的显著性水平上拒绝有单位根的原假设，变量 lnWA 和 lnC 在 10% 的显著性水平上拒绝有单位根的原假设，表明 lnC、lnWA、lnTR、lnJY 和 lnWE 均是一阶单整序列，满足协整检验的前提，因此可以进一步检验这些变量之间的协整性。

③协整关系检验

首先，建立如下回归方程：

$$\ln C = 2.280453 + 0.516129\ln WA + 0.132397\ln TR + 0.0621254\ln JY + 0.11758\ln WE$$

（7.570839）（8.127088）（2.788287）（1.685423）（6.023710）

$R^2 = 0.99927$　　DW = 1.070895　　F = 8900.334

其次，对回归后得到模型的残差序列进行单位根检验，检验结果显示ADF统计量为 -3.385007，远小于1%的显著性水平下的检验水平，可以认为残差序列是平稳的，因此，序列 lnC、lnWA、lnTR、lnJY 和 lnWE 存在协整关系，说明这些变量之间存在长期稳定的“均衡”关系。

从上述估计结果来看，在长期中城镇劳动者消费的工资性收入弹性系数是0.516129，城镇劳动者消费的转移性收入弹性系数是0.132397，城镇劳动者消费的经营性收入弹性系数是0.0621254，城镇劳动者消费的财产性收入弹性系数是0.11758。实证分析结果表明，长期来看，城镇劳动者的工资性收入上升1%，引起消费需求增加0.5161%；城镇劳动者的转移性收入上升1%，引起消费需求增加0.1324%；城镇劳动者的经营性收入增加1%，引起消费需求增加0.0621%；城镇劳动者的财产性收入增加1%，引起消费需求增加0.1176%。说明从长期来看，城镇劳动者的工资性收入是决定消费需求的主要因素，其次为城镇劳动者的转移性收入，再次为城镇劳动者的财产性收入，城镇劳动者的经营性收入仅对消费需求产生微弱的影响。

④误差修正模型的建立及检验

通过上面的分析已经证明序列之间存在协整关系，因此可以建立误差修正模型。估计结果为：

$$\Delta\ln C = 0.00138 + 0.467188\ln WA + 0.201699\ln TR + 0.023723\ln JY +$$

（0.128104）　（6.181826）　（4.653907）　（0.679105）

$$0.124206\ln WE - 0.553365\varepsilon_{t-1}$$

（5.304201）　（-3.177799）

$R^2 = 0.862679$　　DW = 1.660511　　F = 30.15455

从估计结果来看，在短期内城镇劳动者消费的工资性收入弹性系数是0.4672，城镇劳动者消费的转移性收入弹性系数是0.2017，城镇劳动者消费的经营性收入弹性系数是0.0237，城镇劳动者消费的财产性收入弹性系数是0.1242。实证分析结果表明，短期内城镇劳动者工资性收入上升1%，引起消费需求增加0.4672%；城镇劳动者转移性收入上升1%，引起消费需求增加0.2017%；城镇劳动者经营性收入上升1%，引起消费需求增加0.0237%；城镇劳动者财产性收入上升1%，引起消费需求增加0.1242%。说明从短期来看，城镇劳动者的工资性收入依然是决定消费需求的主要因素，其次为城镇劳动者的转移性收入，再次为城镇劳动者的财产性收入，最后为城镇劳动者的经营性收入。并且通过估计结果还可以发现，长期内城镇劳动者的工资性收入对消费需求的影响程度超过了短期，短期内城镇劳动者的转移性收入对消费需求的影响程度超过了长期，短期内城镇劳动者的财产性收入对消费需求的影响程度略微超过长期，而城镇劳动者的经营性收入无论短期还是长期都对消费需求仅产生非常微弱的影响。

（3）结论及对策建议

①结论

从实证检验结果来看，无论短期还是长期工资性收入都是决定城镇劳动者消费需求的主要因素。因此，要提高城镇劳动者消费率以扩大国内需求，必须依靠持续增加城镇劳动者的工资性收入才能实现。在长期内城镇劳动者的工资性收入对劳动者消费需求的影响程度超过了短期，说明未来要真正提高劳动者消费需求，实现经济的可持续增长，必须改革国民收入初次分配制度，将提高工资性收入在初次收入分配中的比重作为政府的一项长期政策坚决执行，这将有利于扩大劳动者消费需求，不断提高城镇劳动者的生活质量，最终实现质量型经济增长模式的转型。

此外，在短期和长期中，城镇劳动者的转移性收入与财产性收入都分别排在了第二位和第三位，说明除工资性收入外，城镇劳动者的转移性收入与财产性收入也是影响消费需求的重要因素。因此，未来要提高劳动者的消费需求，必须采取相关措施增加城镇劳动者的转移性收入与财产性收入。

②对策建议

第一，完善初次收入分配制度，提高城镇劳动者的工资性收入。当前应尽快通过完善初次收入分配制度改善城镇劳动者的工资结构，提高城镇劳动者的工资性收入，这样才能真正起到扩大消费需求的重要作用。因此，当前政府应加快国民收入初次分配制度的改革，调整和完善企业劳动者的工资收入结构，提高城镇劳动者的工龄工资、技能工资、薪级工资、岗位工资等基础性工资的年度增长基数，增加城镇劳动者工资性收入增长的幅度，使工资性收入真正成为城镇劳动者未来收入持续增长的主要来源。

第二，应与不断上涨的物价相适应，相应增加城镇劳动者的转移性收入。近年来，随着物价与房价的不断上涨，城镇劳动者的各项日常生活费用也不断增加。因此，当前亟须根据不断上涨的物价与房价等因素，重新制定和调整城镇劳动者的各项转移性收入补贴标准，如住房公积金、住房补贴、物价补贴、交通补贴、医疗补贴、生活补贴等各项补贴力度应相应增加，这样才能真正提高城镇劳动者的转移性收入，以应对日益上涨的生活费用，增加城镇劳动者的消费需求。

第三，深化金融体制改革与金融创新，增加城镇劳动者的财产性收入。一方面要不断完善城镇劳动者住宅等土地使用权70年产权到期后的制度安排，使城镇劳动者对自身拥有的住宅等财产权利形成稳定而良好的预期，增加城镇劳动者的财产性收入；另一方面要继续深化金融体制改革与金融创新，不断增加多种金融工具，使广大城镇劳动者能够通过多种投资理财产品使家庭的财产性收入不断增加，获得更多的投资理财收益，从而扩大消费需求。

4.2.3 城镇劳动者财产性收入中各细分类别对消费需求影响的实证研究

(1) 引言

近年来，中国房地产价格一路飙升，劳动者的住宅资产有了较快幅度的增长。与此同时，中国股票市场却呈剧烈波动的态势。住宅资产与股市财富作为劳动者的两项重要的财产性收入对消费需求到底具有什么样的影响？劳动者的财产性收入是否具有财富效应？这个问题的研究在当前中国经济增长模式转型背景下尤其具有重要的理论意义与现实意义。多年来，中国经济增长过度依靠投资和净出口需求拉动，劳动者的消费需求始终不能成为经济增长的主要源泉，劳动者消费率连续多年呈不断下降的趋势。与世界其他国家相比，中国的劳动者消费率也是极低的。未来如果继续沿用这种粗放型经济增长模式，会造成中国经济结构严重失衡的局面。因此，为使中国经济增长进入良性循环的轨道，当前亟须提高劳动者消费率。本小节就是从财产性收入视角研究劳动者住宅资产与股市财富对消费需求的影响。

目前国内外学者对这个问题的研究主要有以下几个方面：第一，对房地产价格与消费需求的关系进行了实证研究。Yoshikawa、Hiroshi 和 Ohtake（1989）研究了日本的房地产价格对消费的影响，认为房地产价格上升将会增加有房者或租赁者的消费①。Case、Quigley 和 Shiller（2005）通过 14 个国家和美国的数据研究发现，房地产的价格变动对劳动者消费需求有显著的影响②。张存涛（2009）通过实证研究发现，中国房地产价格对社会品消费存在负向抑制影响，而财富效应尚未显现③。赖溟溟和白钦先（2008）通过实证研究认为中国长期房地产市场发展与劳动者消费有协同趋势，短期内房地产市场发展抑制了劳动者的消费支出④。王子龙和许箫迪（2011）通过实证研究发现，中国近年来房价持续上涨对劳动者消费产生了一定的“挤出”效果和“抑制”作用，但从全国总体来看这种“挤出”和“抑制”作用并不明显⑤。第二，对股票价格与劳动者消费需求的关系进行了实证研究。Ludvigson 和 Steindel（1999）对美国股票市场的财

① YOSHIKAWA, HIROSHI and FUMIO OHTAKE. An analysis of female labor supply, demand, and the saving rate in japan[J]. European Economic Review, 1989 (33): 997 – 1030.

② CASE, K. E., QUIGLEY, J. M., SHILLER, R. J. Comparing wealth effects: The stock market versus the housing market[J]. Advances in Macroeconomics, 2005 (5): 1 – 32.

③ 张存涛. 中国房地产财富效应——基于 1987—2005 年数据的实证分析[J]. 世界经济情况, 2009(8): 79.

④ 赖溟溟, 白钦先. 我国居民消费财富效应的实证研究[J]. 上海金融, 2008(8): 15 – 18.

⑤ 王子龙, 许箫迪. 房地产市场广义虚拟财富效应测度研究[J]. 中国工业经济, 2011(3): 15.

富效应进行实证分析后得出，股票财富与社会总消费之间具有显著的正向关系，股票市场的不断扩展增加了市场中的消费增长①。马辉和陈守东（2006）就中国股票价格变化对劳动者消费的影响进行了实证研究，发现中国股市并没有显著的财富效应②。第三，对房地产价格、股票价格与劳动者消费需求的关系进行了实证研究。鞠方、周建军和吴佳（2009）通过实证研究发现房价波动存在微弱的财富效应，而股票市场的价格波动不仅不存在财富效应，而且对消费有一定的抑制效应③。林霞和姜洋（2010）利用京、津、沪、渝 4 个直辖市的城镇劳动者面板数据，通过实证研究发现，中国股市升值和房价上涨引起的财富效应并不明显，其中房地产的财富效应几乎为零④。

以上学者大多侧重于研究房价或股票价格对消费的单方面影响，很少对可支配收入、住宅资产、股市财富与劳动者消费需求之间的关系进行深入的理论分析与实证研究，并且以往的研究变量大多选取房地产价格和股票价格，很少有学者选取人均住宅资产和人均股票资产这些财产性收入指标考察其对劳动者消费需求的影响。本小节以西方经济学家莫迪利安尼提出的生命周期理论作为理论依据，对劳动者可支配收入、住宅资产、股市财富与劳动者消费需求之间的关系进行了实证研究，对中国劳动者住宅资产与股市的财富效应及其作用机制进行了深入分析，从财产性收入视角为新时期扩大劳动者消费需求与实现房地产行业、股票市场健康发展提出了对策建议。

（2）城镇劳动者财产性收入中各细分类别对消费需求影响的实证分析

①计量模型的建立与数据来源

根据莫迪利安尼的生命周期理论，本书采用以下计量模型来分析劳动

---

① LUDVIGSON, STEINDEL S. C. How important is the stock market effect on consumption? [J]. FRBNY Economic Policy Review, 1999, 5(2): 29 - 51.

② 马辉，陈守东．中国股市对居民消费行为影响的实证分析[J]．消费经济，2006(4):71.

③ 鞠方，周建军，吴佳．房价和股价波动引起财富效应的差异比较[J]．当代财经，2009(5):71.

④ 林霞，姜洋．居民资产具有财富效应吗？——来自京、津、沪、渝面板数据的验证[J]．中央财经大学学报，2010(10):6.

者的工资性收入、财产性收入与劳动者消费需求之间的关系：

$$C = A + \alpha \mathrm{WA} + \beta \mathrm{RE} + \theta \mathrm{ST}$$

其中，C 为消费需求，A 为自发性消费，WA 为工资性收入，RE 为住宅资产，ST 为股市财富。α 为工资性收入的边际消费倾向，β 为住宅资产的边际消费倾向，θ 为股市财富的边际消费倾向。为了更好地进行分析，对上述模型两边取自然对数，可以得到：

$$\ln C = \ln A + \alpha \ln \mathrm{WA} + \beta \ln \mathrm{RE} + \theta \ln \mathrm{ST} + \varepsilon_t$$

本节的城镇劳动者消费需求、可支配收入、住宅资产、股市财富分别选取 1992—2017 年的城镇劳动者人均消费需求、城镇劳动者人均工资性收入、人均住宅资产、人均股市财富，所有数据来源于 1993—2018 年的《中国统计年鉴》（见表 4 – 8）。其中，城镇人均住宅资产用住宅商品房销售额除以城镇人口数计算得出，城镇人均股市财富用股票市价总值除以城镇人口数计算得出。所有指标均由以 1978 年为基期的城镇居民消费者价格指数换算得到真实数值。

表 4 – 8　城镇人均主要财产性收入

单位：元

年份	实际人均工资性收入	实际人均住宅资产	实际人均股市财富	实际人均消费支出
1992	684.68	46.59	128.56	659.72
1993	737.91	74.72	362.88	717.47
1994	787.79	58.13	293.67	775.24
1995	789.16	67.77	229.92	823.46
1996	846.48	63.48	564.49	838.57
1997	858.92	74.04	922.08	868.57
1998	889.32	100.69	979.51	904.30
1999	905.46	116.70	1279.79	976.29
2000	940.10	147.57	2198.06	1048.68
2001	988.07	174.33	1886.86	1106.27
2002	1208.16	207.83	1606.71	1269.18
2003	1337.13	260.60	1690.93	1358.14

续表

年份	实际人均工资性收入	实际人均住宅资产	实际人均股市财富	实际人均消费支出
2004	1444.42	320.65	1378.51	1450.34
2005	1549.90	514.98	1146.75	1578.79
2006	1716.99	580.87	3003.98	1703.20
2007	1918.06	790.20	10111.37	1873.59
2008	2005.14	602.77	3451.43	1995.18
2009	2217.43	1066.88	6771.67	2196.37
2010	2378.57	1143.04	6876.34	2337.58
2011	2539.86	1149.85	5123.40	2498.50
2012	2781.71	1205.28	5192.84	2675.59
2013	2598.90	1448.11	5114.26	2891.39
2014	2747.68	1276.16	7617.74	3058.84
2015	2918.37	1424.15	10401.04	3228.55
2016	3054.69	1846.66	9463.79	3411.51
2017	3226.88	1969.73	10132.56	3553.05

②时间序列的平稳性检验

为了避免伪回归，下面用协整检验检验变量之间的长期均衡关系。先对数据的平稳性进行检验。目前，计量经济学已经发展出了各种检验平稳性的方法，本书采用 ADF 检验方法。利用计量软件 Eviews 6.0 对变量进行单位根检验，如表 4－9 所示。

表 4－9　ADF 单位根检验结果

变量	水平值 ADF 统计量	一阶差分 ADF 统计量
$\ln C$	－1.404006	－3.847420 *
$\ln WA$	－1.456242	－4.222916 *
$\ln RE$	－1.466401	－7.448896 *
$\ln ST$	－3.580222 ***	－6.112843 *

注：＊表示在 1% 的显著性水平上拒绝有单位根的原假设；＊＊＊表示在 10% 的显著性水平上拒绝有单位根的原假设。

检验结果显示，各变量的水平值均不能在 1%、5% 和 10% 的显著性水平上拒绝有单位根的原假设，表明它们是非平稳时间序列。而各变量的一阶差分在 1% 的显著性水平上拒绝有单位根的原假设，表明 ln*C*、lnWA、lnRE 和 lnST 均是二阶单整序列，满足协整检验的前提，因此可以进一步检验这些变量之间的协整性。

③协整关系检验

$$\ln C = 0.259718 + 0.925748\ln WA + 0.012496\ln RE + 0.031331\ln ST$$

$$(0.371873) \quad (6.606339) \quad (0.193914) \quad (1.393734)$$

$$R^2 = 0.991728 \quad DW = 0.764171 \quad F = 879.1748$$

对回归后得到模型的残差序列进行单位根检验，检验结果显示 ADF 统计量为 -2.281371，远小于 5% 的显著性水平下的检验水平，可以认为残差序列是平稳的，因此序列 ln*C*、lnWA、lnRE 和 lnST 存在协整关系，说明这些变量之间存在长期稳定的“均衡”关系。

从上述估计结果来看，长期内城镇劳动者消费的工资性收入弹性系数是 0.925748，城镇劳动者消费的住宅资产弹性系数是 0.012496，城镇劳动者消费的股市财富弹性系数是 0.031331。实证分析结果表明，长期中城镇劳动者的工资性收入增加 1%，引起消费需求增加 0.9257%；城镇劳动者的住宅资产价格上升 1%，引起消费需求增加 0.0125%；城镇劳动者的股市财富增加 1%，引起消费需求增加 0.0313%。说明从长期来看，城镇劳动者的工资性收入是决定消费需求的主要因素，城镇劳动者的住宅资产和股市财富仅对其消费需求产生非常微弱的影响。

④误差修正模型的建立及检验

通过上面的分析已经证明序列之间存在协整关系，因此可以建立误差修正模型。估计结果为：

$$\Delta\ln C = 0.0445524 + 0.285319\ln WA + 0.040475\ln RE - 0.007158\ln ST -$$

$$(6.634409) \quad (3.460362) \quad (1.959934) \quad (-0.856347)$$

$$0.13872\varepsilon_{t-1}$$

$$(-1.708287)$$

$$R^2 = 0.474631 \quad DW = 1.777413 \quad F = 4.517124$$

从估计结果来看，在短期内城镇劳动者消费的工资性收入弹性系数是0.285319，城镇劳动者消费的住宅资产弹性系数是0.040475，城镇劳动者消费的股市财富弹性系数是-0.007158。实证分析结果表明，短期内城镇劳动者的工资性收入增加1%，引起消费需求增加0.2853%；城镇劳动者的住宅资产价格上升1%，引起消费需求增加0.0405%；城镇劳动者的股市财富增加1%，引起消费需求减少0.0072%。说明从短期来看，城镇劳动者的工资性收入依然是决定劳动者消费需求的重要因素，城镇劳动者的住宅资产对劳动者消费仅产生非常微弱的影响，城镇劳动者的股市财富与消费需求呈负相关关系。并且通过估计结果还可以发现，长期内城镇劳动者的工资性收入对消费需求的影响程度远远超过了短期。

(3) 城镇劳动者财产性收入中各细分类别对消费需求影响的结果分析

从上文的实证结果来看，工资性收入是影响劳动者消费需求的主要因素，住宅资产对劳动者消费需求的影响并不显著，股市财富在短期对劳动者消费需求甚至呈现负效应。下面分别对住宅资产与股市财富对劳动者消费需求影响的原因进行深入分析。

①城镇劳动者住宅资产对消费需求影响的解释

第一，住宅资产价格上升对已有住房劳动者的影响。

在中国，对已经拥有一套住房的劳动者来说，房屋大多是自住性质。因此，由于劳动者自住，无法立即变现自己的房产，尽管房地产价格在持续上涨，但是对于这部分劳动者来说不具有任何实际意义，因此住宅资产价格的持续上涨并不会刺激这部分劳动者的消费需求。如果此时劳动者出于居住需要购买面积更大的住宅，必然面临两种选择：一是保留原有住宅，继续购买新的房产；二是卖掉现有住宅，再购买新的房产。在第一种选择中，由于住宅资产价格不断上涨，劳动者需要偿还更多的贷款才能购买自己的第二套住宅，因此必然会减少家庭的消费需求而增加储蓄。在第二种选择中，假使劳动者能够卖掉自己的住宅，但是由于居住需要，他们在卖掉自己的房产之后又面临购买新住宅的迫切需要，此时住宅资产价格的持续上涨还会使劳动者为购买面积更大的新的房产而拼命储蓄，所以这部分劳动者为了提高居住质量也必然会增加储蓄而减少家庭的消费需求。因此，对于仅拥有一套住房的劳动者来说，住宅资产价格的不断上涨并不会刺激他们的消费需求。

对于拥有两套及以上住房的劳动者来说，住宅资产价格的不断攀升可能会带来较大的财富效应。但是在中国，受政府相关政策的影响，有些房屋是不允许上市交易的，因此对拥有不能变现房产的劳动者来说，住宅资产价格的持续攀升也只是带来虚幻的财富增加，家庭的消费需求不可能大幅度增加。对于拥有两套及以上可以变现房产的劳动者来说，由于这部分人群在总人口中的比重较小，属于高收入阶层，这部分人群的边际消费倾向远远低于中低收入阶层的边际消费倾向，因此他们增加的消费需求有限，也不可能引起劳动者消费需求总量的大幅度增加。

第二，住宅资产价格上升对没有住房劳动者的影响。

对于没有购买住房的中低收入劳动者来说，住宅用于满足其基本的居住需要，因而这部分人群具有购买的刚性需求。而当前中国的廉租房、经济适用房、限价房等保障性住房供给又非常有限，因此，没有住房的劳动者为了购买自己的住宅，面对不断攀升的房地产价格必然会节衣缩食，减少家庭的消费需求。因此，对于没有住房的劳动者来说，住宅资产价格上升的财富效应为负。

综上所述，由于没有住房或只拥有一套住房的中低收入劳动者占中国人口的比重很大，中国住宅资产价格不断上升的财富效应非常有限，这与本书实证检验的结果也是相符的。

②股票市场对劳动者消费需求影响的解释

第一，股票收入占劳动者总收入的比重偏低。

中国股票市场没有表现出财富效应的原因在于股票收入占劳动者收入的比重偏低。如图 4 – 1 所示，中国 A 股流通市值占 GDP 的比重从 1993 年的 1.91% 上升到 2000 年的 15.48%，但是从 2001 年开始又出现不断下降的趋势，2005 年仅为 5.42%。2006—2017 年这一比重又呈现出剧烈波动的趋势。从 2013 年开始这一比重总体呈现出上升的态势。从 1993 年至

2017 年我国 A 股流通市值占国内生产总值的年均比重仅为 22.04%。而美国股市上市公司市值占 GDP 的比重 1992 年为 74.4%，1999 年达到 182.8%，20 世纪 90 年代美国出现长达近十年经济繁荣的一个重要原因是股票价格上涨使得消费支出始终旺盛。相反，中国股票市场近年来呈现出剧烈波动的趋势，并且股票收入占劳动者收入的比重偏低，这是中国股票市场不具有财富效应的重要原因。

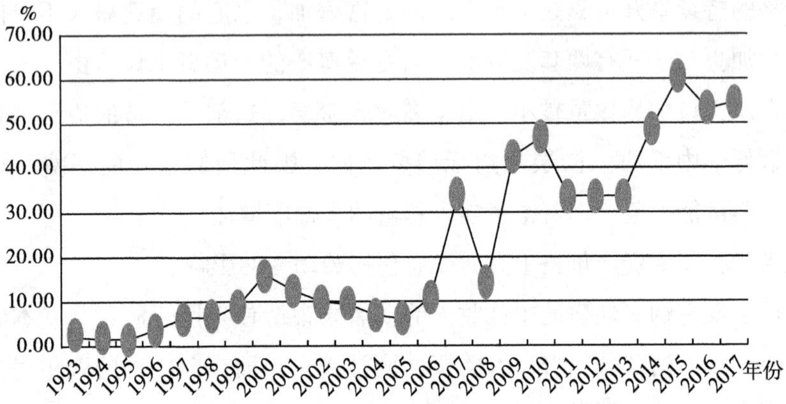

图 4-1　中国 A 股流通市值占 GDP 的比重

第二，中国股票市场发展尚未完善。

中国股市不具有财富效应的又一个重要原因是当前中国股票市场发展尚未完善，投资品种单一，股票市场发展不够规范，尤其是近些年来股票市场波动较大，股市大起大落，使股民对未来股市的预期并不乐观，劳动者投资股票的投机动机明显，无法将从股市获得的收益转化为稳定的消费需求。另外，目前中国上市公司现金分红水平整体过低。国内市场的股利支付率的比例仅为 20%～30%，而海外成熟市场的股利支付率的比例一般都在 40%～50%。复旦大学证券研究所的统计显示，2005—2009 年，实施现金分红的上市公司占所有上市公司总数的比例分别为 45%、50.22%、51.85%、52.35%、48.52%。2010 年，在 2175 家上市公司中，亏损的公司仅为 117 家，但既不分红也不送股的“铁公鸡”高达 798 家。至 2010 年年末，上市时间超过 5 年且 5 年内从未进行过分红的个股高达 414 家，其中有136家为盈利公司，占比高达32.85%。这其中就包括金马股份、海王生物和通化东宝这些热门股票。最后，股票市场缺失诚信、欺蒙诈骗的现象层出不穷，再加上信息不对称等原因，多年来为数众多的中小投资者事实上已经成为股票市场上的弱势群体，许多在市场上拼搏多年的老股民都损失惨重，其消费意愿必然降低①。

（4）结论及对策建议

①结论

第一，无论短期还是长期，劳动者的工资性收入的边际消费倾向都非常高，说明劳动者的工资性收入是决定消费需求的主要因素。但是也从另一个侧面说明当前中国劳动者的工资性收入水平偏低，劳动者消费的主要支出仍然是生活必需品。因此，要扩大居民消费需求，必须大幅度提高劳动者的工资性收入，使劳动者的收入能够稳定增长，只有这样才能从根本上扩大劳动者的消费需求，提高劳动者的生活水平，满足劳动者日益增长的物质和精神生活的需要，保证全体人民能够共享改革开放和经济发展的成果，使国民经济走上持续、快速、健康发展的轨道。

第二，从短期来看，劳动者的住宅资产与居民消费需求虽然呈正相关关系，但是弹性系数非常小，仅为0.0405，这说明中国房地产市场的财富效应非常微弱。而从长期来看，住宅资产的弹性系数也仅为0.0125。说明近年来房价上涨过快直接导致劳动者购房负担加重，虚高的房价远远超出了普通家庭的承受能力，过高的首付款和长达几十年的月供支出使大部分家庭不得不削减日常开支，极大地降低了劳动者的消费需求。因此，要充分发挥房地产市场的财富效应，扩大居民的消费需求，就必须将房价控制在劳动者可承受的范围之内。

第三，短期劳动者的股市财富与消费需求呈现负相关关系，说明短期内股票资产对中国劳动者不具有财富效应，而长期股市财富对居民消费需求的影响也非常微弱。可见，由于中国股票市场发展尚未完善，股票资产

---

① 谢琦．居民资产结构对消费需求影响的差异性研究[J]．商业时代，2013(35)：25.

作为虚拟财富短期内对劳动者消费需求产生了一定的抑制作用，而长期股票资产的财富效应也并不明显。

②对策建议

第一，完善工资结构，提高劳动者的工资性收入。

通过调整和完善工资结构，可以提高劳动者的可支配收入，扩大劳动者的消费需求。当前政府应加快国民收入分配制度改革，调整和完善企业工资结构，加大工龄工资、技能工资、薪级工资、岗位工资等基础性工资的年度增长基数，以与当地不断攀升的物价、房价、房租、水电燃气费等日常生活开支相适应，减轻劳动者的生活负担。此外，还应增加劳动者各项日常生活补贴的幅度，应从扩大劳动者消费需求的角度，重新研究、制定和调整工资结构，加大包括物价补贴、住房公积金、住房补贴、医疗补贴、交通补贴、生活补贴等在内的各项补贴，使劳动者能够应对不断攀升的物价和房价。

第二，加大公共保障性住房建设，加强对房地产市场的监督与管理。

各级政府应进一步规范房地产市场秩序，完善土地、财税、金融政策，加快建立促进房地产健康发展的长效机制，抑制投资和投机性需求。引导市场增加普通商品房的供给，重点加快政府保障性住房的建设，促进形成合理的住房供给结构，以满足多层次的住房需求。此外，实行更为严格的房地产市场监管政策，加强房地产市场的监督与管理。

第三，完善金融监管市场，创新多种金融工具。

修订《中华人民共和国证券法》，尽快出台《中华人民共和国投资者保护法》《中华人民共和国内幕交易惩治法》等相关法律，保护中小投资者利益。此外，应创新多种金融工具，实行利率市场化改革，在银行业引入竞争机制，鼓励民间借贷，提高资金使用效率①。

① 谢琦．财产性收入对居民消费需求影响的实证研究[J]．消费经济，2014(2):8－16.

4.3 农村劳动者的收入结构对消费需求影响的实证研究

4.3.1 农村劳动者的持久性收入与暂时性收入对消费需求影响的实证研究

（1）引言

近年来，中国居民消费率偏低的一个重要表现是农村劳动者的消费率较低，因此深入研究农村劳动者消费需求存在的问题将对扩大我国消费需求具有十分重要的现实意义。而制约广大农村劳动者消费需求的关键因素就是收入。近年来，国内外学者大多是从收入水平、收入差距与收入分配视角分析了收入因素对消费需求的影响，也有学者开始关注农村劳动者收入结构对消费需求的影响。巩师恩（2014）从农民收入结构视角分析了收入结构的变动对于消费结构产生的影响，并通过实证研究发现农民的经营性收入对消费的影响最大①。高艳和聂荣（2015）通过实证研究分析了农民收入差距和收入结构对消费的影响，发现农民收入结构存在地区性差异，收入差距使消费需求表现出地域性差异②。陈晓飞和赵昊东（2016）通过实证研究分析了农村居民收入结构对消费结构产生的影响，发现农村居民收入结构与消费结构具有很强的相关性，农村居民四种收入来源对食品消费与非食品消费都具有正向作用，同时存在明显的区域差异③。

通过上述文献资料可以看到，目前关于研究农村劳动者收入结构对于消费需求影响的文献并不多，从现有文献来看，很多都是侧重于分析农村劳动者收入结构对于消费结构的影响，而从持久性收入与暂时性收入这两种不同的农村劳动者收入类型来分析其对消费需求影响的文献资料并不多

---

① 巩师恩．中国农村居民的收入波动如何影响了消费波动？——基于结构视角的实证研究[J]．南京农业大学学报(社会科学版)，2014(6)：19－25.

② 高艳，聂荣．农村居民收入差距、收入结构与消费变动——基于面板数据联立方程模型的分析[J]．消费经济，2015(4)：8－13.

③ 陈晓飞．赵昊东．农村居民收入来源结构与边际消费倾向——基于整体性与区域差异的比较研究[J]．商业经济研究，2016(13)：177－179.

见。因此，本书通过实证研究深入分析农村劳动者的收入结构对消费需求产生的影响，拟从持久性收入与暂时性收入视角研究农村劳动者的收入结构存在的问题并提出相应的政策建议，为新时期改善农村劳动者收入结构、扩大农村劳动者的消费需求提出新的研究方向。

本书运用西方经济学家弗里德曼提出的持久性收入理论，将中国农村劳动者的收入分为持久性收入与暂时性收入两种类型。其中，农村劳动者的持久性收入是指农村劳动者可以持续获得的、可以预期到的、稳定的收入，具体包括工资性收入、转移性收入与财产性收入；而农村劳动者的暂时性收入是指农村劳动者不能持续获得的、不能预期到的、较不稳定的收入，主要包括农村劳动者的经营性收入。具体来说，农村劳动者的工资性收入是指农村劳动者靠出卖劳动力而获得的全部劳动报酬和各种福利收入，主要包括农民在本地企业工作和去外地打工的收入；农村劳动者的转移性收入是指农村住户和住户成员无须付出任何对应物而获得的货物、服务、资金或资产所有权等，不包括无偿提供的用于固定资本形成的资金，一般情况下，是指农村住户在二次分配中的所有收入，具体包括政府发放给农民的各种补贴、救济、保障等收入；农村劳动者的财产性收入是指金融资产或有形非生产性资产的所有者向其他机构单位提供资金或将有形非生产性资产供其支配，作为回报从中获得的收入，主要包括农民的银行储蓄资产、购买股票和债券等有价证券资产、农民宅基地和农村集体土地财产性收入、出让农民个人承包土地使用权所获得的财产性收入等；农村劳动者的经营性收入是指农村住户以家庭为生产经营单位进行生产筹划和管理而获得的收入，主要包括农民在农业、林业、畜牧业、渔业、工业、建筑业、交通运输和邮电业、批发和零售贸易、餐饮业、社会服务业、文教卫生业和其他家庭经营中所得到的收入。

（2）农村劳动者的持久性收入、暂时性收入对消费需求的影响机理

①农村劳动者的工资性收入水平较低，不足以应付日常消费支出

在当前中国农村劳动者的各项收入中，工资性收入在农村劳动者及其家庭收入中占有相当大的比重，排在了第一位，目前是农村劳动者及其家

庭主要的收入来源。但是当前农村劳动者的工资性收入水平较低，不足以应付农村劳动者日常的消费支出。2017 年城镇劳动者人均工资性收入为 22200. 93 元，而农村劳动者人均工资性收入仅为 5498 元，二者之间相差 16702. 93 元。可见与城镇劳动者的工资性收入相比，农村劳动者的工资性收入水平偏低，这样低水平的工资性收入不可能增加太多的消费需求。此外，再分地区详细考察，通过表 4 –10 和图 4 –2 可以看出，我国各地农村劳动者的工资性收入与消费支出差额都呈现出不同程度的“入不敷出”的情况，大多数省份的农村劳动者的工资性收入都小于其消费支出，说明当前各地农村劳动者的工资性收入较低，如果单靠工资性收入远远不能应付日常生活消费支出，把经营性收入、转移性收入与财产性收入加总在内的可支配收入才略微超过了支出，可见当前农村劳动者的工资性收入过低制约了消费需求的快速增加。

表 4 –10　2017 年农村劳动者分地区人均工资性收入与消费支出情况

单位：元

地区	工资性收入	消费支出	收支差额
东部地区	8683. 80	14807. 46	–6123. 66
中部地区	5055. 57	10488. 23	–5432. 66
西部地区	3019. 43	9371. 08	–6351. 65
东北地区	3018. 33	10523. 88	–7505. 54

资料来源：《中国统计年鉴（2019）》。

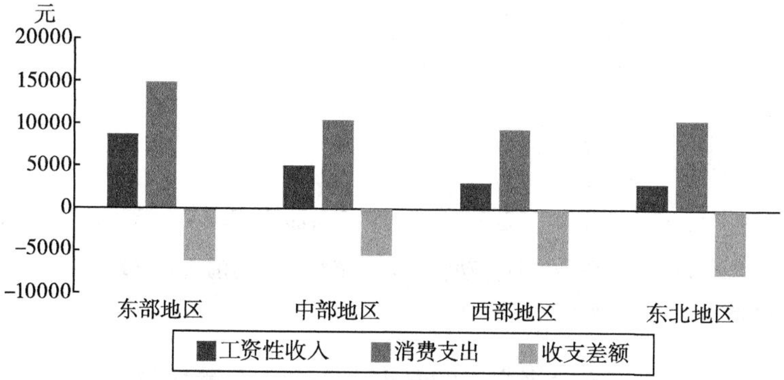

图 4 –2　2017 年不同地区农村劳动者人均工资性收入与消费支出情况

资料来源：《中国统计年鉴（2019）》。

如果再具体到各省份来考察，又可以在图4－3中发现，除了上海一个省份农村劳动者的工资性收入与消费支出差额为正数外，其余省份农村劳动者的工资性收入与消费支出差额均为负数，说明当前中国绝大多数省份农村劳动者的工资性收入均不足以维持基本的日常消费支出，农村劳动者的工资性收入较低。其中，农村劳动者工资性收入与消费支出差额排在最后十名的分别为：内蒙古、黑龙江、四川、吉林、湖北、青海、福建、重庆、安徽和广西。这些省份农村的劳动者工资性收入与当地较高的生活成本相比差距较大，还需要农村劳动者的其他收入来应付日常支出的需要。

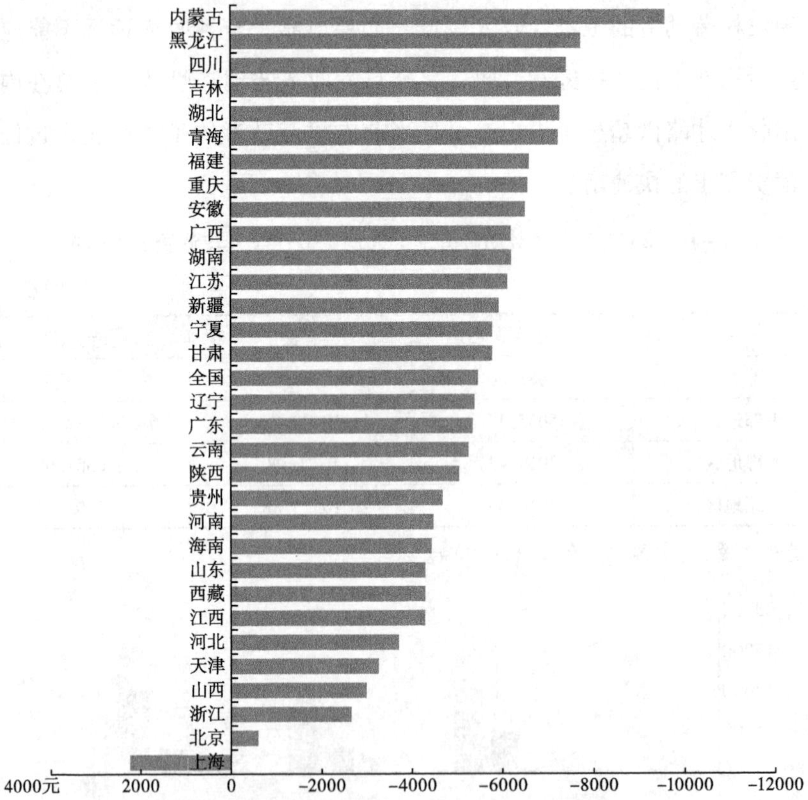

图4－3　各地农村劳动者人均工资性收入与消费支出差额

资料来源：《中国统计年鉴（2019）》。

此外，由于农村劳动者自身的知识水平和文化素质较低，在劳动力市场的议价能力较弱，从而造成了农村劳动者在日趋激烈的市场竞争中经常处于劣势，限制了农村劳动者同企业所有者和经营者在劳动力市场上讨价还价的能力，影响了农村劳动者工资收入水平的大幅度提高。当前中国农村劳动者的工资性收入水平偏低抑制了消费需求的快速增长。

②农村劳动者在居住、文教娱乐和医疗保健等社会保障方面的支出日益加大，迫使他们增加预防性储蓄而减少消费

国家统计局的数据显示，1990 年农村劳动者的转移性收入占比为 4.22%，而 2017 年为 19.38%，上升了 15.16 个百分点（见图 4 - 4）。近年来，农村劳动者的转移性收入总体在不断增加，但是在农村劳动者总收入中转移性收入的比重仍然偏低。而近年来许多农业生产资料如农药、化肥、大型农机具等产品的价格在不断上涨，农民从事农业生产的成本在不断上升，而粮食等农产品由于是老百姓的生活必需品因而其价格受到政府的严格管制，在这种情况下，许多种粮农民的利益受到极大的损害。因此，未来政府应该继续加大对农村劳动者从事农业生产的补贴力度，增加农村劳动者的转移性收入。

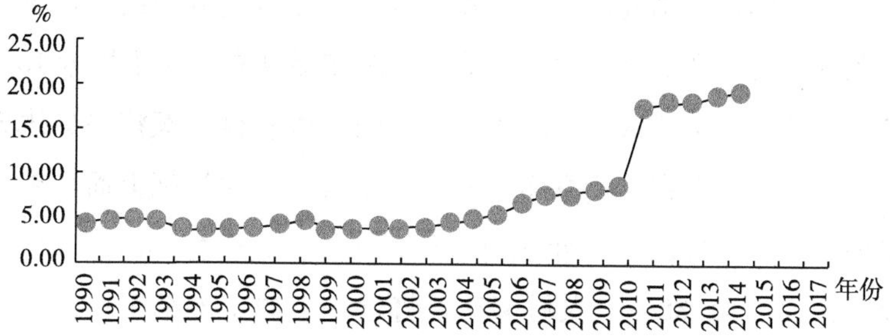

图 4 - 4　农村劳动者人均转移性收入占比

此外，由于农村的社会保障体系还不健全，农民在医疗、教育、养老等方面还缺乏现实的保障，城乡劳动者之间的社会保障体系还存在巨大的差距，限制了农村劳动者消费需求的快速增长。从表 4 - 11 中的农村劳动者消费结构可以看出，农村劳动者的居住支出所占比重从 1990 年的 17.34% 上升到 2017 年的 21.49%，上升了 4.15 个百分点；农村劳动者的文教娱乐支出所占比重从 1990 年的 5.37% 上升到 2017 年的 10.69%，上升了 5.32 个百分点；农村劳动者的医疗保健支出所占比重从 1990 年的

3.25%上升到2017年的9.67%，上升了6.42个百分点。从上述数据可以看出，改革开放以来农村劳动者的医疗保健、文教娱乐、居住支出所占比重出现了小幅上升的趋势，说明改革开放以来我国农村劳动者在医疗保健、文教娱乐、居住等方面的消费支出不断增加。

再测算2017年中国农村劳动者各项消费支出比重，第一为食品，所占比重为31.17%；第二为居住，所占比重为21.49%；第三为交通通信，所占比重为13.77%；第四为文教娱乐，所占比重为10.69%；第五为医疗保健，所占比重为9.67%；第六为家庭设备及用品，所占比重为5.79%；第七为衣着，所占比重为5.59%；第八为其他，所占比重为1.83%。从上述农村劳动者各项消费支出的比较可以看出，农村劳动者在居住方面的消费支出在农村劳动者的消费支出中排在了第二位，说明房地产价格上涨也极大地影响了农村劳动者的生活水平与生活质量。文教娱乐方面的支出在农村劳动者消费支出中排在了第四位，说明随着生活水平的提高，农村劳动者用于文化教育以及闲暇消费的支出日益增加。而医疗保健在农村劳动者消费支出中排在了第五位，说明农村劳动者在看病方面的医疗支出比重较大。尤其值得注意的是，农村劳动者的医疗保健支出比重接近10%，远高于城镇劳动者的医疗保健支出比重，说明中国农村的医疗保障体系还远未完善，农村劳动者在医疗方面的消费支出较大。如果把上面三项社会保障支出加总可以发现，2017年农村劳动者在居住、教育和医疗保健方面的支出比重达到了41.85%，农村劳动者将近一半的支出都用在了社会保障方面，可见由于当前农村劳动者所享有的社会保障体系还不完善，抑制了他们消费需求的快速增加，广大农村劳动者只能将有限的收入的更多部分用于未来的预防性储蓄而减少现在潜在的消费需求。

表4－11　农村劳动者家庭基本情况

指标	1990年	2012年	2014年	2015年	2016年	2017年
平均每人现金消费支出/元	584.63	5908.02	8382.57	9223	10130	10955
食品	343.76	2323.89	2813.99	3048	3266	3415

续表

指标	1990年	2012年	2014年	2015年	2016年	2017年
衣着	45.44	396.39	510.40	550	575	612
居住	101.37	1086.35	1762.75	1926	2147	2354
家庭设备及用品	30.90	341.71	506.49	546	596	634
交通通信	8.42	652.79	1012.63	1163	1360	1509
文教娱乐	31.38	445.49	859.50	969	1070	1171
医疗保健	19.02	513.81	753.85	846	929	1059
其他	4.34	147.58	162.96	174	186	201
平均每人现金消费支出构成（人均现金消费支出=100）						
食品	58.80	39.33	33.57	33.05	32.24	31.17
衣着	7.77	6.71	6.09	5.96	5.68	5.59
居住	17.34	18.39	21.03	20.88	21.19	21.49
家庭设备及用品	5.29	5.78	6.04	5.92	5.88	5.79
交通通信	1.44	11.05	12.08	12.61	13.43	13.77
文教娱乐	5.37	7.54	10.25	10.51	10.56	10.69
医疗保健	3.25	8.70	8.99	9.17	9.17	9.67
其他	0.74	2.50	1.94	1.89	1.84	1.83

资料来源：《中国统计年鉴（2019）》。

③农村劳动者的财产性收入近年来呈现缓慢上升的趋势，抑制了消费需求的快速增加

土地是农村劳动者赖以生存的最基本的生产要素，是国民经济发展和社会稳定的基础。然而由于当前中国农村土地制度仍然存在诸多方面的问题，当前农村土地并不为农民所有，农民无法通过土地而获得稳定的财产性收入，严重制约了农村劳动者持久性收入的增加。国家统计局的数据显示（见图4－5），从1993—2017年我国农村劳动者的年均财产性收入占比只有2.35%。不仅如此，近年来农村劳动者财产性收入增长非常缓慢，导致农村劳动者的财产性收入水平偏低。2017年中国农村劳动者的人均财产性收入只有303元。因此，新时期要大幅度增加农村劳动者的财产性收入，

必须并且应当赋予农民依靠土地获取财产性收入的权利，只有这样农村劳动者的财产性收入才能稳步增加，他们潜在的消费需求才能真正得到提高。

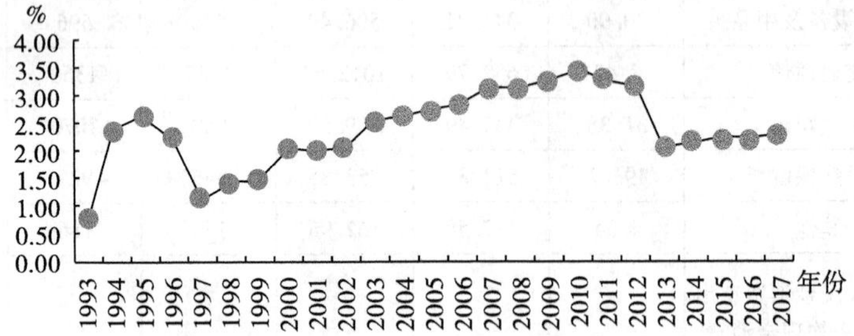

图 4-5　农村劳动者财产性收入占比

④农村劳动者经营性收入的暂时性收入特征较为明显，抑制了消费需求的快速增长

1990 年农村劳动者的经营性收入占比为 75.55%，而 2017 年为 37.43%，下降了 38.12 个百分点（见图 4-6）。可见，1990 年农村劳动者的经营性收入当时是农村劳动者收入的主要来源，而 2017 年经营性收入虽仍然是农村劳动者的重要来源，但是所占比重相比 1990 年已经有了非常明显的下降，目前在农村劳动者的收入结构中经营性收入排在了第二位。2017 年农村劳动者的经营性收入为 5028 元，而工资性收入为 5498 元，二者仅相差 470 元，可见，农村劳动者的经营性收入与工资性收入相差较小，经营性收入依然是中国农村劳动者重要的收入来源。

1990 年农村劳动者的名义经营性收入为 518.60 元，2017 年为 5028 元，增加了 8.7 倍。而从以 1985 年为基期的农村劳动者消费者价格指数换算得到的真实数值来看，1990 年农村劳动者的实际经营性收入为 314.11 元，2017 年为 1049.91 元，实际增加了 2.34 倍。从 1994 年至 2017 年，农村劳动者的年均实际经营性收入增长幅度只有 4.89%。可见，农村劳动者的经营性收入虽然近年来不断上涨，但是与不断攀升的物价相比，涨幅仍然偏低。

此外，在当前农村劳动者的收入结构中，经营性收入由于受到经济周期、自然因素以及市场波动的影响较大，其暂时性收入特征较为明显。因此，即使农村劳动者的经营性收入在收入结构中占比较大，但是由于带有暂时性收入的特征，其不确定性、不稳定性会促使农村劳动者将经营性收入看作不稳定性的收入，因而不会引起消费需求的持续增加。

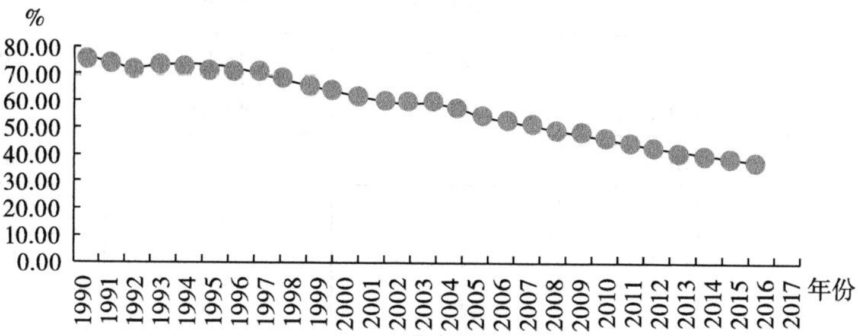

图 4－6　农村劳动者人均经营性纯收入占比情况

资料来源：《中国统计年鉴（2019）》。

（3）农村劳动者持久性收入、暂时性收入与消费需求的关系的实证研究

①数据来源及处理

农村劳动者的消费需求和收入选取 1980—2017 年的数据，来源于《中国统计年鉴（2018）》。但是，由于农村劳动者的持久性收入与暂时性收入的实际数据很难找到，所以本书采用弗里德曼的三阶段移动平均值方法来估算农村劳动者的持久性收入①，农村劳动者的暂时性收入按照收入与持久性收入估计值之间的差额来计算，即：

$$Y_P = (Y_t + Y_{t-1} + Y_{t-2})/3$$

$$Y_T = Y - Y_P$$

上述模型中的具体数据详见表 4－12。

① ［美］弗里德曼．消费函数［M］．普林斯顿：普林斯顿大学出版社，1957：220－224.

表 4-12　农村劳动者家庭持久性收入、暂时性收入与消费

单位：元

年份	农村劳动者家庭人均纯收入	农村劳动者家庭持久性收入	农村劳动者家庭暂时性收入	农村劳动者家庭人均消费
1980	191.3	161.70	29.60	9223
1981	223.4	191.63	31.77	10130
1982	270.1	228.27	41.83	10955
1983	309.8	267.77	42.03	7485
1984	355.3	311.73	43.57	8383
1985	397.6	354.23	43.37	9223
1986	423.8	392.23	31.57	10130
1987	462.6	428.00	34.60	10955
1988	544.9	477.10	67.80	7485
1989	601.5	536.33	65.17	8383
1990	686.3	610.90	75.40	9223
1991	708.6	665.47	43.13	10130
1992	784	726.30	57.70	10955
1993	921.6	804.73	116.87	7485
1994	1221	975.53	245.47	8383
1995	1577.7	1240.10	337.60	9223
1996	1926.1	1574.93	351.17	10130
1997	2090.1	1864.63	225.47	10955
1998	2162	2059.40	102.60	7485
1999	2210.3	2154.13	56.17	8383
2000	2282.1	2218.13	63.97	9223
2001	2406.9	2299.77	107.13	10130
2002	2528.9	2405.97	122.93	10955
2003	2690.3	2542.03	148.27	7485
2004	3026.6	2748.60	278.00	8383
2005	3370.2	3029.03	341.17	9223
2006	3731	3375.93	355.07	10130
2007	4327	3809.40	517.60	10955
2008	4998.8	4352.27	646.53	7485

续表

年份	农村劳动者家庭人均纯收入	农村劳动者家庭持久性收入	农村劳动者家庭暂时性收入	农村劳动者家庭人均消费
2009	5435.1	4920.30	514.80	8383
2010	6272.4	5568.77	703.63	9223
2011	7393.9	6367.13	1026.77	10130
2012	8389.3	7351.87	1037.43	10955
2013	9430	8404.40	1025.60	7485
2014	10489	9436.10	1052.90	8383
2015	11422	10447.00	975.00	9223
2016	12363	11424.67	938.33	10130
2017	13432	12405.67	1026.33	10955

②时间序列的平稳性检验

为了避免伪回归，下面用协整检验检验变量之间的长期均衡关系。先对数据的平稳性进行检验。目前，计量经济学已经发展出了各种各样检验平稳性的方法，本书使用 ADF 检验方法。利用计量软件 Eviews6.0 对变量进行单位根检验，如表 4－13 所示。

表 4－13 ADF 单位根检验结果

变量	水平值 ADF 统计量	一阶差分 ADF 统计量
$\ln Y_P$	－1.675288	－3.665199 **
$\ln Y_T$	－3.759603 **	－3.888338 *
$\ln C$	－3.167939	－3.993929 *

注：* 表示在 1% 的显著性水平上拒绝有单位根的原假设；* * 表示在 5% 的显著性水平上拒绝有单位根的原假设。

检验结果显示，$\ln Y_P$ 和 $\ln C$ 这两个变量的水平值均不能在 1%、5% 和 10% 的显著性水平上拒绝有单位根的原假设，表明它们是非平稳时间序列。而 $\ln Y_T$ 和 $\ln C$ 这两个变量的一阶差分在 1% 的显著性水平上拒绝有单位根的原假设，$\ln Y_P$ 变量的一阶差分在 5% 的显著性水平上拒绝有单位根的原假设，表明 $\ln Y_P$、$\ln Y_T$ 和 $\ln C$ 均是一阶单整序列，满足协整检验的前提，因此可以进一步检验这些变量之间的协整性。

③协整关系检验

首先，建立如下回归方程：

$$\ln C = 0.367246 + 0.849985 \ln Y_P + 0.119058 \ln Y_T$$

$$(5.818559)\ (46.30731)\ (6.419042)$$

$$R^2 = 0.997842 \quad DW = 0.415874 \quad F = 8090.741$$

其次，对回归后得到模型的残差序列进行单位根检验，检验结果显示ADF统计量为-1.696275，远小于10%的显著性水平下的临界值，可以认为残差序列是平稳的，因此序列 $\ln Y_P$、$\ln Y_T$ 和 $\ln C$ 存在协整关系，说明这些变量之间存在长期稳定的“均衡”关系。

从上述估计结果来看，在长期农村劳动者消费的持久性收入弹性系数是0.849985，农村劳动者消费的暂时性收入弹性系数是0.119058。实证分析结果表明，农村劳动者的持久性收入变动1%，引起消费需求变动0.85%；农村劳动者的暂时性收入变动1%，引起消费需求变动0.1191%。说明从长期来看，农村劳动者的持久性收入是决定消费需求的主要因素。

④误差修正模型的建立及检验

通过上面的分析已经证明序列之间存在协整关系，因此可以建立误差修正模型。估计结果为：

$$\Delta \ln C = 0.008433 + 0.81692 \ln Y_P + 0.095571 \ln Y_T - 0.167749 \varepsilon_{t-1}$$

$$(0.53716) \quad (6.579266) \quad (5.486097)$$

$$R^2 = 0.710317 \quad DW = 1.655466 \quad F = 26.97249$$

从估计结果来看，在短期内农村劳动者消费的持久性收入弹性系数是0.81692，农村劳动者消费的暂时性收入弹性系数是0.095571。实证分析结果表明，短期内农村劳动者的持久性收入变动1%，引起消费需求变动0.8169%；农村劳动者的暂时性收入变动1%，引起消费需求变动0.0956%。说明从短期来看，农村劳动者的持久性收入还是决定消费需求的主要因素。此外，通过估计结果还可以发现，长期内农村劳动者的暂时性收入对消费需求产生的影响超过了短期。

(4) 研究结论和对策建议

①研究结论

通过上文实证检验结果来看，无论短期还是长期，农村劳动者的持久性收入都是影响消费需求的关键因素。并且，长期农村劳动者的持久性收入对消费需求的影响程度超过了短期，说明未来要增加消费需求，必须依靠提高农村劳动者的持久性收入才能实现。因此政府应通过多方面的政策措施来真正提高农村劳动者的持久性收入。此外，通过实证研究也发现农村劳动者的暂时性收入对消费需求仅产生微弱的影响，因此必须使农村劳动者的暂时性收入更多地向持久性收入转化，只有这样才能真正提高农村劳动者潜在的消费需求。

②政策建议

第一，改善和提高农村劳动者素质，提高农村劳动者的工资性收入，使劳动者形成对未来稳定的收入预期。

政府要加强宣传，引导农村劳动者树立正确的人力资本观念和投资意识，使广大农村劳动者充分认识到人力资本积累对于家庭和个人未来收入增长以及农村经济发展的重要意义；进一步加大教育培训投资力度，提高农村劳动者的素质的技能；进一步加强农村基础教育，建立健全多元化的基础教育办学模式，多渠道筹集教育基金，不断改善基础教育的办学条件和提高农村教师待遇，更新教育思想，转变教育观念；以多种形式、机制发展职业技术教育和成人教育，开展技术培训，将免费培训和有偿培训结合起来。总之通过上述几个方面切实改善和提高农村劳动者素质，提高农村劳动者的工资性收入，使他们形成稳定的收入预期，增加持久性收入比重①。

第二，加强农产品品牌培育，开展农民职业技能培训，增加农村劳动者的经营性收入。

应针对市场上消费者对于优质农产品的实际需求，加强农产品的品牌

① 谢琦．中国经济增长的结构分析[M]．北京：中国经济出版社，2010：139.

培育，不断优化农业内部产业结构，发挥结构的整体功能。并按照市场需求，合理利用各种农业资源，实现农、林、牧、副、渔内部的良性循环，逐步建立高产优质高效农业产业结构。此外，当前互联网这个新的经济平台为提高中国农村劳动者的经营性收入也提供了新的机遇。但是，许多农村劳动者由于年龄、知识、文化、素质和所处环境所限，并不能很好地发挥其自身优势，对“互联网＋”这一新的经济形态也缺乏了解，这就需要政府加大财政投入力度，加强当地农民相关职业技能培训，组织相关技术人员对当地农民进行课程培训与辅导，帮助农村劳动者利用互联网经济开展创新与就业，引导他们走上创业致富之路。

第三，完善农村社会保障制度，增加农村劳动者的转移性收入。

当前，政府应该加快制定和推出各项支农惠农措施，不断提高农民的转移性收入，促进农业生产的快速发展。具体来说，主要包括以下几个方面：加大对农民的种田补贴、农资综合补贴和农机补贴，不断加大各项补贴的力度；各地政府应高度重视不断完善农村的社会保障制度，重点做好农民的医疗保险、养老保险、生育保险、最低生活保障等各项工作，保证政府对农民的转移性收入能够随着其生活成本的上升而不断增加，保障农民收入稳步增加，使他们对未来能够形成稳定的预期，从而刺激农民潜在的消费需求不断增加；建立和完善农村居民最低生活保障制度，科学地确定农村居民最低生活保障标准，尽可能使最低生活保障的范围涵盖每一个有实际需要的农村居民，充分发挥其应有的作用。

第四，深入开展农村土地产权制度改革，增加农村劳动者的财产性收入。

应继续深入开展农村土地产权制度改革，有效保障农民土地财产性权力，盘活农村资产，增加农民财产性收入。目前，随着经济的发展，农村土地流转速度不断提高，而与农村土地流转过程中相配套的农村土地抵押、贷款等金融服务却严重滞后，无法适应农村经济的发展。因此，当前亟须加快建立起农民承包土地的经营权抵押贷款和资产评估等方面的配套措施，加快与农村土地流转制度改革相配套的农村金融服务建设。此外，为从法律上真正有效保障农民的财产性收入，当前各地政府应加快对农民颁发全国统一的具有法律效力的农村土地承包经营权、农村宅基地使用权和农村集体建设用地使用权证书。建立起全国统一的农村不动产登记制度，从法律上有效保障农民的财产权利，增加农村劳动者的财产性收入。

4.3.2 农村劳动者的经营性收入、转移性收入、工资性收入与财产性收入对消费需求影响的实证研究

（1）引言

改革开放40多年来，中国经济取得了快速增长，人民生活水平不断提高。然而当前中国经济发展仍然面临许多问题，其中突出的表现是近年来中国农村劳动者消费率仍然偏低。而决定劳动者消费需求的关键因素是收入。因此，目前国内外学者大多是从收入水平、收入分配和收入差距视角分析劳动者收入对消费需求的影响。凯恩斯（1936）通过绝对收入消费函数理论分析了劳动者当前的收入水平与消费需求之间的关系①。杜生贝利（1967）通过相对收入消费函数理论分析了劳动者之间的相对收入水平对消费所产生的重要影响②。莫迪利安尼（1986）则通过生命周期理论分析了劳动者一生的收入水平、财产状况以及年龄等因素对消费需求产生的影响③。杨天宇（2012）从国民收入分配格局视角分析了国民收入初次分配和再分配对消费需求产生的影响，提出了扩大消费需求的关键在于提高劳动者收入在初次分配和再分配中的比重④；方臻旻和徐冰清（2014）通过实证研究发现收入分配差距的扩大降低了劳动者的边际消费倾向和平均消

① ［英］凯恩斯．就业、利息和货币通论［M］．南京：译林出版社，2014.

② DUESENBERRY，J. Income，saving，and the theory of consumer behavior［M］. New York：Oxford University Press，1967.

③ MODIGLIANI，F. Life cycle，individual thrift，and the wealth of nations［J］. Science，1986（234）：704－712.

④ 杨天宇．国民收入分配格局对劳动者消费需求的扩张效应［J］．学习与探索，2012（2）：96－100.

费倾向，因此要扩大劳动者消费需求必须不断缩小收入分配差距①；徐常建和袁易明（2018）通过实证研究发现初次收入分配中劳动者收入份额对劳动者消费需求产生了显著的影响，进而提出了相应的对策建议②。

近年来，也有学者开始从收入结构视角研究农村劳动者收入对消费需求的影响。巩师恩（2014）从收入波动的视角分析了对消费需求的影响，通过实证研究发现农村居民经营性收入的波动是影响农村居民消费需求的主要因素，并且具有稳定性特征的农村居民经营性收入波动对食品消费波动的影响超过了对非食品消费的影响程度③；王小华等（2016）通过实证研究分析了消费习惯、农村居民收入结构对消费需求的影响，发现农村居民的工资性收入、经营性收入与财产性收入对消费需求具有显著的影响，农村居民的转移性收入对消费需求的影响较小④；苏永伟（2016）通过对湖北省农村居民收入结构对消费需求影响的实证研究，发现农村居民工资性收入是影响消费需求的主要因素⑤；陈晓飞和赵昊东（2016）通过实证研究发现农村居民不同收入来源对消费需求的水平以及消费需求的结构都会产生重要影响⑥。

从目前学者已经取得的学术成果来看，大多数文献资料都是从收入分配和收入差距视角分析收入与消费的关系，从收入结构视角深入分析不同收入来源对消费需求影响的文献并不多见，并且很多文献资料都是侧重于分析某一地区居民收入结构对消费需求的影响。此外，这方面的实证研究

① 方臻旻，徐冰清．我国劳动者收入分配差距对劳动者消费倾向影响的研究[J]．江西财经大学学报，2014(4)：39－45.

② 徐常建，袁易明．要素收入分配结构、劳动者消费与经济增长[J]．经济经纬，2018(6)：121－126.

③ 巩师恩．中国农村居民的收入波动如何影响了消费波动？——基于结构视角的实证研究[J]．南京农业大学学报(社会科学版)，2014(6)：19－25.

④ 王小华，温涛，朱炯．习惯形成、收入结构失衡与农村居民消费行为演化研究[J]．经济学动态，2016(10)：39－49.

⑤ 苏永伟．农村居民收入结构对消费的影响研究——以湖北省为例[J]．学术论坛，2016(5)：43－48.

⑥ 陈晓飞，赵昊东．农村居民收入来源结构与边际消费倾向——基于整体性与区域差异的比较研究[J]．商业经济研究，2016(13)：177－179.

文献也较少，数据资料年代较为久远。因此，本书通过深入分析当前农村劳动者收入结构与消费需求的现状，并在实证分析的基础上对二者之间的关系及其存在的问题进行深入的研究，拟从收入结构视角探寻扩大农村劳动者消费需求的路径，为新时期优化农村劳动者收入结构、扩大农村劳动者消费需求与实现质量型经济增长提出对策建议。

（2）农村劳动者收入结构与消费需求的现状分析

①农村劳动者收入结构的现状分析

第一，工资性收入目前成为农村劳动者主要的收入来源。

从表4-14和图4-7可以看出，1990年农村劳动者的名义工资性收入为138.80元，2017年为5498元，增加了39.61倍。如果从以1985年为基期的农村劳动者消费者价格指数换算得到的真实数值来看，1990年农村劳动者的实际工资性收入为84.07元，2017年为1148.05元，只增加了12.66倍。然后，再从农村劳动者收入结构来看，1990年农村劳动者的工资性收入所占比重为20.22%，而2017年为40.93%，上升了20.71个百分点。由此可见，1990年农村劳动者的工资性收入比重偏低，而自从2015年以后农村劳动者的工资性收入开始超过了经营性收入，农村劳动者工资性收入的比重出现了明显上升的趋势，工资性收入目前成为农村劳动者收入的主要来源。

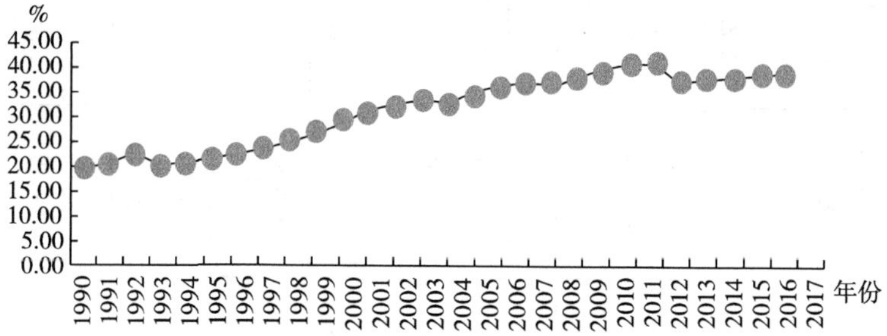

图4-7 农村劳动者人均工资性收入占比情况

资料来源：《中国统计年鉴（2019）》。

表 4-14　农村劳动者各项收入及其占比情况

年份	农村劳动者平均每人纯收入/元	农村劳动者平均每人工资性收入/元	农村劳动者平均每人经营性收入/元	农村劳动者平均每人财产性收入/元	农村劳动者平均每人转移性收入/元	农村劳动者人均工资性收入占比/%	农村劳动者人均经营性收入占比/%	农村劳动者人均财产性收入占比/%	农村劳动者人均转移性收入占比/%
1990	686.30	138.80	518.60	—	29.00	20.22	75.55	—	4.22
1991	708.60	151.90	523.60	—	33.00	21.44	73.90	—	4.66
1992	784.00	184.40	561.60	—	38.00	23.52	71.63	—	4.85
1993	921.60	194.50	678.50	7.00	41.60	21.10	73.62	0.76	4.51
1994	1221.00	263.00	881.90	28.60	47.60	21.54	72.22	2.34	3.90
1995	1577.70	353.70	1125.80	41.00	57.30	22.42	71.35	2.60	3.63
1996	1926.10	450.80	1362.50	42.60	70.20	23.40	70.74	2.21	3.64
1997	2090.10	514.60	1472.70	23.60	79.30	24.62	70.46	1.13	3.79
1998	2162.00	573.60	1466.00	30.40	92.00	26.53	67.81	1.41	4.26
1999	2210.30	630.30	1448.40	31.60	100.20	28.51	65.52	1.43	4.53
2000	2282.10	702.30	1427.30	45.00	78.80	31.17	63.34	2.00	3.50
2001	2406.90	771.90	1459.60	47.00	87.90	32.62	61.68	1.99	3.71
2002	2528.90	840.20	1486.50	50.70	98.20	33.94	60.05	2.05	3.97
2003	2690.30	918.40	1541.30	65.80	96.80	35.02	58.78	2.51	3.69
2004	3026.60	998.50	1745.80	76.60	115.50	34.00	59.45	2.61	3.93
2005	3370.20	1174.50	1844.50	88.50	147.40	36.08	56.67	2.72	4.53
2006	3731.00	1374.80	1931.00	100.50	180.80	38.33	53.83	2.80	5.04

续表

年份	农村劳动者平均每人纯收入/元	农村劳动者平均每人工资性收入/元	农村劳动者平均每人经营性收入/元	农村劳动者平均每人财产性收入/元	农村劳动者平均每人转移性收入/元	农村劳动者人均工资性收入占比/%	农村劳动者人均经营性收入占比/%	农村劳动者人均财产性收入占比/%	农村劳动者人均转移性收入占比/%
2007	4327.00	1596.20	2193.70	128.20	222.30	38.55	52.98	3.10	5.37
2008	4998.80	1853.70	2435.60	148.10	323.20	38.94	51.16	3.11	6.79
2009	5435.10	2061.30	2526.80	167.20	398.00	40.00	49.03	3.24	7.72
2010	6272.40	2431.10	2832.80	202.30	452.90	41.07	47.86	3.42	7.65
2011	7393.90	2963.40	3222.00	228.60	563.30	42.47	46.18	3.28	8.07
2012	8389.30	3447.50	3533.40	249.10	686.70	43.55	44.63	3.15	8.67
2013	9430.00	3653.00	3935.00	195.00	1648.00	38.73	41.72	2.07	17.47
2014	10489.00	4152.00	4237.00	222.00	1877.00	39.59	40.40	2.12	17.90
2015	11422.00	4600.00	4504.00	252.00	2066.00	40.27	39.43	2.21	18.09
2016	12363.00	5022.00	4741.00	272.00	2328.00	40.62	38.35	2.20	18.83
2017	13432.00	5498.00	5028.00	303.00	2603.00	40.93	37.43	2.26	19.38

资料来源:《中国统计年鉴(2019)》。

第二，经营性收入仍然是农村劳动者重要的收入来源。

在表4－14和图4－8中，1990年农村劳动者的名义经营性收入为518.60元，2017年为5028元，增加了8.7倍。从以1985年为基期的农村劳动者消费者价格指数换算得到的真实数值来看，1990年农村劳动者的实际经营性收入为314.11元，2017年为1049.91元，只增加了2.34倍。1990年农村劳动者的经营性收入占比为75.55%，而2017年为37.43%，下降了38.12个百分点。可见，1990年农村劳动者的经营性收入为农村劳动者收入的主要来源，而2017年经营性收入仍然是农村劳动者收入的重要来源，但是所占比重相比1990年已经有了非常明显的下降，目前在农村劳动者的收入结构中经营性收入排在第二位。

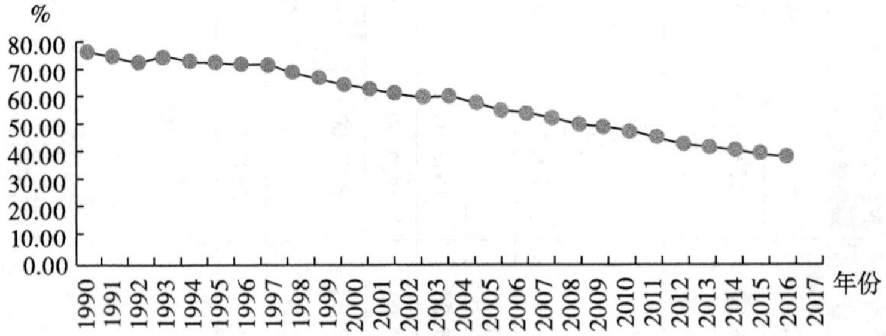

图4－8　农村劳动者人均经营性收入占比情况

资料来源：《中国统计年鉴（2019）》。

第三，近年农村劳动者的转移性收入比重呈现明显上升的趋势。

在表4－14和图4－9中，1990年农村劳动者的名义转移性收入为29元，2017年为2603元，增加了88.76倍。从以1985年为基期的农村劳动者消费者价格指数换算得到的真实数值来看，1990年农村劳动者的实际转移性收入为17.57元，2017年为543.54元，只增加了29.94倍。1990年农村劳动者的转移性收入占比为4.22%，而2017年为19.38%，上升了15.16个百分点。可见，近年来农村劳动者的转移性收入所占比重呈现明显上升的趋势，说明近年来政府加大了对农村劳动者的转移支付力度。

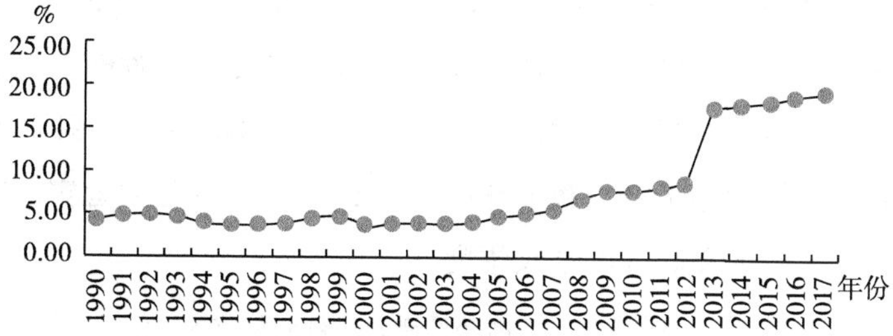

图4-9 农村劳动者人均转移性收入占比情况

资料来源：《中国统计年鉴（2019）》。

第四，农村劳动者的财产性收入比重偏低，且增长非常缓慢。

在表4-14和图4-10中，1993年农村劳动者的名义财产性收入为7元，2017年为303元，增加了42.29倍。从以1985年为基期的农村劳动者消费者价格指数换算得到的真实数值来看，1993年农村劳动者的实际财产性收入为3.48元，2017年为63.27元，只增加了17.18倍。1993年农村劳动者财产性收入占比为0.76%，而2017年该比重为2.26%，上升了1.5个百分点。上述统计数据表明，虽然农村劳动者的财产性收入水平在不断增加，但是农村劳动者的财产性收入占总收入的比重却一直处于较低水平，尤其是近年来农村劳动者的财产性收入比重增长缓慢。

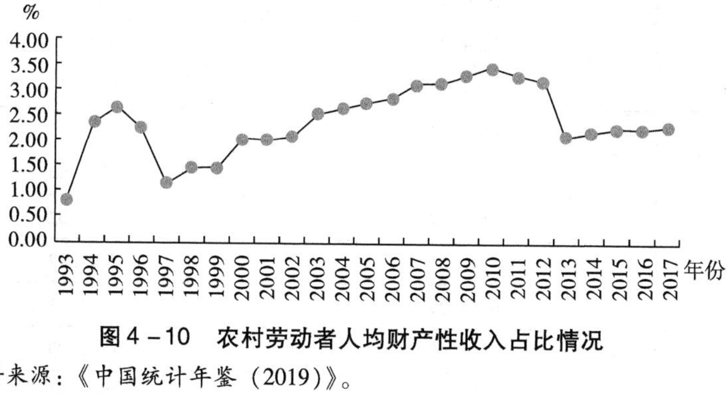

图4-10 农村劳动者人均财产性收入占比情况

资料来源：《中国统计年鉴（2019）》。

②农村劳动者消费需求的现状分析

第一，农村劳动者实际收入的增长幅度远远小于名义收入的增长幅度。

从表4-15中可以看出，农村劳动者的人均名义可支配收入从1985年的 397.6 元增加到 2017 年的 13432.4 元，增加了 32.78 倍。如果按 1985 年农村劳动者消费价格指数来计算实际价值，农村劳动者的人均实际可支配收入从 1978 年的 397.6 元增加到 2017 年的 2804.84 元，只增加了 6.05 倍。可见，如果剔除价格指数上涨因素的影响，农村劳动者实际收入的增长幅度远远小于名义收入的增长幅度。

表 4－15　农村劳动者人均可支配收入

单位：元

年份	农村劳动者人均名义可支配收入	农村劳动者人均实际可支配收入
1985	397.60	397.60
1990	686.30	415.69
1995	1577.70	541.42
1996	1926.10	612.63
1997	2090.10	648.50
1998	2162.00	677.53
1999	2210.30	703.25
2000	2253.40	717.64
2001	2366.40	747.68
2002	2475.60	785.41
2003	2622.20	818.93
2004	2936.40	874.97
2005	3254.90	948.95
2006	3587.00	1030.45
2007	4140.40	1128.48
2008	4760.62	1218.48
2009	5153.17	1323.02
2010	5919.01	1466.92
2011	6977.29	1634.41
2012	7916.58	1809.09
2013	8895.91	1977.31
2014	9892.00	2159.83
2015	11421.70	2461.57
2016	12363.40	2614.93

续表

年份	农村劳动者人均名义可支配收入	农村劳动者人均实际可支配收入
2017	13432.40	2804.84

资料来源：《中国统计年鉴（2019）》。

第二，农村劳动者家庭生活达到小康状态，但是城乡劳动者家庭的消费水平差距仍较大。

德国统计学家恩格尔提出用食品支出占总消费支出的比例即恩格尔系数来反映劳动者家庭的消费水平。目前，恩格尔系数已经被世界各国普遍采纳，是反映各国劳动者家庭消费水平的重要指标。当前中国城乡劳动者家庭的恩格尔系数如表4－16所示。中国农村劳动者家庭的恩格尔系数从1978年的67.7%下降为2017年的31.2%，下降了36.5个百分点。这说明改革开放之初中国农村劳动者的家庭生活处于非常贫困的状态，而经过40年的发展，中国农村劳动者家庭的生活水平已经达到小康状态。同时还可以看出，从1996年开始，中国城镇劳动者家庭的恩格尔系数开始低于50%，其消费水平开始进入小康型结构。而中国农村劳动者家庭的恩格尔系数从2000年之后才开始低于50%的水平，说明城乡劳动者家庭的消费水平存在较大差异。如果再衡量城乡劳动者家庭在食品以及耐用消费品等方面的实际消费情况，城乡劳动者家庭的实际消费水平差距更大。

表4－16　城乡劳动者家庭人均收入及恩格尔系数

年份	城镇劳动者家庭人均可支配收入		农村劳动者家庭人均纯收入		城镇劳动者家庭恩格尔系数/%	农村劳动者家庭恩格尔系数/%
	绝对数/元	指数（1978＝100）	绝对数/元	指数（1978＝100）		
1978	343.4	100.0	133.6	100.0	57.5	67.7
1979	405.0	115.7	160.2	119.2	—	64.0
1980	477.6	127.0	191.3	139.0	56.9	61.8
1981	500.4	129.9	223.4	160.4	56.7	59.9
1982	535.3	136.3	270.1	192.3	58.6	60.7
1983	564.6	141.5	309.8	219.6	59.2	59.4
1984	652.1	158.7	355.3	249.5	58.0	59.2

续表

年份	城镇劳动者家庭人均可支配收入		农村劳动者家庭人均纯收入		城镇劳动者家庭恩格尔系数/%	农村劳动者家庭恩格尔系数/%
	绝对数/元	指数（1978＝100）	绝对数/元	指数（1978＝100）		
1985	739.1	160.4	397.6	268.9	53.3	57.8
1986	900.9	182.7	423.8	277.6	52.4	56.4
1987	1002.1	186.8	462.6	292.0	53.5	55.8
1988	1180.2	182.3	544.9	310.7	51.4	54.0
1989	1373.9	182.5	601.5	305.7	54.5	54.8
1990	1510.2	198.1	686.3	311.2	54.2	58.8
1991	1700.6	212.4	708.6	317.4	53.8	57.6
1992	2026.6	232.9	784.0	336.2	53.0	57.6
1993	2577.4	255.1	921.6	346.9	50.3	58.1
1994	3496.2	276.8	1221.0	364.3	50.0	58.9
1995	4283.0	290.3	1577.7	383.6	50.1	58.6
1996	4838.9	301.6	1926.1	418.1	48.8	56.3
1997	5160.3	311.9	2090.1	437.3	46.6	55.1
1998	5425.1	329.9	2162.0	456.1	44.7	53.4
1999	5854.0	360.6	2210.3	473.5	42.1	52.6
2000	6280.0	383.7	2253.4	483.4	39.4	49.1
2001	6859.6	416.3	2366.4	503.7	38.2	47.7
2002	7702.8	472.1	2475.6	527.9	37.7	46.2
2003	8472.2	514.6	2622.2	550.6	37.1	45.6
2004	9421.6	554.2	2936.4	588.0	37.7	47.2
2005	10493.0	607.4	3254.9	624.5	36.7	45.5
2006	11759.5	670.7	3587.0	670.7	35.8	43.0
2007	13785.8	752.5	4140.4	734.4	36.3	43.1
2008	15780.8	815.7	4760.6	793.2	37.9	43.7
2009	17174.7	895.4	5153.2	860.6	36.5	41.0
2010	19109.4	965.2	5919.0	954.4	35.7	41.1
2011	21809.8	1046.3	6977.3	1063.2	36.3	40.4
2012	24564.7	1146.7	7916.6	1176.9	36.2	39.3

续表

年份	城镇劳动者家庭人均可支配收入		农村劳动者家庭人均纯收入		城镇劳动者家庭恩格尔系数/%	农村劳动者家庭恩格尔系数/%
	绝对数/元	指数（1978＝100）	绝对数/元	指数（1978＝100）		
2013	26955.1	1227.0	8895.9	1286.4	35.3	34.1
2014	29381.0	1310.5	9892.0	1404.7	35.2	34.3
2015	31195.0	1371.5	11422.0	1602.3	29.7	33.1
2016	33616.0	1448.0	12363.0	1702.1	29.3	32.2
2017	36396.0	1541.6	13432.0	1825.5	28.6	31.2

资料来源：《中国统计年鉴（2019）》。

第三，不同收入组农村劳动者生活差距较小。

从表4－17中可以看出，从2002—2012年，农村低收入户、农村中等偏下收入户、农村中等收入户、农村中等偏上收入户、农村高收入户劳动者家庭的恩格尔系数分别下降了12.58个、9.8个、8.71个、6.90个、3.43个百分点。从上述数据可以看出，农村低收入户劳动者家庭恩格尔系数下降幅度最大，而农村高收入户劳动者家庭恩格尔系数下降幅度最小。另外，从图4－11可以看出，2012年农村低收入户劳动者家庭恩格尔系数比农村高收入户劳动者家庭恩格尔系数高了8.04个百分点。农村中等收入户劳动者家庭恩格尔系数比农村最高收入户劳动者家庭恩格尔系数高了5.21个百分点。可见，与城镇相比，中国农村不同劳动者群体之间的生活差距较小。

表4－17　农村劳动者家庭恩格尔系数（按收入分组）

（%）

年份	农村低收入户劳动者家庭恩格尔系数	农村中等偏下收入户劳动者家庭恩格尔系数	农村中等收入户劳动者家庭恩格尔系数	农村中等偏上收入户劳动者家庭恩格尔系数	农村高收入户劳动者家庭恩格尔系数
2002	55.88	52.42	49.18	45.50	38.69
2003	54.07	51.84	48.53	45.64	38.05
2004	55.63	53.20	50.53	47.47	39.11

续表

年份	农村低收入户劳动者家庭恩格尔系数	农村中等偏下收入户劳动者家庭恩格尔系数	农村中等收入户劳动者家庭恩格尔系数	农村中等偏上收入户劳动者家庭恩格尔系数	农村高收入户劳动者家庭恩格尔系数
2005	51.43	49.66	48.15	45.06	39.35
2006	49.57	48.05	44.97	42.34	37.25
2007	50.37	47.86	45.15	42.69	36.75
2008	50.75	48.77	46.46	43.32	36.79
2009	47.00	45.88	43.70	40.54	34.76
2010	48.78	45.49	43.34	40.74	34.53
2011	44.84	43.66	41.73	39.91	35.68
2012	43.30	42.62	40.47	38.60	35.26

资料来源：《中国统计年鉴（2019）》。

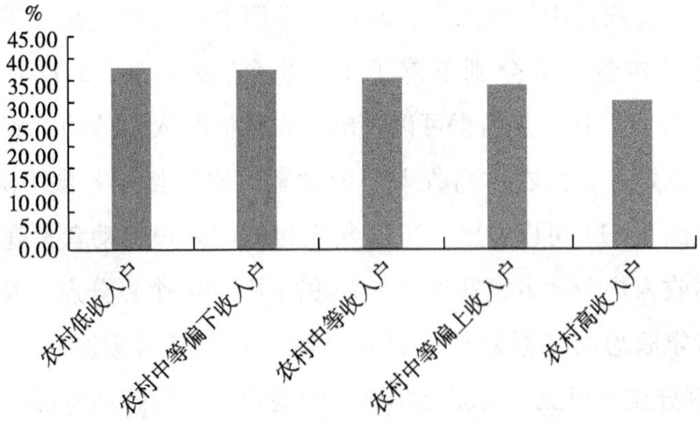

图 4-11 2012 年不同收入组农村劳动者家庭恩格尔系数

资料来源：《中国统计年鉴（2019）》。

第四，农村劳动者家庭在食品、居住、交通通信、文教娱乐和医疗保健方面的支出较大。

从表 4-18 中的农村劳动者消费结构可以看出，农村劳动者食品支出所占比重从 1990 年的 58.8% 下降到 2017 年的 31.17%，下降了 27.63 个百分点；农村劳动者衣着支出所占比重从 1990 年的 7.77% 下降到 2017 年的 5.59%，下降了 2.18 个百分点；农村劳动者的居住支出所占比重从

1990 年的 17.34%上升到 2017 年的 21.49%，上升了 4.15 个百分点；农村劳动者的家庭设备及用品支出所占比重从 1990 年的 5.29%上升到 2017 年的 5.79%，上升了 0.5 个百分点；农村劳动者的交通通信支出所占比重从 1990 年的 1.44%上升到 2017 年的 13.77%，上升了 12.33 个百分点；农村劳动者的文教娱乐支出所占比重从 1990 年的 5.37%上升到 2017 年的 10.69%，上升了 5.32 个百分点；农村劳动者的医疗保健支出所占比重从 1990 年的 3.25%上升到 2017 年的 9.67%，上升了 6.42 个百分点。从上述数据可以看出，改革开放以来，农村劳动者的食品消费支出所占比重出现了大幅下降的趋势，农村劳动者的交通通信支出所占比重出现了大幅上升的趋势，农村劳动者的医疗保健、文教娱乐、居住以及家庭设备及用品所占比重出现了小幅上升的趋势，说明改革开放以来我国农村劳动者的生存需要已经基本得到满足，农村劳动者在医疗保健、文教娱乐、居住以及交通通信等方面的消费支出不断增加，生活品质和生活质量得到了较大幅度的改善。

再测算 2017 年中国农村劳动者各项消费支出比重，第一为食品，所占比重为 31.17%；第二为居住，所占比重为 21.49%；第三为交通通信，所占比重为 13.77%；第四为文教娱乐，所占比重为 10.69%；第五为医疗保健，所占比重为 9.67%；第六为家庭设备及用品，所占比重为 5.79%；第七为衣着，所占比重为 5.59%；第八为其他，所占比重为 1.83%。从上述农村劳动者各项消费支出的比较可以看出，农村劳动者食品消费占总支出的比重仍是最大的，说明食品支出依然是农村劳动者主要的消费支出，食品价格的上涨对农村劳动者生活的影响非常大。农村劳动者在居住和交通通信方面的支出比重也较大，尤其是居住方面的消费支出在农村劳动者的消费支出中排在第二位，说明房地产价格上涨也极大地影响了农村劳动者的生活水平与生活质量。文教娱乐方面的支出在农村劳动者消费支出中排在了第四位，说明随着生活水平的提高，农村劳动者用于文化教育以及闲暇消费的支出日益增加。而医疗保健在农村劳动者消费支出中排在了第五位，说明农村劳动者在看病方面的医疗支出比重较大。尤其值得注意的是，农村劳动者的医疗保健支出比重接近10%，远高于城镇劳动者的医疗保健支出比重，说明中国农村的医疗保障体系还远未完善，农村劳动者在医疗方面的消费支出较大。

表4－18　农村劳动者家庭基本支出情况

指标	1990年	2012年	2014年	2015年	2016年	2017年
平均每人消费支出/元	584.63	5908.02	8382.57	9223	10130	10955
食品	343.76	2323.89	2813.99	3048	3266	3415
衣着	45.44	396.39	510.40	550	575	612
居住	101.37	1086.35	1762.75	1926	2147	2354
家庭设备及用品	30.90	341.71	506.49	546	596	634
交通通信	8.42	652.79	1012.63	1163	1360	1509
文教娱乐	31.38	445.49	859.50	969	1070	1171
医疗保健	19.02	513.81	753.85	846	929	1059
其他	4.34	147.58	162.96	174	186	201
平均每人现金消费支出构成（人均现金消费支出=100）						
食品	58.80	39.33	33.57	33.05	32.24	31.17
衣着	7.77	6.71	6.09	5.96	5.68	5.59
居住	17.34	18.39	21.03	20.88	21.19	21.49
家庭设备及用品	5.29	5.78	6.04	5.92	5.88	5.79
交通通信	1.44	11.05	12.08	12.61	13.43	13.77
文教娱乐	5.37	7.54	10.25	10.51	10.56	10.69
医疗保健	3.25	8.70	8.99	9.17	9.17	9.67
其他	0.74	2.50	1.94	1.89	1.84	1.83

资料来源：《中国统计年鉴（2019）》。

第五，不同地区农村劳动者收支差异较大。

从表4－19和图4－12中可以看出，2017年中国农村劳动者人均可支配收入由高到低依次为：东部地区、东北地区、中部地区和西部地区。如图4－12所示，人均消费支出由高到低依次为：东部地区、东北地区、中部地区和西部地区。2017年不同地区农村劳动者年收支差额差别较大。东部地区农村劳动者年收支差额为2938.95元，西部地区农村劳动者年收支差额为1162.96元，中部地区农村劳动者年收支差额为2358.77元，东北地区农村劳动者年收支差额为2426.56元。

表4－19 2017年农村劳动者分地区人均收支情况

地区	可支配收入（元）	消费支出（元）	收支差额（元）
东部地区	17746.41	14807.46	2938.95
中部地区	12847.00	10488.23	2358.77
西部地区	10534.05	9371.08	1162.96
东北地区	12950.44	10523.88	2426.56

资料来源：《中国统计年鉴（2019）》。

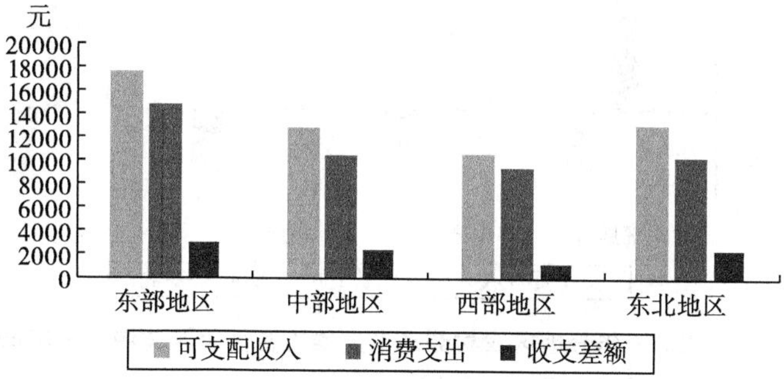

图4－12 2017年分地区农村劳动者人均可支配收入与消费支出情况

资料来源：《中国统计年鉴（2019）》。

第六，多数省份农村劳动者的工资性收入均不足以维持日常消费支出。

再考察工资性收入的情况。通过表4－20和图4－13可以看出，我国各地农村劳动者的工资性收入与消费支出差额都出现了不同程度的“入不敷出”的情况，大多数省份的农村劳动者的工资性收入都小于其消费支出，说明当前各地农村劳动者的工资性收入较低，如果单靠工资性收入远远不能应付日常生活消费支出，把经营性收入、转移性收入与财产性收入加总在内的可支配收入才略微超过了支出，可见当前农村劳动者的工资性收入过低制约了消费需求的快速增加。

表 4 - 20　2017 年农村劳动者分地区人均工资性收入与消费支出情况

单位：元

地区	工资性收入	消费支出	收支差额
东部地区	8683.80	14807.46	-6123.66
中部地区	5055.57	10488.23	-5432.66
西部地区	3019.43	9371.08	-6351.65
东北地区	3018.33	10523.88	-7505.54

资料来源：《中国统计年鉴（2019）》。

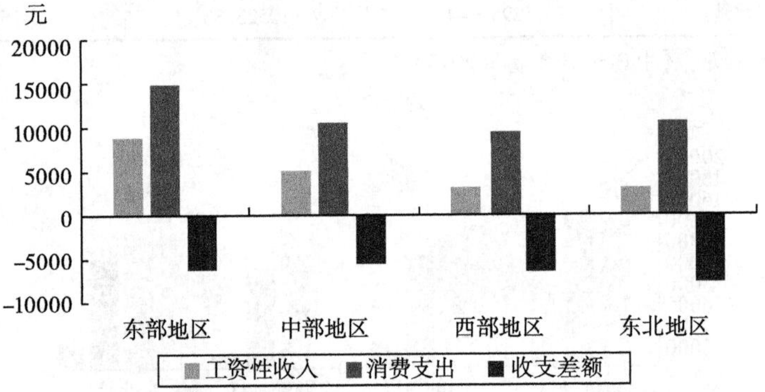

图 4 - 13　2017 年分地区农村劳动者人均工资性收入与消费支出情况

资料来源：《中国统计年鉴（2019）》。

如果再具体到各省份来考察，又可以在图 4 - 14 中发现，除上海一个省份农村劳动者的工资性收入与消费支出差额为正数外，其余省份农村劳动者的工资性收入与消费支出差额均为负数，说明当前中国绝大多数省份农村劳动者的工资性收入均不足以维持基本的日常消费支出，农村劳动者的工资性收入较低。其中，农村劳动者工资收入与消费支出差额排在最后十名的分别为：内蒙古、黑龙江、四川、吉林、湖北、青海、福建、重庆、安徽和广西。这些省份农村的劳动者工资性收入与当地较高的生活成本相比差距较大，还需要农村劳动者的其他收入来应付日常支出的需要。

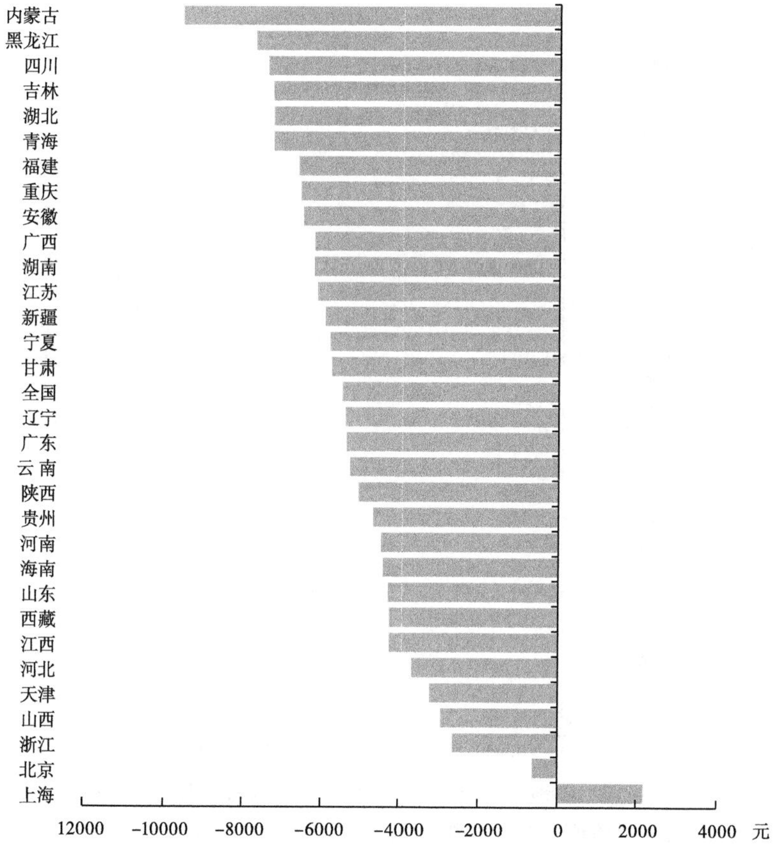

图 4－14　各地农村劳动者人均工资性收入与消费支出差额

资料来源：《中国统计年鉴（2019）》。

第七，许多省份农村劳动者的可支配收入仅略微超过支出。

此外，在图 4－15 中，如果考察农村劳动者的可支配收入与消费支出的差额可以看到：除青海外，其他省份农村劳动者的可支配收入与消费支出的差额都为正数。但是仔细观察也会发现，中国许多地区农村劳动者的可支配收入虽然没有出现“入不敷出”的情况，但也仅是略微超过支出。

（3）农村劳动者收入结构对消费需求影响的实证研究

①计量模型的建立与数据来源

根据莫迪利安尼的生命周期理论，采用以下计量模型来分析农村劳动者的收入结构与劳动者消费需求之间的关系：

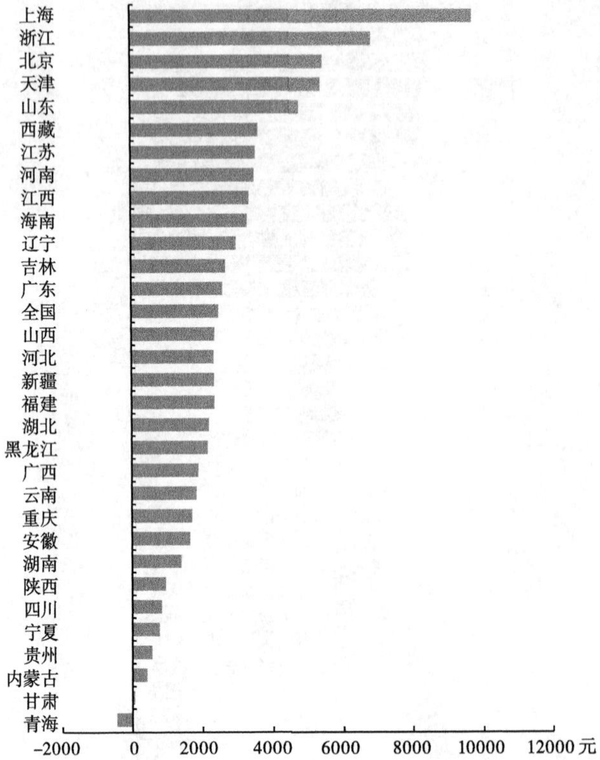

图 4－15　各地农村劳动者人均可支配收入与消费支出差额

资料来源：《中国统计年鉴（2019）》。

$$C = A + \alpha \mathrm{WA} + \beta \mathrm{TR} + \theta \mathrm{JY} + \eta \mathrm{WE}$$

其中，C 为消费需求，A 为自发性消费，WA 为工资性收入，TR 为转移性收入，JY 为经营性收入，WE 为财产性收入。α 为工资性收入的边际消费倾向，β 为转移性收入的边际消费倾向，θ 为经营性收入的边际消费倾向，η 为财产性收入的边际消费倾向。为了更好地进行分析，对上述模型两边取自然对数，可以得到：$\ln C = \ln A + \alpha \ln \mathrm{WA} + \beta \ln \mathrm{TR} + \theta \ln \mathrm{JY} + \eta \ln \mathrm{WE} + \varepsilon_t$。

农村劳动者的消费需求、工资性收入、转移性收入、经营性收入和财产性收入分别选取 1993—2017 年的农村劳动者人均消费需求、人均工资性收入、人均转移性收入、人均经营性收入和人均财产性收入，如表 4－21 所示，所有数据来源于 1994—2018 年的《中国统计年鉴》。

表 4－21 农村劳动者各项收入

单位：元

年份	人均工资性收入	人均经营性收入	人均财产性收入	人均转移性收入	人均消费支出
1993	194.5	678.5	7.0	41.6	769.7
1994	263.0	881.9	28.6	47.6	1016.8
1995	353.7	1125.8	41.0	57.3	1310.4
1996	450.8	1362.5	42.6	70.2	1572.1
1997	514.6	1472.7	23.6	79.3	1617.2
1998	573.6	1466.0	30.4	92.0	1590.3
1999	630.3	1448.4	31.6	100.2	1577.4
2000	702.3	1427.3	45.0	78.8	1670.1
2001	771.9	1459.6	47.0	87.9	1741.1
2002	840.2	1486.5	50.7	98.2	1834.3
2003	918.4	1541.3	65.8	96.8	1943.3
2004	998.5	1745.8	76.6	115.5	2184.7
2005	1174.5	1844.5	88.5	147.4	2555.4
2006	1374.8	1931.0	100.5	180.8	2829.0
2007	1596.2	2193.7	128.2	222.3	3223.9
2008	1853.7	2435.6	148.1	323.2	3660.7
2009	2061.3	2526.8	167.2	398.0	3993.5
2010	2431.1	2832.8	202.3	452.9	4381.8
2011	2963.4	3222.0	228.6	563.3	5221.1
2012	3447.5	3533.4	249.1	686.7	5908.0
2013	3653.0	3935.0	195.0	1648.0	7485.0
2014	4152.0	4237.0	222.0	1877.0	8383.0
2015	4600.0	4504.0	252.0	2066.0	9223.0
2016	5022.0	4741.0	272.0	2328.0	10130.0
2017	5498.0	5028.0	303.0	2603.0	10955.0

资料来源：《中国统计年鉴（2019）》。

②时间序列的平稳性检验

为了避免伪回归，下面用协整检验检验变量之间的长期均衡关系。先对数据的平稳性进行检验。目前，计量经济学已经发展出了各种检验平稳性的方法，本文采用 ADF 检验方法。利用计量软件 Eviews 6.0 对变量进行单位根检验，如表 4－22 所示。

表 4－22　ADF 单位根检验结果

变量	水平值 ADF 统计量	一阶差分 ADF 统计量
ln*C*	−1.286254	−2.065765 **
lnWA	−3.775819 **	−2.072672 **
lnTR	−1.209676	−4.259326 **
lnJY	−4.837254 *	−4.234717 **
lnWE	−5.394985 *	−6.701381 *

注：*表示在1%的显著性水平上拒绝有单位根的原假设；**表示在5%的显著性水平上拒绝有单位根的原假设。

资料来源：《中国统计年鉴（2019）》。

检验结果显示，变量 ln*C* 和 lnTR 的水平值均不能在 1%、5% 和 10% 的显著性水平上拒绝有单位根的原假设，表明它们是非平稳时间序列。而变量 lnWE 的一阶差分在 1% 的显著性水平上拒绝有单位根的原假设，变量 ln*C*、lnWA、lnTR 和 lnJY 在 5% 的显著性水平上拒绝有单位根的原假设，表明 ln*C*、lnWA、lnTR、lnJY 和 lnWE 均是一阶单整序列，满足协整检验的前提，因此可以进一步检验这些变量之间的协整性。

③协整关系检验

首先，建立如下回归方程：

$$\ln C = 1.9259 + 0.059425\ln WA + 0.261602\ln TR + 0.493296\ln JY +$$
$$(3.748473)\quad (1.020221)\quad (9.898062)\quad (4.363894)$$
$$0.09861\ln WE$$
$$(3.400728)$$
$$R^2 = 0.998218\quad DW = 1.109416\quad F = 2801.092$$

其次，对回归后得到模型的残差序列进行单位根检验，检验结果显示 ADF 统计量为 −2.954717，远小于 1% 的显著性水平下的检验水平，可以认为残差序列是平稳的，因此，序列 ln*C*、lnWA、lnTR、lnJY 和 lnWE 存在协整关系，说明这些变量之间存在长期稳定的“均衡”关系。

从上述估计结果来看，在长期中农村劳动者消费的工资性收入弹性系数是0.059425，农村劳动者消费的转移性收入弹性系数是0.261602，农村劳动者消费的经营性收入弹性系数是0.493296，农村劳动者消费的财产性收入弹性系数是0.09861。实证分析结果表明，从长期来看，农村劳动者工资性收入增加1%，引起消费需求增加0.0594%；农村劳动者转移性收入上升1%，引起消费需求增加0.2616%；农村劳动者经营性收入增加1%，引起消费需求增加0.4933%；农村劳动者财产性收入增加1%，引起消费需求增加0.0986%。说明从长期来看，农村劳动者的经营性收入是决定消费需求的主要因素，其次为农村劳动者的转移性收入，最后为农村劳动者的财产性收入和工资性收入。

④误差修正模型的建立及检验

通过上面的分析已经证明序列之间存在协整关系，因此可以建立误差修正模型。估计结果为：

$$\Delta \ln C = 0.007313 + 0.070727\ln WA + 0.173207\ln TR + 0.651715\ln JY +$$

$$(0.374943) \quad (0.370252) \quad (4.126249) \quad (3.648108)$$

$$0.05371\ln WE - 0.553365\varepsilon_{t-1}$$

$$(2.31708) \quad (-2.570492)$$

$$R^2 = 0.887809 \quad DW = 1.496963 \quad F = 28.4881$$

从估计结果来看，在短期内农村劳动者消费的工资性收入弹性系数是0.0707，农村劳动者消费的转移性收入弹性系数是0.1732，农村劳动者消费的经营性收入弹性系数是0.6517，农村劳动者消费的财产性收入弹性系数是0.0537。实证分析结果表明，短期内农村劳动者的工资性收入增加1%，引起消费需求增加0.0707%；农村劳动者的转移性收入增加1%，引起消费需求增加0.1732%；农村劳动者的经营性收入增加1%，引起消费需求增加0.6517%；农村劳动者的财产性收入增加1%，引起消费需求增加0.0537%。说明从短期来看，农村劳动者的经营性收入依然是决定农村劳动者消费需求的主要因素，其次为农村劳动者的转移性收入，最后为农村劳动者的工资性收入和财产性收入。并且通过估计结果还可以发现，短期农村劳动者的经营性收入和工资性收入对消费需求的影响程度超过了长期，而长期农村劳动者的转移性收入和财产性收入对消费需求的影响程度超过了短期。

（4）研究结论和对策建议

①研究结论

从实证检验结果来看，无论是长期还是短期农村劳动者的经营性收入都是决定消费需求的主要因素，其次为农村劳动者的转移性收入，最后为农村劳动者的工资性收入和财产性收入。并且通过估计结果还可以发现，短期内农村劳动者的经营性收入和工资性收入对消费需求的影响程度超过了长期，说明短期农村劳动者的经营性收入和工资性收入对消费需求的影响更大。而长期农村劳动者的转移性收入和财产性收入对消费需求的影响程度超过了短期，说明长期农村劳动者的转移性收入和财产性收入对消费需求的影响更大。造成这种现象的原因在于中国的社会保障制度还不完善，因此当前农村劳动者的预防性储蓄动机较强，农村劳动者为了应付当前住房、养老、医疗、失业、教育等方面的不确定性风险，增加了现期储蓄而减少了消费支出。但是无论短期还是长期，农村劳动者的工资性收入弹性系数和财产性收入弹性系数都并不明显，说明近年来农村劳动者的工资性收入和财产性收入总体水平偏低，因此制约了农村劳动者消费需求的快速增长。

②对策建议

第一，加快传统农业向现代农业转型，提高农村劳动者的经营性收入。一是各地农村必须切合本地实际，因地制宜，充分利用当地资源，扬长避短，最大限度地发挥自己的特长和优势，以尽快完成传统农业向现代农业的过渡，实现农业现代化；二是应针对市场上消费者对于优质农产品的实际需求，加强农产品的品牌培育，不断优化农业内部产业结构，并按照市场需求，合理利用各种农业资源，实现农、林、牧、副、渔内部的良性循环，逐步建立高产优质、高效农业的产业结构；三是政府应充分发挥政策性资金的自身优势和服务功能，通过加强技术化和信息化建设，加大投入力度，为实现农业产业化的发展做出贡献；四是加大财政投入力度，加强当地农村劳动者相关职业技能培训，组织相关技术人员对当地农村劳动者进行课程培训与辅导，帮助农村劳动者利用互联网经济开展创新与就业，引导农村劳动者走上创业致富之路；五是当前亟须向农村的基础设施，包括农药、肥料、机械化、交通、电气化及通信等方面进行大量投资，进一步加强和完善公路交通设施，积极推进农业信息化建设和教育与文化设施建设，建设农业综合信息服务平台，为农村劳动者提供有针对性、高质量的信息服务。

第二，加快制定和推出各项支农惠农措施，提高农村劳动者的转移性收入。一是各地政府应根据当地农村劳动者从事农业生产的实际状况，及时对种粮农民进行补贴、发放补助，帮助他们购买和更新农机具等机器设备，购买种子、化肥、农药、燃料等生产资料，降低农民种田的成本，保证农民种田收益的稳步增加，促进农业快速发展；二是各地政府应高度重视不断完善农村的社会保障制度，重点做好农村劳动者的医疗保险、生育保险、养老保险、最低生活保障等各项工作，保证政府对农村劳动者的转移性收入能够随着其生活成本的上升而不断增加；三是根据各地物价的涨幅，及时调整救济金额，确保农村劳动者及其家庭的基本生活水平至少维持物价上涨之前的水平，对于生活异常困难的农村家庭，政府应建立对口帮扶制度，帮助困难家庭减轻生活的压力。

第三，加大农村人力资本投资的力度，提高农村劳动者的工资性收入。一是进一步加强农村基础教育，建立健全多元化的基础教育办学模式，多渠道筹集教育基金，不断改善基础教育的办学条件和提高农村教师待遇，更新教育思想，转变教育观念；二是以多种形式、机制发展职业技术教育和成人教育，开展技术培训，将免费培训和有偿培训结合起来，改善和提高劳动力素质；三是改革户籍制度，促进农村劳动力的流动①。

第四，深入开展农村土地产权制度改革，增加农村劳动者的财产性收

---

① 谢琦．中国经济增长的结构分析[M]．北京：中国经济出版社，2010：139.

入。一是应加快建立起农民承包土地的经营权抵押贷款和资产评估等方面的配套措施，针对当地农民的实际需要不断进行新的探索和尝试，以取得实质性突破；二是各地政府应加快向农民颁发全国统一的具有法律效力的农村土地承包经营权、农村宅基地使用权和农村集体建设用地使用权证书，全面实现对农村劳动者土地财产权的法律确认和保护。

5 深化国民收入分配制度改革的路径与对策建议

5.1 深化国民收入初次分配制度改革的路径与对策建议

5.1.1 深化国民收入初次分配制度改革的路径

（1）对收入分配问题的重要性缺乏足够认识，思想尚不统一

①关于收入分配的重大理论性问题尚存在误区

为打破改革开放以前绝对平均主义的分配体制对效率的抑制，在我国由传统的计划经济体制向市场经济体制转型的过程中，在收入分配领域实行的是效率优先、兼顾公平的收入分配原则。这种分配原则极大地刺激了当时生产力的发展和经济的快速增长，对社会经济的发展起到了很好的促进作用。然而，随着经济的发展，在我国的收入分配领域，却过分注重效率而忽视公平，从而造成当前不合理的收入分配格局。因此，在收入分配领域不能再继续沿用过去“效率优先、兼顾公平”的指导思想和片面强调“效率优先”而忽视“公平”的收入分配原则，否则很难适应新的经济形势。

②片面追求经济增长目标

目前，一些地方政府存在发展观念上的误区，片面强调经济增长率，过度追求经济增长目标。例如，一些地方政府为了招商引资，过度强调劳动力的低成本比较优势，对一些企业“利润挤占工资”的不当做法没有进行有效监督和调控，忽视对劳动者收入和权益的保护，在政策导向上制约

了劳动者收入的正常增长。这种过度依赖廉价劳动力的低成本比较优势、片面追求经济增长速度的错误观念，是当前不合理的收入分配格局形成的重要原因，如果政府继续沿用这种指导思想，会使收入分配差距进一步拉大，经济持续增长的基础和动力将会被削弱。

③片面强调市场对收入分配的调节，忽视政府责任

市场分配机制和政府分配机制是居民收入分配的两大机制。在市场经济条件下，市场分配机制是居民收入分配的基础性分配机制。然而在收入的初次分配环节，由于我国劳动力市场供过于求、存在“买方垄断”的现实背景，劳动者处于弱势地位，缺乏同雇主讨价还价的能力，而只能任由雇主来决定其工资的水平。而雇主在利润最大化的利益驱使下，则会拼命压低工人工资。由于初次分配涉及的范围广、数量多，是劳动收入分配的起点，直接影响到劳动者收入的多少。如果初次分配都不能保证公平性、公正性，后面的再分配环节也只能起到有限调节作用。因此，在初次收入分配中尤其应强化政府责任，以保证初次分配的公平性。不仅如此，在收入的再分配中，也应强化政府责任。从具体国情来看，在很长一段时期内我国劳动力市场仍将呈现供过于求的不均衡状态，因此很难改变强资本、弱劳工的局面，如果再不依靠政府的收入再分配调节，劳动者的合法权益很难得到保障。因此，政府有责任弥补市场的缺陷，加快建设与完善相关制度，维护广大劳动者的根本利益，切实保障劳动者收入，以实现公平的收入分配。

④片面理解企业自主分配

不少企业经营者片面理解“企业自主分配”。他们认为，“企业自主分配”就是由企业“厂长、经理单方面说了算”，可以不受任何约束，这是企业经营管理的自主权。因此，在企业的收入分配问题上，职工没有发言权，完全由企业经营者来决定劳动者收入。企业经营者拼命压低工人工资，只维持劳动者的基本生存和生活需要，从而造成当前劳动者的低收入。

（2）收入分配政策不明确，政府对收入分配缺乏有效调控手段

①对企业职工收入分配缺少清晰而确切的认识

由于工资统计工作存在问题，对企业职工收入分配缺少清晰而确切的

认识，主要表现在以下几个方面：首先，缺乏覆盖全社会各类用人主体的真正意义上的社会平均工资数据。目前国家统计局“劳动统计报表”仅覆盖1.1亿城镇单位职工，而乡镇企业、私营单位和个体工商户2.7亿从业人员的工资分配情况基本上是空白。其次，缺乏分类、分层、分群体的细分的劳动者工资报酬数据。最后，缺乏人工成本水平数据。目前，我国只有有关人工成本的一些推算数据，指标缺乏统一的标准和口径，数据之间没有连续性或可比性①。

②在提高劳动者特别是低收入劳动者收入方面，缺乏整体规划

改革开放以来，我国经济建设取得了飞速发展，人民群众生活水平和消费能力都有很大程度的提高。但是根据我们这次的调研结果，在职工群众中普遍反映目前的工资收入低，与当地的物价、房价和企业经济效益等指标相比较，劳动者工资增长的幅度不大，有的企业劳动者甚至多年没有增加工资。尤其是一些低收入劳动者的收入只能维持最基本的生存需要，导致生活水平无法得到有效改善。在提高劳动者特别是低收入劳动者收入方面，政府缺乏整体规划，没有提出明确的工作目标和工作思路，从而影响对劳动者收入的保障。

③在初次收入分配政策方面的宏观调控手段弱化

政府在收入分配政策方面的宏观调控手段弱化，具体表现如下：一是最低工资标准较低，工资指导线缺乏指导性。目前政府制定的最低工资标准不能根据实际情况的变化而作出适时调整，因而使政府的工资指导线制度缺乏实际指导作用，与当地物价、房价相比，最低工资标准较低，而很多企业却以此为标准决定企业劳动者的工资水平，使劳动者的经济权益无法得到有效保障。二是缺乏劳动定额标准。在实践中，国家没有统一的劳动定额标准，劳动定额的制定方法多样化，缺乏规范性和统一性，在程序上缺乏民主参与性，行业劳动定额管理缺位，给企业违规、最大限度地攫取劳动者创造的劳动成果，获得更大的利润空间提供了机会。三是劳动定

① 王霞．国家薪酬调查制度能否改进数据质量[N]．中国社会科学院报，2009－03－24.

额在制定上缺乏科学性，在编制方法上缺乏专业性，在定额修订上缺乏发展性，致使企业劳动定额管理不能与市场经济和现代生产技术发展相适应。不合理的劳动定额使职工的休息权受到侵害，劳动者工资水平不能公正体现劳动力价值①。

④劳动监管不力，大量违法事件长期存在

劳动监管不力，大量违法事件长期存在，拖欠工资难以根除。主要表现为一些用人单位，特别是一些个体和私营企业不能依法与劳动者特别是农民工签订劳动合同，随意克扣或者无故拖欠农民工的工资报酬；一些用人单位不能依法参加社会保险，为劳动者缴纳社会保险费；一些职业中介、职业技能鉴定和培训机构违规操作，扰乱劳动力市场；劳动保障行政部门缺乏强有力的劳动保障监察措施，对用人单位侵害劳动者合法权益的违法行为查处不力，起不到惩戒的作用。

（3）初次收入分配法律法规尚不完善，工资正常增长机制和工资支付保障机制建立进展缓慢

①现行工资分配法律法规不完善

现行工资分配的法律法规不完善，具体表现在以下几个方面：一是部分法律法规对某些概念的界定还不甚清楚，导致一些特殊劳动关系调整未能被纳入法律体系之内。例如，家庭帮工、临时用工、返聘用工、人力资源代理等报酬关系长期处于非规范状态。二是目前我国现有收入分配法律法规层次不高，系统性不强，针对性和可操作性不足。特别是现有的初次分配领域中的资源配置制度、薪酬分配制度、农村分配制度以及收入分配调控制度等没有被纳入系统的法律体系。此外，有关工资分配的信息指导系统不够健全，工资指导线、劳动力市场工资价位、人工成本信息发布指导等制度尚未发挥其应有的指导作用。三是关于工资分配法律法规执行的监督和处罚还没有上升到更高的法律层面，在一定程度上增加了法律的运行成本。

---

① 谢琦．国民收入分配现状及其深层次原因探讨[J]．商业时代，2013(3):17.

②有关工资分配的重要法律法规缺失

有关工资分配的重要法律法规缺失，表现在以下几个方面：一是用来统领工资分配的工资法还没出台，对于企业在工资分配方面的具体规范缺乏硬性措施，无法规范约束企业工资决定和支付行为；二是配合劳动合同法执行的相关法律如就业促进、劳动标准、集体合同谈判、劳动争议处理等一系列密切关联的法律法规缺位，影响了劳动合同的签订效果；三是专门调整收入分配的法律法规还不到位，在企业工资总量管理、行政机关和事业单位工资水平与企业协调、行业工资差距调控等方面尚未建立制度或形成机制。

③对企业使用劳务派遣工缺少详细、可操作的规定

对企业使用劳务派遣相关条文缺少详细、可操作的规定，表现如下：一是劳动合同法中“劳务派遣工只适合临时性、辅助性、替代性岗位”的规定，由于岗位在不同的单位有不同的认定，法律对“三性”岗位没有进行具体规定，也就无法有效地避免企业在主营岗位上对派遣工的使用；二是对劳务派遣公司是否适用劳动合同法中无固定期限的合同没有明确说明；三是对劳务派遣公司资质的确立还需要进一步规范，目前进入劳务派遣这个行业的门槛太低，导致数量过快增长的同时违规操作的情况也不断出现；四是对劳务派遣工是否可以加入工会还没有明确规定，限制了派遣工的维权。

④工资集体协商覆盖面窄，作用亟待进一步加强

工资集体协商覆盖面窄，作用亟待进一步加强，具体表现在以下几个方面：一是相关法律缺失，工资协商无法可依，工资集体协商的有关法律尚未进入立法程序；二是行业协会缺位，工资标准无尺可量，目前能够通过自身优势将劳动力市场价格信号用于指导企业合理进行工资分配、合理确定工资水平和各类人员工资关系、为开展工资集体协商提供重要依据的行业协会很少；三是主体双方不平等，体制问题难以跨越，在法律上，工会代表劳动者与经营者协商是平等的两个主体，但在实际操作中，工会的法律地位与实际地位的差距却很大，工资集体协商的工会方代表往往不敢

理直气壮地维护劳动者的合法权益，与经营方对等的局面远未形成。

⑤保证工资支付的相关制度有待建立和完善

保证工资支付的相关法律法规不够完善也是不容忽视的因素：一是同工同酬还只是一个原则性要求，在具体的实施中还缺少详细、可操作的规定。二是关于工资的内涵还不尽完善。随着市场经济的发展，工资是否一定要用货币支付，实物、期权等内容是否应该被列入相关规定需要明确。三是当前法律对于工资支付的期限和拖欠工资的处罚等还需要进一步细化和完善。四是企业内部工资支付制度不健全，分配秩序需要规范。

（4）劳资力量对比失衡，缺乏有效制约

①劳动者参与分配的话语权不足，缺乏保障

当前企业收入分配中诸多问题的核心是工资制定片面体现企业意志，劳动者对分配问题失语，分配权得不到保障。劳资关系是镶嵌于国家的法律框架和治理结构之中的，当前的法律法规未能给予劳动者表达意愿、参与分配的充分保障：一是目前我国相关领域的制度还不完善，各种制度之间的关系没理顺。比如，职代会本身的法律地位不明确，职权设置不合适，职代会享有哪些参与权，公司法根本没有规定；职工董事和监事的参与权立法不足，公司法对职工监事、董事的法律地位、所占比例规定模糊，没法保证劳动者在监事会和董事会中的发言权和作用。另外，劳动者参与民主管理的新旧制度之间关系没有理顺。例如，职代会与职工大会、股东大会、监事会、董事会之间的关系究竟是怎样的，它们之间如何划分职责权限、如何实现有序的衔接和运作等都是模糊的，没有一个明确的法律规定，甚至职代会与党委会、工会之间的关系也存在着一定程度的交叉和重叠。二是由于社会分配系统与机制的不完善，对于职工工作年限、经验及在长时期内创造的贡献无法准确计算，所以对企业压低工龄工资的做法难以控制和扭转。三是由于企业劳动者在收入分配、工资改革等方面缺乏监督权，无法对制度的设计者进行有效制衡，从而导致企业管理者制定的调资方案带有极大的“利己性”——企业利润向企业高、中层管理人员严重倾斜。

②工会作用有待进一步发挥

从调查情况看，虽然绝大部分企业已经建立了工会组织，但大多数企业并没有建立起真正意义上的民主管理、民主决策和民主监督机制，工会作用未能得到很好的发挥：一是工会组织自身建设欠规范。由于少数地方急于完成上级工会的建会指标，在依法建会的问题上没有完全坚持原则，而采取了某些妥协的做法。在私营企业建会方面，许多地方工会借助工商行政力量解决建会难题，工会工作往往被放在自身繁重业务之余去做，效果自然不理想。一些企业工会形同虚设，往往成为企业主的附庸，唯企业主之命是从；劳动保障、总工会等部门对所属区域内星罗棋布的企业也只能忙于协调处理矛盾，难以进行全方位实时监控。另外，工会主席产生过程欠规范，受其身份和素质的局限而不能有所作为。二是工会的法律地位与实际地位不相称，工作运行机制不能适应市场经济的要求，工作成本高、实效性差。由于现行法律没有赋予工会对侵犯劳动者合法权益行为的处罚权，工会工作的主要手段就只能是协调和监督。因此，如果没有得到有关部门的重视和支持，工会维权只能停留在表达和反映劳动者合法权益的层面上，而不能解决实质性问题。

（5）市场机制不完善，体制性障碍影响社会经济发展成果的公平共享

①垄断行为产生的大量可自由支配的垄断利润滞留企业

我国垄断行业和企业占有的是国家资源，享有的是国家所授予的特许经营权，他们所获得的垄断利润和特许经营所得本该通过税收上缴给国家，但由于我国目前收入分配机制还不健全，国家收入分配体系没有有效地将垄断利润在全社会范围内进行分配，国家对垄断企业的工资管理也没有加强监控力度，因而造成大量原本应归国有的垄断利润滞留在垄断行业和企业内，导致我国垄断行业的工资水平远远高于其他行业和全社会平均工资水平。此外，由于对垄断行业的考核体系不完善，监管不到位，这些可自由支配的利润成为垄断企业高管的薪酬和职务消费或被企业以各种方式发放给职工，从而形成目前垄断企业劳动者收入过高、高管人员薪酬与贡献不相符、行业收入差距过大的不合理现象，严重影响社会公平。

②体制性障碍造成分配机会的不均等

目前的收入分配差距主要并不是社会成员能力的差异和努力程度的不同而形成的，而更多的是由不合理、不公正的体制性因素所造成的。正因为如此，人们在努力的起点、机会和过程方面存在着明显的不公平问题，必然会造成结果的不公正，从而导致我国收入分配差距的迅速扩大。具体表现如下：一是劳动力流动中的体制性歧视。目前我国的户籍制度分割城乡社会，地方政府只对本市户籍人口生存、发展负责，造成农民工就业稳定性差，只能从事技术含量低、替代性高的岗位，影响了农民工工资的提高。农民工难以通过辛苦劳动提高收入水平，改善社会地位。二是劳动保障部门成立了许多营利性的劳务派遣机构，政府部门上有行政职权，下有市场经营权，出于其自身利益的考虑，在与用人单位签订“劳务派遣协议”时，受制于用人单位降低用工成本、减少管理环节的需求，无法充当保护劳动者的合法权益的角色。三是社会保障制度还不完善。由于我国还处在转型时期，完善的社会保障制度还没有真正建立，高昂的医疗费、高昂的房价、极低的生活保障，使低收入劳动者只能挣扎在贫困线上。同时，由于社会保障覆盖面狭窄，造成当前劳动者在社会保障方面的支出存在很大差异，从而加大了劳动者之间的收入差距。四是国有企业高管人员薪酬管理制度改革不到位，国有企业经营者身份难以界定，其选聘市场化程度低，缺少行之有效的调整和监管高管收入及职务消费的办法①。

5.1.2 深化国民收入初次分配制度改革的对策建议

国民收入初次分配结构不合理导致劳动者收入增长缓慢，收入差距不断扩大，极大地抑制了广大劳动者消费需求的快速增加，影响了当前国民经济的健康发展，也使得广大劳动者无法共享改革开放和经济发展的成果。因此，为扩大劳动者消费需求，应加快国民收入分配格局的调整。为此提出以下对策建议：

---

① 谢琦．国民收入分配现状及其深层次原因探讨[J]．商业时代，2013(3)：17.

（1）建立劳动收入正常增长机制

建立劳动收入正常增长机制，提高劳动收入在国民收入分配中的比例。第一，地方政府按照每年经济增长率与当地经济发展状况，如地区国内生产总值、居民消费价格指数、房屋销售与租赁价格指数等指标，同时测算当地劳动力的生存与生活成本（尤其是综合考虑物价、住房、医疗、教育等因素），制定当地年度企业工资指导线，并强制企业执行。第二，根据经济发展状况与企业发展实际情况，不断提高最低工资标准，如规定地区企业雇用劳动者的最低工资不得低于当地平均工资的50% ~70%的水平。如果企业违法，则加大处罚力度。第三，为避免企业压低劳动者收入，相关部门应该严格规定企业用工成本的比重，应将企业雇用的劳务派遣工的工资津贴纳入企业劳动者工资总额管理，科学考核企业的人工成本以及工资总额标准，建立严格的劳务派遣准入机制与退出机制，保证所有劳动者的收入随企业利润的增加而不断增长。第四，提高一线劳动者的工资与津贴，对从事有害工种和因工作受到意外伤害的工人进行相应的货币补偿。第五，严格限制国企高级经营管理者的收入与津贴，如应明确规定国企高管的年薪不得超过普通工人工资的5 ~7倍。在企业经营状况不好时，国企高管也应该承担相应责任，主动降低绩效工资与津贴。

（2）完善劳动者收入结构

目前，很多企业劳动者的基础工资普遍较低，尤其是工资基数偏低。多年来物价、房价在不断上涨，但是很多企业劳动者的基础性工资收入的增长却非常缓慢，如很多企业劳动者的基础工资年度增长仅为十几元。尤其国有竞争性行业职工的工龄工资、技能工资、岗位工资的工资基数低，年度增长幅度非常小。例如，根据调研，西部有些企业职工目前的工龄工资非常低，企业没有为老职工多年来为企业的辛苦劳动进行相应补偿。因此，不合理的劳动者工资结构制约了广大居民消费需求的增长。当前应加快调整和完善劳动者收入结构，加大工龄工资、技能工资、薪级工资、岗位工资等基础性工资的年度增长基数，与当地不断攀升的物价、房价、房租、水电燃气费等日常生活开支相适应，减轻劳动者生活的负担。此外，还应增加劳动者各项日常生活补贴的幅度。近年来，住房福利制度的取消，以及养老、医疗和失业保险制度的建立，都对居民消费需求产生了重大的影响，而目前的劳动者收入结构却没有及时地反映这些变化。因此，在住房商品化和养老、医疗等福利社会化的前提下，应从消费需求的角度，重新研究、制定和调整劳动者工资结构，加大包括物价补贴、住房公积金、住房补贴、医疗补贴、交通补贴、通信补贴、生活补贴等在内的各项补贴力度，使劳动者能够应对不断攀升的物价和房价。

（3）深化收入分配制度改革，建立垄断行业定期分红机制

垄断是导致我国居民收入差距的一个重要因素。当前我国国民经济中行业的垄断、行政的垄断、资源的垄断等现象的存在是造成我国初次分配不公的重要原因，由于垄断因素导致了国民收入初次分配的起点和过程的不公平，进而造成整个社会不同阶层和不同群体之间收入差距逐渐加大。因此，政府在当前尤其应该加大反垄断的力度，亟须出台反垄断的相关法律法规，只有这样才能有效保障广大劳动者的经济权利。此外，如上文所述，当前由于我国垄断行业与竞争性行业职工的收入差距不断加大，垄断行业职工的收入水平普遍过高，也严重地破坏了国民收入初次分配制度的公平性与公正性，抑制了广大劳动者收入水平与消费需求的快速增加。因此，在新时期应当将深化初次收入分配制度改革作为政府的一项重要工作，通过改革国民收入初次分配制度，真正建立起国有垄断企业定期分红机制，通过这项制度的建立使垄断企业以税收和红利的形式将多年来积累的巨额垄断利润上交国家。同时，在有些垄断行业应适当放宽甚至取消行政垄断和进入壁垒，给予中小企业更多公平参与市场竞争的权利，通过引入竞争机制，为新时期提高初次分配中广大劳动者劳动报酬的比重、扩大就业与增加居民消费需求创造更加公平公正的社会环境。

（4）初次分配在保证效率的前提下，还要注重公平性

要保证收入分配的公平性、公正性原则，关键就是要保证初次分配的公平性、公正性。因为初次分配涉及的范围广、数量多，是劳动收入分配的起点，直接影响到劳动者收入的多少。如果初次分配都不能保证公平

性、公正性，后面的二次分配、三次分配环节也只能起到有限的调节作用。同时，在我国劳动力市场供过于求、存在“买方垄断”的现实背景下，劳动者缺乏同雇主讨价还价的能力，而只能任由雇主来决定其工资的水平。而雇主在利润最大化的利益驱使下，会拼命压低工人工资。这是当前我国收入差距拉大的一个重要原因。因此，公平性、公正性原则对于初次分配领域非常重要，它是我国平等和谐的劳动关系建立的基础。当前，政府关于初次分配调整的重点应是改革制度、规范秩序，保证初次分配的公平性、公正性。具体应做到以下几个方面：

①保证劳动者能够按时得到劳动收入

劳动者作为劳动力要素的所有者，按时得到应得的劳动收入是他们应享有的合法权利，雇主必须严格执行。但由于劳动者不掌握生产资料，缺少同雇主平等谈判的地位，因此在劳资关系中处于劣势。此时，工会应充分发挥其依法维权的职能。具体来说，工会应该充分发挥自身的优势，在初次分配中维护劳动者的合法权益，同雇主进行谈判，保证劳动者按时得到劳动收入。

②提高劳动者收入水平，是协调社会与经济发展的重要内容

和谐稳定的劳动关系是构建和谐社会的关键。劳动关系如果不能保持相对的和谐与稳定，往往会激化和扩大社会的矛盾，影响国家的稳定与团结。因此，在初次分配中，要提高劳动者的收入水平，并适当降低资本所有者的回报。要使劳动者能够平等分享到改革开放和经济发展的成果，就要提高劳动者对企业利润的分配比例。这是劳动者应该享有的权益，而不能仅仅由一些利益集团来独享。在这个方面，工会可以发挥其主动维权、科学维权的职能来加以保障。

③确定合理的最低工资标准，建立规范的工资增长机制

各地政府应根据当地经济发展水平，确定合理的最低工资标准；同时还要加大对违规企业的惩罚力度，保障劳动者的合法权益不受侵害。此外，还应按照经济增长的速度，及时建立规范的工资增长机制，确保广大

劳动者能平等地分享改革发展和经济增长的成果①。

5.2 深化国民收入再分配制度改革的路径与对策建议

5.2.1 深化国民收入再分配制度改革的路径

（1）税收政策制定过于单一化

税收政策对于有效调节收入分配差距可以起到很好的作用，但是我国现行的个人所得税政策采取了全国统一的标准，而没有考虑地区经济发展、物价、生活成本以及不同家庭经济状况和家庭人口数量等差异。这种税收政策制定过于单一化的倾向就导致了税收政策在实际中不能有效调节日益扩大的收入分配差距，因而不能很好地发挥国民收入再分配的作用。我国幅员辽阔，不同地区由于经济发展程度不同，居民收入差距较大。此外，不同地区物价和生活成本也存在较大的差异，如果税收政策采取全国“一刀切”的做法，势必会造成经济落后地区的劳动者税收负担过重、生活压力巨大，进一步抑制他们消费需求的增加。最后，由于家庭间在抚养子女和赡养老人的数量上存在较大差异，因此在税收政策制定上也应酌情考虑，单独计算。

目前针对我国高收入阶层的税收政策仅仅通过个人所得税来调节是有明显弊端的，高收入阶层有很多逃避税收监管的途径，这对于低收入阶层来说显然是不公平的。而房产税、财产税和遗产税这些税种对于调节目前我国较大的收入差距具有非常重要的作用，但是目前我国一直没有出台房产税、财产税和遗产税等税种。近年来，随着房地产价格的快速上涨，仅住房这项资产引起的财产性收入差距就日益扩大，而如果房产税、财产税和遗产税一直没有出台，会极大程度地造成日益扩大的财产收入差距，从而导致居民间的收入差距不断扩大。因此，当前应加大税收监管力度，根据变化的经济形势及时出台抑制收入差距日渐扩大的税种，以适应不断变

① 谢琦．国民收入分配现状及其深层次原因探讨[J]．商业时代，2013(3)：16－17.

化的国家经济形势，使税收政策真正能够发挥出调节收入差距的重要作用。

（2）财政用于社会保障支出的比例仍有待提高

2017年社会保障各项支出中，教育支出、社会保障和就业支出、医疗卫生支出、住房保障支出等这几项政府支出占GDP的比重分别为3.67%、3%、1.76%和0.8%。2017年，我国财政支出中用于社会保障支出的比例为9.23%，这一比例与世界许多国家相比还处于较低水平。因此，应充分发挥政府在国民收入再分配中的重要作用，加大国家财政用于社会保障方面的支出比例，这样才能有效缩小日益扩大的收入差距。此外，未来财政支出应当更多地向中低收入劳动者适当倾斜，对中低收入劳动者在住房、医疗、养老、教育方面的保障力度应当加强，解决他们的后顾之忧，使他们敢于消费、放心消费。

（3）城乡分割的户籍制度

造成目前中国城乡分割的社会保障制度还包括户籍制度。自1958年以来，中国就一直实行严格的城乡分割的户籍制度，这种制度严重阻碍了农村和城市人口的自由流动。地方政府只对本市户籍人口生存、发展负责，而外来人口则不能享有最基本的市民权，如没有选举权、被选举权，不能享有城市政府提供的各种福利。很多外来打工者尤其是农民工就业稳定性差，只能从事技术含量低、替代性高的工作，影响了农民工工资的提高。农民工难以通过劳动提高其收入水平，改善社会地位。并且，农民工及其子女在住房、医疗、教育等方面也不能享有基本的保障，不能与城市居民一样享有同等的社会保障权利，这也是造成目前中国农村劳动者较低的社会保障水平的深层原因。

5.2.2 深化国民收入再分配制度改革的对策建议

要保证经济的长期增长和改革的顺利进行，要构建和谐的社会，就必须进行收入再分配领域的调节。因此，当前亟须充分发挥国民收入再分配的调节作用，加强政府收入再分配的调节作用，构建完善的社会保障体系，加快健全住房、养老、医疗、失业保险等各项社会保障制度。

（1）调整和改革税收政策

要加强政府收入再分配的调节职能，调节收入差距过大的现象。例如，通过税收、财政转移支付和社会保障等再分配手段，加大政府对收入分配的调节力度，缓解地区之间和部分社会成员之间收入分配差距扩大的趋势。要加大培育中等收入群体比例、提高低收入群体收入、限制高收入群体收入增长过快。在税收政策方面可以采取以下措施：①调整个人所得税。为了更好地发挥税收的调节作用，可以制定个人所得税起征点的全国征收区间，然后各地根据本地区的经济发展状况和物价水平，决定征收的具体数额，像北京、上海、广州等物价水平和生活成本较高的特大城市，应大幅提高个人所得税的起征点，减轻中低收入劳动者生活的压力。此外，还可以依照西方国家的普遍做法，按照家庭成员尤其是儿童的数量征收个人所得税。②减轻劳动者购买生产资料和生活资料的税收负担，为农村劳动者消费需求的增加创造更加有利的消费环境，采取多种手段最大限度地刺激广大农村劳动者消费需求的增加。③扶植劳动力密集型企业的发展，给予小微企业在企业所得税、营业税和增值税等方面的税收优惠政策，减轻劳动力密集型企业和小微企业的税收负担。④免除或降低和劳动者生活密切相关的生活必需品的消费税，提高劳动者的消费需求。⑤在全国范围内开征房产税，抑制房地产市场的过度投机，提高劳动者的消费需求。

（2）加大政府对教育方面的投入力度

针对我国教育机会不公平的现实，需要确立公平、均衡的国民教育观，力争近几年内实现全国城乡义务教育免费，同时制定社会、企业、个人投资教育的优惠政策，利用财政专项拨款、失业保障基金、再就业基金等开展城市失业、下岗职工与农民工的技能培训，从根本上改变教育资源配置严重失衡、教育机会不均等和城乡劳动者家庭教育负担日益沉重的现状。为此，应做到以下几个方面：①应该加强农村人力资本投资力度，提高农村人力资本存量。加强农村人力资本投资，需要政府、社会和农村劳动者的共同努力。政府要加强宣传，引导农村劳动者树立正确的人力资本观念和投资意识，使广大农村劳动者充分认识到人力资本积累对于家庭和个人未来收入增长以及农村经济发展的重要意义；加大教育培训投资力度，提高农村劳动者的素质；进一步加强农村基础教育，建立健全多元化的基础教育办学模式，多渠道筹集教育基金，不断改善基础教育的办学条件和提高农村教师待遇，更新教育思想，转变教育观念；以多种形式、机制发展职业技术教育和成人教育，开展技术培训，将免费培训和有偿培训结合起来。②大力发展职业教育和在职培训，进行人力资本投资。从中国当前的实际情况来看，要提高工业劳动力的素质，应大力发展职业教育和在职培训，实行全员培训、全面培训和全程培训。全员培训是指对工业中的各类人员都要进行培训，包括领导干部、管理人员、工程技术人员以及各类工人。全面培训是指按照各类人员工作需要具备的各方面素质进行培训。全程培训是指按工业劳动力从就业到退休的整个过程进行教育培训。③大量培养高素质人才，为发展第三产业服务。舒尔茨认为人力资本的投资收益要高于物质资本的投资收益。因此，加强对从业者及后备力量的教育与培养，就能激发中国第三产业的巨大潜力，将产生非常显著的经济效益与社会效益。劳动者整体素质的改善与提高会促进第三产业的发展，在第三产业的起步和拓展阶段更应如此。而要提高第三产业的劳动效率，一方面要注重从业者的知识、技能和职业道德修养，另一方面则要提高管理的科学性、决策的准确性和领导的现代性，改善管理方式。双管齐下，才能达到提高效益的效果。具体来说，要造就中国第三产业高素质劳动者，必须大力加强职前培训和岗位培训，尤其要加强对个体、私营企业从业劳动者的培训。此外，为促进第三产业发展，学校要在专业设置和培养学生能力方面多下功夫，要适应市场经济发展的需要，多培养高素质复合型人才①。

（3）扩大社会保障的覆盖面，打破城乡壁垒，完善社会保障体制建设

政府应根据经济发展的水平，不断扩大保障的范围，增加保障的项

---

① 谢琦．中国经济增长的结构分析[M]．北京：中国经济出版社，2010：139

目，加大中央财政在社会保障方面的投入力度，使绝大多数劳动者的基本生活都能够得到保障。要逐步提高社会保障支出占国内生产总值的比例，加大中央和地方财政对社会保障工作的资金支持力度，在大力加强社会保障基金征缴和支出监督、全面落实企业和个人责任的基础上，明确各级财政对各项社会保障基金进行平衡的责任。①要建立和完善农村劳动者最低生活保障制度、医疗保险和养老保险制度，科学地确定农村劳动者最低生活保障标准，尽可能使最低生活保障的范围涵盖每一个实际需要的农村劳动者，充分发挥其应有的作用。同时，要严格确定保障对象，真正让那些难以维持温饱的农村贫困人口在政府的帮助下享受最低的生存权利。②以农村最低生活保障为切入点，重点加强农村医疗保险制度和养老保险制度的建立。③在有条件的地方，逐步扩大社会保障范围，提高保障水平，增加农民的社会福利。④为满足经济发展和人口流动的需要，应逐步实现个人医疗保险、养老保险和失业保险的异地转移与接续。⑤政府相关社会保障部门还应高度重视日益庞大的农民工群体，制定符合农民工实际需要的住房、医疗、养老、失业、工伤和生育保险等各项社会保障制度，为农民工及其家庭的生活提供基本的社会保障，使他们安心在城市工作。

(4) 加快政府保障性住房建设

针对当前各地不断上涨的房地产价格，各级政府应加大保障性住房建设。稳定房价和提供住房保障是各级政府的重要职责，要进一步规范市场秩序，完善土地、财税、金融政策，加快建立促进房地产健康发展的长效机制，抑制投资、投机性需求，引导市场增加普通商品房的供给，重点加快政府保障性住房的建设，大力发展公共租赁住房，促进形成合理的住房供给结构，满足多层次的住房需求。为满足中低收入劳动者的居住需求，当前尤其应当加快公租房、经济适用房和限价房等公共保障性住房建设。中央可以规定地方政府每年须从财政支出中提取固定比例用于当地保障性住房建设，为中低收入劳动者提供不同类型、不同层次的保障性住房，只有这样才能使广大劳动者真正享有住房的保障，能够安居乐业，才能使他们及其家庭不再将大部分的收入都积攒起来购买不断上涨的住宅资产，从而刺激劳动者其他的消费需求[1]。

（5）加大财政的公共医疗和养老保险投入

①应保证每年政府对城镇劳动者与新农合的基本医疗保障制度建设的投入稳步增加，强化公立医院的公益性与服务性，转变公立医院创收的倾向，使其成为人民群众看病就医的基本医疗服务平台。②完善现行的国家药品集中招标采购制度，设立国家药品招投标监管机构，对药品的采购过程与结果进行有效的监督。③推行全国统一的养老金制度。不能搞养老金待遇的差别化做法，养老金不应该因为劳动者身份的不同而有所不同。无论是政府公务员、垄断行业职工，还是竞争行业的企业职工，都应该缴纳同样的养老费用，缴纳多少领取多少，享有同一套政策，不要搞差别化待遇，否则会影响收入分配的公平性原则和全社会的和谐发展。

（6）改革户籍制度，促进劳动力流动

改革户籍制度是消除中国城乡劳动者市场分割实现经济增长的必然选择。户籍制度改革的方向，应该是建立新的人口登记和管理制度，对人口实行开放式管理。当然，对目前的户籍制度可以采取渐进式改革的方式。在就业制度上，应坚决取消由于户籍制度而导致的就业歧视，尤其是部分城市或地区要坚决废除“外出务工许可证”“流动就业证”等制度，赋予劳动者平等就业、自由择业的权利。

① 谢琦．国民收入分配现状及其深层次原因探讨[J]．商业时代，2013(3)：17.

6 优化城乡劳动者收入结构的路径与对策建议

6.1 优化城镇劳动者收入结构的路径与对策建议

6.1.1 优化城镇劳动者收入结构的路径

(1) 城镇劳动者持久性收入中多项收入增长缓慢

①城镇劳动者的工资性收入水平总体偏低

工资性收入是城镇劳动者持久性收入中最主要的部分，是构成城镇劳动者持久性收入的主要来源，因此，工资性收入的多少将直接决定城镇劳动者的消费需求。近年来，中国城镇劳动者的工资性收入水平总体偏低。不仅如此，城镇劳动者工资性收入在国民收入中所占的比重过低并且存在日益下降的趋势。例如，许多城镇劳动者的基础工资普遍较低，尤其是工资基数偏低。多年来物价、房价在不断上涨，但是很多城镇劳动者的基础性工资收入的增长却非常缓慢，有些企业劳动者的基础工资年度增长仅为十几元。尤其国有竞争性行业劳动者的工龄工资、技能工资、岗位工资的工资基数低，年度增长幅度非常小。此外，城镇劳动者的工资性收入中物价补贴、住房公积金、住房补贴、医疗补贴、交通补贴、通信补贴、生活补贴等日常生活补贴的年度增长幅度也较小。以住房补贴为例，许多城市的房价已达到几万元/平方米，但是单位发放给城镇劳动者的住房补贴仅为几百元，住房补贴标准多年来增长十分缓慢。

②城镇劳动者的转移性收入增长缓慢

转移性收入也是城镇劳动者持久性收入的重要来源，当前中国城镇劳动者的转移性收入较低严重制约了城镇劳动者的持久性收入与消费需求的快速增长。城镇劳动者人均转移性收入占比从1987年的11.16%提高到2017年的17.92%，31年间仅提高了6.76个百分点，增长较为缓慢。不仅如此，中国不同地区、不同行业、不同企业的城镇劳动者转移性收入存在较大差别，尤其是一些竞争充分的国营、民营中小型企业的城镇劳动者转移性收入较低，城镇劳动者缺乏有效的生活保障。例如，许多竞争性行业的企业退休职工的养老金远远低于政府公务员和垄断行业的退休人员，有的竟相差几倍甚至更多。而政府对于社会保障方面的投入不足，也是造成当前城镇劳动者转移性收入过低的重要原因。

③城镇劳动者的财产性收入偏低

财产性收入也是城镇劳动者持久性收入的重要来源，因而城镇劳动者的财产性收入也将对消费需求产生非常重要的影响。但是当前中国城镇劳动者的财产性收入偏低抑制了居民消费需求的增长。根据2017年的数据计算，目前在中国城镇劳动者的收入中，工资性收入占61%，财产性收入占比仅为9.91%。近年来，随着房价和物价的节节攀升，城镇劳动者微薄的收入只能用于解决基本的温饱问题，再加上政府政策性、保障性住房的供给有限，尤其是一些大城市的劳动者更难以通过商品化的住房市场解决基本的居住问题，这是导致当前中国城镇劳动者的财产性收入比重偏低的主要原因。同时，无房或者仅有一套住房的中低收入城镇劳动者占总人口的比重很大，所以我国住房资产价格不断攀升的财富效应实际上十分微弱。此外，由于目前中国金融市场还不健全，资本市场的法制化监管远未完善，城镇劳动者的投资理财渠道十分有限，许多保守的劳动者只能把工资存入利息较低的银行，从而限制了城镇劳动者财产性收入的增加。

（2）城镇劳动者的持久性收入与暂时性收入的结构比例失衡

目前很多企业劳动者的暂时性收入较高，很多被调研企业劳动者的暂时性收入比例高达70%，持久性收入的比例只有30%，但由于暂时性收入的不稳定和不确定性特征，即使暂时性收入在城镇劳动者的收入结构中比重较高，城镇劳动者也不会去大幅度地增加消费需求。而许多发达国家劳动者的持久性收入与暂时性收入比例正好和我国相反，劳动者的暂时性收入比例只有30%，其余70%的比重都是持久性收入，因而决定了其较高的居民消费率。可见，由于当前我国城镇劳动者的持久性收入与暂时性收入比例结构失衡，导致尽管暂时性收入比例非常高，城镇劳动者也只会增加现期储蓄，把暂时性收入更多地积攒起来，不会增加更多的消费需求。

6.1.2 优化城镇劳动者收入结构的对策建议

（1）优化城镇劳动者收入结构，增加工资性收入比重

当前中国城镇劳动者的收入结构仍然存在许多问题，导致城镇劳动者的持久性收入水平普遍偏低，极大程度地抑制了城镇劳动者潜在消费需求的有效增长。因此，必须优化城镇劳动者收入结构，增加城镇劳动者持久性收入的比重，为此需采取以下几个方面的措施：

①调整和完善城镇劳动者的工资收入结构，建立工资正常增长机制

第一，建立科学、合理的城镇劳动者工资收入结构，大幅提高城镇劳动者工资收入的比重，尤其是增加城镇劳动者的工资性收入中的固定收入部分，从而真正增加城镇劳动者的持久性收入，优化城镇劳动者的收入结构。例如，可以规定城镇劳动者每月的固定工资收入比例不得低于城镇劳动者每月总收入的70%，通过限定城镇劳动者每月的固定工资收入比例，保证城镇劳动者可以获得长期稳定性的持久性收入，从而增加城镇劳动者的可持续消费需求。第二，根据各地不断攀升的物价水平与企业的劳动生产率等指标，建立起每年城镇劳动者正常的工资增长机制和保障机制，使城镇劳动者的工资性收入能够随着企业经济效益的提高和当地的物价水平而相应得到提高，建立起工资正常的增长机制。例如，可以在法律中明确规定城镇劳动者的工资收入应与企业当年劳动生产率、当地物价、房价上涨幅度保持一致。第三，城镇劳动者工资性收入中的各项补贴及奖励标准也应随着经济的发展和物价的上升而相应提高。面对不断攀升的物价、房价和房租等因素，城镇劳

动者的工资性收入中的各项补贴标准以及奖励标准也应与时俱进，制定的补贴和奖励标准应至少与当地物价与日常生活成本的涨幅保持一致。此外，城镇劳动者工资性收入中的各项补贴和奖励还应做税前扣除，只有这样才能使补贴和奖励真正发挥作用，切实发挥增加城镇劳动者工资性收入的作用。第四，应简化城镇劳动者工资性收入的具体项目，建立起全国统一的标准。现在很多企事业单位城镇劳动者工资性收入名目繁多，还较为复杂，不利于城镇劳动者及时了解和掌握自己的真实收入状况，也不利于不同企业劳动者进行比较。因此，可以将城镇劳动者的工资性收入"化繁为简"，将其简化为基本工资、津贴、住房公积金等几个大的项目类别，然后规定每个企业在制定本单位劳动者的工资标准时都应包括这几项内容。通过这样的做法使不同地区不同性质的企业劳动者工资性收入可以互相比较，既可以使城镇劳动者及时了解和掌握不同地区以及不同企业的实际情况，也可以使政府相关部门更加有效地掌握城镇劳动者工资性收入的具体情况，为未来更好地保障城镇劳动者的经济权益建立良好的基础。此外，各地政府还可以仿照最低工资标准的做法，进一步细化这几项工资类别的当地最低标准，并强制企业执行，切实保障城镇劳动者的收入。

②建立城镇劳动者的工资正常增长机制和支付保障机制

加快推进建立健全工资正常增长机制和工资支付保障机制，努力实现城镇劳动者的工资性收入增长和经济增长同步、劳动报酬增长和劳动生产率提高同步。为此必须做到以下几个方面：一是各地政府应根据每年的经济发展水平，如地区国内生产总值、居民消费价格指数、房屋价格指数等指标，同时测算当地劳动力的生活成本（尤其是住房、医疗、教育等因素），制定年度企业工资指导线，并强制企业执行。二是健全最低工资制度，提高最低工资标准，使各地普遍达到当地社会平均工资 40% ~60% 的水平。如果企业发生严重违反国家规定和最低工资条例的行为，应当给予严厉的处罚，包括罚款、停业整改、吊销营业执照等。三是加强有关工资分配问题的立法，强化执法监督。建议政府有关部门尽快制定并出台有关企业工资分配问题的立法，对工资支付的程序、对象、范围、标准等做出明确规定，特别是要明确规定违反最低工资规定，克扣、拖欠工资等行为的法律责任。四是进一步完善和细化劳动力市场工资指导线、人力资源市场薪酬价位、人工成本信息指导制度，提高其科学性和实效性。五是探索实施国民收入倍增计划。例如，日本实施了为期 10 年的“国民收入倍增计划”，结果只用了 7 年时间就使日本国民的收入翻了一番，最终造就了日本的经济奇迹。随着经济发展水平的提高和综合国力的提升，我国目前已经具备了制定“居民收入倍增计划”的条件与可能，应使城镇劳动者收入随着我国经济的快速发展而得到明显的提高，使广大城镇劳动者能够共享改革开放 40 多年的发展成果，真正做到藏富于民。

③深化市场经济体制改革，规范收入分配秩序，缩小收入差距

第一，要控制金融、石油、电力等垄断行业的过高收入，在垄断行业中引入市场竞争机制，降低进入垄断行业的门槛，提高市场的开放程度，让更多的中小企业参与市场竞争，充分发挥中小企业在吸纳劳动力就业方面的主渠道作用。第二，制定科学合理的国有企业定期向国家分红的政策，加大对国有垄断行业企业的工资总额和职工福利费的规范和管理力度，严格控制垄断企业的人工成本增长幅度。第三，大幅度提高一线工人的工资收入，严格限制国有企业高管的收入，缩小国有企业高管与一线工人的收入差距。例如，应当规定国有企业高管的收入不得超过普通职工工资收入的几倍。第四，进一步规范收入分配秩序，尽快在全国范围内开征房产税、财产税和遗产税等税种，加强税收对收入分配的调节作用，有效调节过高收入，努力扭转城乡、区域、行业和社会成员之间收入差距不断扩大的趋势。

④发展职业教育和在职培训，增加城镇劳动者的工资性收入

发展经济学家舒尔茨认为，人力资本的投资收益要高于物质资本的投资收益。因此，通过加强对从业者以及后备力量的教育与培养，进而促进劳动生产率的提高，发挥中国经济增长的巨大潜力，将产生非常显著的经济效益与社会效益。并且劳动者整体素质的改善，也有助于增加城镇劳动者的工资性收入。从中国当前的实际情况来看，要改善城镇劳动者的整体素质，应大

力发展职业教育和在职培训。要注重从业者的知识、技能和职业道德修养的培养，提高管理的科学性、决策的准确性和领导的现代性，改善管理方式。具体来说，要造就服务于中国经济发展的高素质劳动者，必须大力加强职前培训和岗位培训，尤其要加强对个体、私营企业从业人员的培训。此外，为促进经济的发展，学校要在专业设置和培养学生能力方面多下功夫，要适应市场经济发展的需要，多培养高素质复合型人才。最后，应开展全员培训、全面培训和全程培训。全员培训是指对工业中的各类人员都要进行培训，包括领导干部、管理人员、工程技术人员以及各类工人。全面培训是指按照各类人员工作需要具备的各方面素质进行培训。全程培训是指在工业劳动力从就业到退休的整个过程对其进行教育培训。

（2）建立完善的社会保障制度和税收制度，增加城镇劳动者的转移性收入

社会保障制度在增加城镇劳动者转移性收入，有效保障城镇劳动者收入方面发挥着非常重要的作用。因此，应通过强化社会保障制度的收入分配功能，构建完善的社会保障体系，加快收入分配的制度层面改革，以保障城镇劳动者转移性收入的增加，保证收入分配的公平性和公正性。为此，现阶段必须做好以下几个方面的工作：

①进一步改革和完善个人所得税政策，加强国民收入再分配的调节力度

通过税收等国民收入再分配手段，加大政府收入再分配的调节力度，缓解地区之间和部分社会成员之间收入分配差距扩大的趋势。众所周知，在税收政策中，个人所得税是调节居民收入分配差距的主要手段。为了更好地发挥个人所得税对收入分配的调节功能，第一，应当根据经济发展水平和物价上涨幅度，适当地考虑家庭负担，如对赡养老人和抚养孩子等实际情况都应综合考量，减少城镇劳动者生活的压力，进一步提高工资和薪金所得的税前扣除标准；第二，创造条件实行分类与综合相结合的计征模式；第三，在全国范围内采用纳税人单一身份证号码登记系统和支付方强制性预扣制度；第四，实行个人报酬的完全货币化；第五，在个人收入货

币化的基础上大力推行非现金结算，加强现金管理；第六，进一步完善储蓄存款实名制，建立银行储蓄联网制度，并实现税务网络与银行网络的对接①。

②加快构建公共财政体制，加大社会保障专项资金投入

针对我国财政实力持续增强和再分配环节公平不足的现状，亟须加快构建公共财政体制，并在公共财政框架内优先满足事关民生的教育、社会保障、公共卫生等方面的需求，加大财政对社会保障资金的投入。针对我国教育机会不公平的现实，需要确立公平、均衡的国民教育观，力争在近几年内实现全国城乡义务教育免费，制定社会、企业、个人投资教育的优惠政策，利用财政专项拨款、失业保障基金、再就业基金等，开展针对城市失业、下岗职工与农民工的技能培训，从根本上改变教育资源配置严重失衡、教育机会不均等和城乡劳动者家庭教育负担日益沉重的现状。此外，政府还应根据经济发展的水平，不断扩大社会保障的范围，增加社会保障的项目，加大中央财政在社会保障方面的投入力度，使绝大多数劳动者的基本生活都能够得到保障。要逐步提高社会保障支出占国内生产总值的比例，加大中央和地方财政对社会保障工作的资金支持力度，在大力加强社会保障基金征缴和支出监督、全面落实企业和个人责任的基础上，明确各级财政对各项社会保障基金进行平衡的责任。

③完善住房、医疗、教育、养老等社会保障制度

当前中国的医疗、教育、养老等社会保障制度还不健全，城镇劳动者生病住院后，个人及其家庭要承担很大部分的医疗费用。此外，中国教育资源分布的非均衡性导致劳动者在子女入园、上学等方面负担沉重，这些不稳定因素导致城镇劳动者家庭转移性收入减少，影响了城镇劳动者消费需求的快速增加。不仅如此，这种状况继续存在还会造成中国消费结构与产业结构出现严重失衡甚至畸形发展的不良后果。因此，政府应转变观念，从建设型政府向服务型政府转变，不断健全与完善医疗、教育、养老

① 谢琦．中国经济增长的结构分析[M]．北京：中国经济出版社，2010：179

等重大社会保障制度，免除劳动者的后顾之忧，增加城镇劳动者的转移性收入，增加他们在个人发展、娱乐、闲暇等方面的消费需求，提高城镇劳动者的生活水平与生活质量。

④缩小不同群体的转移性收入差距

依照制定最低工资的办法，各地应抓紧时间出台当地住房公积金最低标准。在制定住房公积金标准时，应在广泛调研当地房价与房租的条件下出台与之相适应的最低住房公积金标准，使住房公积金的发放能够真正满足城镇劳动者基本的居住需要。同时，应建立住房公积金正常增长机制，严格规定每年住房公积金的涨幅不得低于当地房价与房租上涨的幅度。对于进城务工人员、自由职业者和劳务派遣工等灵活就业的个人，其所在企业也必须发放足额的住房公积金和住房补贴。此外，还应严格限制垄断行业过高的住房公积金收入。因为垄断行业的收入较高，对于垄断行业的住房公积金不应仅仅限制比例，而应直接在具体金额上予以限定，这样的做法可以直接杜绝垄断行业利用住房公积金逃避上缴个人所得税的行为，可以真正起到缩小劳动者收入差距的作用。

当前还应着重建立以财政转移支付、社会保障制度等为重点的再分配机制，强化政府的再分配调节能力，建立最低生活保障、最低教育保障、最低医疗保障、最低住房保障等制度，使所有人尤其是低收入者都可以得到最基本的社会保障，从而保障城镇贫困阶层和农村贫困人口的基本生活；继续完善住房、医疗和养老等各项社会保障制度；逐步建立覆盖全体劳动者的社会保障制度。

⑤开征社会保障税，建立社会保障预算，加强社会保障基金的管理，实现公平和效率的统一

根据我国的国情，社会保障税应由政府、企业和个人共同负担，充分体现税收的效率与公平原则。同时，社会保障机构的管理费收支也应被纳入财政预算管理，执行财政部门的财务会计制度，管理过程要坚持慎重的原则，基金的保值增值一定要避免风险，要坚持专款专用，任何组织和个人不得运用社会保障基金弥补其他财政支出不足，更不能用来为单位和个

人牟利，否则就是违法行为，应受到严肃处理。

（3）深化住房分配制度改革与金融体制创新，增加城镇劳动者的财产性收入

①稳定房价，增加廉租房、经济适用房、限价房等保障性住房供给

尽管各地政府在积极调控房价，但是当前中国房价仍然在高位徘徊，部分地区的房价甚至有不断上升的趋势，远远超出了城镇劳动者的实际支付能力。住房对于城镇劳动者来说是基本的生活必需品，只有有房住，老百姓才能安居乐业，生活才能稳定，社会才能和谐。因此，政府有责任也有义务为普通老百姓提供价格较低的保障性住房，这也是扩大城镇劳动者消费需求的重要手段。

稳定房价和提供住房保障是各级政府的重要职责。当前各级政府亟须继续加大廉租房、经济适用房、限价房等保障性住房的供给和建设力度，满足中低收入家庭城镇劳动者基本的居住需求。同时，坚决遏制部分城市房价过快上涨。地方政府应在增加普通商品住房供应的同时，着重加强需求管理，实行更为严格的差别化信贷和税收政策，如用在全国范围内开征房产税等办法来抑制投资和投机性购房，进一步加强市场监管。对于房价过高、上涨过快和住房供应不足的城市，限制购置多套房或大批量购置住房的炒房行为，对捂盘惜售、囤积房源、哄抬房价等违法违规行为，要公开曝光、严肃处理。此外，应改革和完善城镇土地和房屋产权流转制度，进一步明晰房屋所有者拥有的权利，充分发挥房地产市场的财富效应。

②逐步开放金融市场，扩大城镇劳动者的投资理财渠道

目前，在金融市场发展尚未完善的情况下，除了房地产、证券市场和银行，城镇劳动者的投资理财渠道十分有限。面对不断上涨的房价，城镇劳动者根本无力买房，因此少数富人成为房地产市场投资的主体。当前中国证券市场发展还存在许多问题，近年来证券市场的波动又非常频繁，城镇劳动者进行证券投资的风险增强，所以不敢轻易入市。投资理财渠道狭窄的劳动者只能将其微薄的收入存入银行。但是近年来，随着物价不断的攀升，银行的利率相比不断上升的物价来说又显得过低，如果再考察实际

利率的话，很多年份的银行实际利率甚至为负。因此，为切实保障和提高城镇劳动者的财产性收入，当前亟须进行多方面的改革，扩大城镇劳动者投资理财的渠道。首先，逐步开放金融市场，引入竞争机制，打破国有银行“一统天下”的格局，让更多中小民营金融企业充分参与市场竞争。其次，积极进行利率市场化改革。目前中国已经有条件地放开了银行贷款利率的限制，但是在银行存款利率上却迟迟没有放开，而存款利率才是真正影响劳动者财产性收入的关键因素。因此，政府应抓紧时间制定相关政策，尤其在存款利率上给予银行更多的自主权，通过银行间的自由竞争逐步提高存款利率，使广大老百姓辛苦一辈子积攒的血汗钱能够保值增值，从而使劳动者财产性收入能够稳步增加，扩大劳动者的消费需求。最后，完善证券市场相关法律体系，严惩内幕交易等违法行为，保护广大中小投资者的利益。

③加强对房地产市场的监督和管理

第一，为杜绝房地产开发企业以申报部分房源为开发商自用房、在建工程抵押或房屋抵押等方式囤积房源的行为，要求房屋用途为“住宅”的商品房在申请商品房预、销售审批时所有房源必须一次性全部上网对外公开销售，并不得办理在建工程抵押和现房抵押，以促使全部住宅房源均能在网上公开对外销售。第二，对房地产开发企业申报的自留房进行集中清理，对符合现房销售条件的转为现售房源对外公开销售。对房地产企业的违法行为依法予以行政处罚，对于未按期整改或整改不彻底的暂停其入网销售资格。第三，将每一宗出让土地的位置、面积、用途、容积率、地价款、项目开竣工时间等信息，对社会进行公示。第四，对有逾期不签订出让合同、欠缴土地出让价款、未按期开工等不良记录的开发商，禁止和限制其参加土地竞买。第五，加快土地管理制度改革，严肃整改查处地方政府违法批地行为。第六，通过严格执行土地增值税、开征空地税等方式，加大土地闲置成本，从根本上遏制开发商囤地捂盘行为。第七，各地政府根据当地物价水平和生活费用，发布当地房屋租赁指导价格，并要求房屋中介机构严格执行，对违反规定的房屋中介机构进行严厉处罚，拒不执行者责令其停业整改。

④完善证券市场的法律体系，培育成熟的股票市场

目前我国证券市场的法律体系不健全，导致投资者利益受到侵害。为培育成熟的股票市场，应做到以下几个方面：第一，修订《证券法》，尽快出台《投资者保护法》和《内幕交易惩治法》等相关法律，保护中小投资者利益。第二，证监会应加强对上市公司的管理，积极敦促立法机构对《公司法》进行修改，对上市公司的分红必须作出明确的、具有强制性的法律规定，如可以在法律中规定上市公司法定现金分红的最低比例，同时为提高政策的灵活性可以对不同行业不同性质的上市公司可以在不同市场设定不同的分配标准，通过法律体系的完善真正建立起保证上市公司分红的机制。第三，进一步完善新股发行体制，让券商承担起信托责任，给予券商自由配售权，提高新股发行定价的效率，减少资源错配的成本。第四，建立并完善退市制度，对符合退市条件而退市的上市公司，应追究其保荐机构、审计事务所、会计师事务所等相关责任人所应承担的责任，并将其退市责任追究制作为实施退市制度的一个不可或缺的配套措施。第五，改善市场投资者结构，提高机构投资者比例，引导理性投资理念和交易行为的形成。

6.2　优化农村劳动者收入结构的路径与对策建议

6.2.1　优化农村劳动者收入结构的路径

根据历年中国统计年鉴的数据，2017 年中国农村劳动者为 3.52 亿，占中国劳动者总数的 45.31%。此外，国家统计局抽样调查结果显示，2017 年中国农民工总量为 2.87 亿，占中国劳动者总数的 36.91%，占农村劳动者的 81.45%。从上述数据资料可以看出，中国农民工占中国劳动者总数已经超过了 1/3，中国农民工占农村劳动者的比重甚至超过了 80% 以上。可见中国农民工群体已经成为当前中国劳动者群体中一个非常重要的组成部分。因此，深入研究农村劳动者尤其是中国农民工收入存在的问题将

对提高我国当前劳动者收入水平、扩大消费需求具有十分重要的现实意义。

通过前面对农村劳动者收入结构的分析，可以看到目前工资性收入已经成为农村劳动者主要的收入来源；而经营性收入目前排在第二位，但是农村劳动者的经营性收入与工资性收入相差较小，经营性收入依然是中国农村劳动者重要的收入来源，但是经营性收入在农村劳动者收入中所占比重相比过去已经处于明显下降的趋势。农村劳动者的转移性收入所占比重近年来则呈现明显上升的趋势，说明近年来政府加大了对农村劳动者的转移支付力度。但是，农村劳动者转移性收入上升一直非常缓慢。而农村劳动者财产性收入比重一直处于最低水平，经过几十年的发展，农村劳动者财产性收入比重不仅没有上升，反而出现了不断下降的趋势。并且，与城镇劳动者相比，农村劳动者的财产性收入增长速度非常缓慢。因此，深入分析中国农村劳动者收入结构中存在的问题并提出相关对策建议，对于提高劳动者收入、扩大消费需求具有非常重要的现实意义。

（1）农村劳动者工资性收入的影响因素

农村劳动者的工资性收入是农村劳动者靠出卖劳动力而获得的全部劳动报酬和各种福利收入，主要包括农民在本地企业工作和去外地打工的收入。从前面的分析数据来看，在当前中国农村劳动者的收入中，工资性收入排在了第一位，是农村劳动者及其家庭主要的收入来源，在农村劳动者及其家庭收入中占有相当大的比重。但是从前文的分析可以看出，当前中国农村劳动者的工资水平依然偏低，从而限制了农村劳动者及其家庭消费水平的大幅度提高。所以深入分析造成当前中国农村劳动者工资性收入偏低的原因意义重大。

造成目前中国农村劳动者的工资性收入水平偏低的重要原因在于长期存在的城乡分割的户籍管理制度。自 1958 年以来，中国就一直实行严格的城乡分割的户籍管理制度。这种户籍管理制度适应了当时经济发展的需要。但是现在随着我国经济社会的不断发展，这种严格的城乡分割的户籍管理制度已经严重阻碍了农村人口的自由流动，限制了农村剩余劳动力向城市的转移。在这种人口管理体制下，地方政府只对本市户籍人口生存和发展负责，而农村外来人口则不能享有本地最基本的市民权，如没有选举权、被选举权，不能享有城市政府为市民提供的各种福利。很多外来打工者尤其是农民工就业稳定性差，只能从事技术含量低、替代性高的工作，影响了农民工工资水平的提高。农民工难以通过合法劳动提高自身的收入水平，改善其社会地位。并且，农民工及其子女在住房、医疗等方面也不能享有基本的保障，使农民工无法在当地安心工作。

此外，由于农民工和农村劳动者自身的知识水平和文化素质较低，在劳动力市场的议价能力较弱，从而造成了农村劳动者在日趋激烈的市场竞争中经常处于劣势，限制了农村劳动者同企业所有者和经营者在劳动力市场上讨价还价的能力，影响了其工资收入水平的大幅度提高。

（2）农村劳动者经营性收入的影响因素

农村劳动者的经营性收入是指农村住户以家庭为生产经营单位进行生产筹划和管理而获得的收入，主要包括农民在农业、林业、畜牧业、渔业、工业、建筑业、交通运输和邮电业、批发和零售贸易、餐饮业、社会服务业、文教卫生业和其他家庭经营中所得到的收入。通过第 3 章对农村劳动者收入结构的分析，可以看到目前经营性收入是农村劳动者重要的收入来源，因此，深入分析农村劳动者经营性收入偏低的原因意义重大。主要包括以下几个方面：

①对农业在国民经济中的地位和作用认识不足

从西方国家的历史经验来看，经济发展需要经济结构从以农业活动为主迅速实现向以复杂的现代工业和服务业活动为主转型。因而传统观点认为，农业的首要作用就是为不断扩张的工业经济提供充足的廉价原材料和劳动力，而工业部门则是经济发展总体战略的动力和“主导部门”。因此，过去人们认为农业在经济发展中往往扮演着被动和辅助的角色。然而现代经济学研究已经开始意识到，在经济发展过程中，农村经济特别是农业部门并不是扮演被动和辅助的角色，其在经济发展总体战略中起到不可或缺的作用，对于低收入的发展中国家来说更是如此[①]。而回顾改革开放 40 多年来中国农业的发展历程可以看到，至今对于农业在中国国民经济中的地位和作用的认识仍存在这样的误区。1949 年后，为了完成工业的资本积累，中国实行了工农业产品的“剪刀差”政策，即在工农业产品的比价中，实行工业品的高价格和农产品的低价格。有关资料显示，在改革开放前的 1950—1978 年中，政府通过工农产品“剪刀差”大约取得了 5100 亿元收入，同期农业税收 978 亿元，财政支农支出 1577 亿元，政府实际提取农业剩余净额 4500 亿元，农民平均每年的净负担是 155 亿元。在 1979—1994 年，政府通过工农产品“剪刀差”从农村占有了大约 15000 亿元收入，同期农业税收总额 1755 亿元，各项支农支出 3769 亿元，政府通过农村税费制度提取农业净剩余约 12986 亿元。农民平均每年的总负担高达 811 亿元，是改革开放前的 5. 2 倍。1979—1997 年，国家从农村征收了 2 亿 7 千万亩土地，用于城区扩容、修路、建工厂和开发区，这些土地以极低的价格从农民手中买走，中间又被国家汲取了 6 万亿 ~ 10 万亿元的“剪刀差”。近年来随着中国房地产价格的不断上涨，这种体现在土地上的城乡之间的“剪刀差”不断扩大。可见，不合理的工农产品“剪刀差”通过剥夺农村、牺牲农民的利益来为工业发展提供资本积累，促进了城市经济的发展，正是这种“剪刀差”和户籍制度扩大了城市和农村之间的差距，这也是中国农业发展落后的重要原因。因此，如果长期按照这种指导方针发展，农业未来的发展必将陷入危险境地，并最终影响经济的可持续增长。

②农业的生产技术水平较为落后

在农业科技方面，中国经过半个多世纪的奋斗和积累，取得了巨大的进步，产生了大批达到国际先进水平的科技成果，如超级杂交水稻、转基因抗虫棉、禽流感疫苗等。但与世界发达国家相比，中国仍存在很大差距，总体上技术创新水平相差 15 年左右，在科技成果转化率方面相差更远，落后 30 年左右。不仅如此，中国的农业技术水平还存在较为明显的地

① ［美］托达罗 · 史密斯. 发展经济学［M］. 北京：机械工业出版社，2009：270.

区性差异。根据许多学者的研究，中国东部地区的农业技术水平较高，其次为中部地区，西部地区最低。总体来看，中国的农业技术创新转化系统与现阶段农业发展的客观要求极不适应，无论是政府主导的公益性农业技术创新与转化体系，还是以企业为主导的产业化农业技术创新与转化体系，都远远不能适应当前国民经济发展和农民增产增收的需要，尤其是农业企业的技术创新、技术吸纳和技术推广能力普遍较差。[①] 同时，农村劳动者把有效的知识和生产技术应用于农业生产方面的技能也十分低下。

③对农村劳动者的人力资本投资太少

经济学家舒尔茨指出，劳动者是生产力，他们的经济生产率能够通过对他们的投资而提高，这样的投资就是人力资本的形成。因此，农业劳动者的教育水平是决定农业生产率提高的关键因素。而造成当前我国农村劳动者经营性收入低下的一个重要原因就是目前对我国农村劳动者的人力资本投资太少，使他们缺乏有价值的技能，从而限制了农业生产效率的快速提高。

④农村基础设施薄弱

当前中国农村诸如道路、桥梁、农田水利建设等基础设施薄弱，制约了农业的发展和农村劳动者收入水平的提高。我国农业受自然条件的影响十分明显，至今中国农村仍然有许多地方还没有走出“靠天吃饭”的境地。例如，河南省南阳市，被誉为“中州粮仓”，是全国闻名的粮食生产大市，然而后来当地出现严重的旱情，由于长期以来南阳的灌溉主要依靠自然降雨，农田水利设施很缺乏，因此不少村子在干旱面前束手无策，甚至面临绝收的困境，一些田地因为地势高又没有引水渠，只能依靠 20 世纪 70 年代打的井抽水浇地，但如今很多从前打的井大多已经干涸，因此，水井越来越少，遇到干旱根本无法满足附近农民灌溉庄稼的需要。

⑤农村金融发展缓慢，农业生产所需的资本投入明显不足

① 黄钢，李颖，刘晓钢，等．转型期我国农业技术创新面临的突出矛盾与路径选择[J]．软科学，2009(10)：66.

由于农村金融发展十分缓慢，用于农业生产所需的资本投入明显不足。主要表现为以下几个方面：第一，政府用于农业方面的投资比重较低。目前，中国政府农业投资占农业 GDP 的比重基本在 5% ~6%，但在美国、加拿大、英国、澳大利亚等农业发达国家，政府对农业提供的财政支持相当于农业本身 GDP 的 25% 以上，日本、以色列等国甚至更高（45% ~95%），即使在印度这样的发展中国家，国家财政支农支出占农业 GDP 的比重也达到了 10%。[①] 第二，农民用于农业生产的资本投入不足。改革开放初期，随着家庭联产承包责任制的确立和实施，中国农业得到了快速发展，农民的投资热情也很高。但随着经济的发展，农民投资农业的积极性开始下降。近年来，虽然农户生产性固定资产投资状况有所改善，但是随着中国农业的发展，农户在农业生产中需要巨额资金投入，而农业信贷本身具有季节性、长期性、风险性和零散性等特点，加之中国农村资金外流严重，农户用于投资的资金越来越少，其贷款需求得不到满足，使农户对农业的投资能力被削弱。[②] 第三，农业利用外商直接投资规模较小，且地区分布不平衡。随着中国对外开放的不断扩大，农业利用外资金额有了较快增长，2016 年农业实际使用外商直接投资金额为 189770 万美元。但是，2016 年外商直接投资农业的协议金额仅占外商直接投资总额的 1.51%。[③] 此外，从外商直接投资对我国的区位选择看，地域倾斜性十分突出，呈严重的“东重西轻”格局，分布也很不平衡。

（3）农村劳动者财产性收入的影响因素

农村劳动者的财产性收入是指金融资产或有形非生产性资产的所有者向其他机构单位提供资金或将有形非生产性资产供其支配，作为回报而从中获得的收入。主要包括农民的银行储蓄资产、购买股票和债券等有价证券资产、农民宅基地和农村集体土地财产性收入、出让农民个人承包土地

① 李芝兰．我国农业增长中的政府投资影响[J]．财经科学，2006(3)：76.

② 薛和斌，卓建伟．我国农业投资现状经济学分析与对策建议[J]．安徽农业科学，2006(20)：152.

③ 资料来源：《中国统计年鉴(2019)》。

使用权所获得的财产性收入等。

土地是农村劳动者赖以生存的最基本的生产要素，是国民经济发展和社会稳定的基础。然而由于当前中国农村土地制度仍然存在诸多方面的问题，当前农村土地并不为农民所有，农民无法通过土地而获得稳定的财产性收入，严重制约了农村劳动者持久性收入的增加。因此，新时期要大幅度增加农村劳动者的财产性收入，应当并且必须赋予农民依靠土地获取财产性收入的权利。

（4）农村劳动者转移性收入的影响因素

农村劳动者的转移性收入是指农村住户和住户成员无须付出任何对应物而获得的货物、服务、资金或资产所有权等，不包括无偿提供的用于固定资本形成的资金。一般情况下，是指农村住户在二次分配中的所有收入。具体来说，农村劳动者转移性收入包括政府发放给农民的各种补贴、救济、保障等收入。

从前面的分析中可以看出，近年来农村劳动者的转移性收入总体在不断增加，但是在农村劳动者的总收入中转移性收入的比重仍然偏低。近年来，许多农业生产资料如农药、化肥、大型农机具等产品的价格在不断上涨，农民从事农业生产的成本在不断上升，而粮食等农产品由于是老百姓的生活必需品因而其价格受到政府的严格管制，在这种情况下，许多种粮农民的利益受到极大的损害。因此，未来政府应该继续加大对农村劳动者从事农业生产的补贴力度，增加农村劳动者的转移性收入。此外，农村的社会保障体系还不健全，农村劳动者在养老、医疗等方面还缺乏现实的保障，城乡劳动者之间的社会保障体系还存在巨大的差距，限制了农村劳动者消费需求的快速增长。

6.2.2 优化农村劳动者收入结构的对策建议

（1）提高农村劳动者经营性收入的对策

①加强农产品品牌培育，促进产销有序衔接，防止出现农产品“卖难”的不利局面

应针对市场上消费者对于优质农产品的实际需求，加强农产品的品牌培育，不断优化农业内部产业结构，发挥结构的整体功能。并按照市场需求，合理利用各种农业资源，实现农、林、牧、副、渔内部的良性循环，逐步建立高产优质高效农业产业结构。此外，继续以粮食增产为重点，积极发展多元化农产品经营方式，促进农村劳动者经营性收入的提高和农村经济的稳定发展，从而为整个农村产业结构的调整和经济发展战略目标的实现打下良好的基础。

②强化农村产业结构调整中的宏观经济调控

农村产业结构的进一步调整必须遵循国家产业政策的要求，强化国家的宏观经济调控。具体来说，包括以下几个方面的内容：首先，制定农业产业化发展战略，对农业发展进行科学、合理的规划布局，指导农业产业化发展。其次，改革农业管理体制，强化综合协调功能。政府应按照农业产业化发展的要求，运用价格、利率、税收、信贷等经济杠杆，推动城乡经济联合，推进城乡经济一体化，使城市工业化与农村工业化协调发展。再次，强化对产业化的扶持，增加农业投入。政府应充分发挥政策性资金的自身优势和服务功能，通过加强技术化和信息化建设，加大投入力度，为实现农业产业化发展做出贡献。最后，通过产业倾斜、地区倾斜的有关政策，逐步改变农村产业发展的不平衡状况，加快中、西部地区农村的资源开发与经济发展，促进区域产业结构合理化。

③加快传统农业向现代农业转型

从西方发达国家实现农业现代化发展的道路来看，发达国家十分重视将农业技术结构同本国的农业资源禀赋相结合，并用具有比较优势的要素替代具有比较劣势的要素，用资源禀赋的比较优势去克服资源禀赋比较劣势所造成的增长限制。中国应按照国际经验，选择土地节约型的农业技术结构，突出生物技术、化肥等替代土地要素的作用，即走以提高产出率或者以节约土地为特点的农业现代化道路。同时，各地农村必须切合本地实际，因地制宜，充分利用当地资源，扬长避短，最大限度地发挥自己的特长和优势，以尽快完成传统农业向现代农业的过渡，实现农业现代化。

④加强对农村劳动者的职业技能培训

随着互联网的不断普及，“互联网 +”经济作为一种新的经济形态已经成为推动国民经济快速发展的重要力量也为提高中国农村劳动者的经营性收入也提供了新的机遇。但是，许多农村劳动者由于年龄、知识、文化、素质和所处环境所限，并不能很好地发挥其自身优势，对“互联网 +”这一新的经济形态也缺乏了解。这就需要政府加大财政投入力度，加强对当地农村劳动者的相关职业技能培训，组织相关技术人员对当地农村劳动者进行课程培训与辅导，帮助农村劳动者利用互联网经济开展创新与就业，引导农村劳动者走上创业致富之路。

⑤进行农村物质资本投资，加快农村技术改造

在经济落后的中西部尤其是广大的农村地区，加大基础设施建设力度。中国在基础设施建设上与世界其他国家相比还存在较大差距，在道路、桥梁、水源、卫生设备、通信、广场、休闲地等方面还应加大建设的力度。因此，当前亟须向农村的基础设施，包括农药、肥料、机械化、交通、电气化及通信等方面进行大量投资。具体来说应做到以下几个方面：第一，认真贯彻“工业反哺农业、城市支持农村”的方针，增加对广大农村地区的财政支出，扩大国家财政对农村进行物质资本投资的力度。第二，在基础设施建设过程中，一定要根据各地农村的实际情况，优先从农民最迫切需要的农村基础设施建设问题入手，针对各地农村劳动者对农村基础设施的需求，按照不同的建设标准，搞好基础设施建设。第三，加快农村信息化建设的力度，为农村劳动者提供信息化服务和远程教育。

(2）提高农村劳动者工资性收入的对策

①改革户籍制度，促进劳动力流动

改革户籍制度是消除中国城乡劳动力市场分割、实现经济增长和提高农村劳动者收入的必然选择。户籍制度改革的方向，应该是建立新的人口登记和管理制度，对人口实行开放式管理。当然，目前对户籍制度可以采取渐进式改革的方式。在就业制度上，应坚决取消由于户籍制度而导致的就业歧视，尤其是部分城市或地区要坚决废除“外出务工许可证”“流动

就业证”等制度，赋予劳动力平等就业、自由择业的权利。

②加大农村人力资本投资的力度，改善和提高劳动力素质

提高农村劳动者的人力资本投资，需要政府、社会和农民共同努力。政府要加强宣传，引导农村劳动者树立正确的人力资本观念和投资意识，使广大农村劳动者充分认识到人力资本积累对于家庭和个人未来收入增长以及农村经济发展的重要意义；加大教育培训投资力度，提高农民素质；进一步加强农村基础教育，建立健全多元化的基础教育办学模式，多渠道筹集教育基金，不断改善基础教育的办学条件和提高农村教师待遇，更新教育思想，转变教育观念；以多种形式、机制发展职业技术教育和成人教育，开展技术培训，将免费培训和有偿培训结合起来。

③采取各种积极的财政措施，促进乡镇企业发展

要采取积极的财政措施，充分发挥出乡镇企业对促进农业生产和增加农村劳动者工资性收入的重要作用。可以从以下几个方面进行：第一，给予乡镇企业一定的财政支持，鼓励它们进入高新技术产业和可持续发展行业，并给予税收优惠政策。第二，对积极吸纳当地农村劳动力就业良好的乡镇企业政府应该给予一定的税收减免和政策支持。第三，政府应通过多种措施增强为乡镇企业服务的力度，通过改善乡镇企业的投资环境和为其提供优质的信息服务，促进乡镇企业更快更好地发展。

（3）提高农村劳动者财产性收入的对策

①深入开展农村土地产权制度改革

党的十八大以来，中国农村土地产权制度已经启动了多项改革试点。2015 年 2 月，国家启动了 33 个地方的“农村土地征收、集体经营性建设用地入市、宅基地制度”三项农村土地产权制度改革试点。2015 年，还正式启动了农村承包土地的经营权和农民住房财产权抵押贷款等“两权”抵押贷款试点。2017 年年底，这些改革试点即将结束，农村土地制度改革试点中取得的经验和存在的问题将成为未来政府制定农村土地产权制度改革与相关法律修订的重要参考依据。在此基础上，应继续深入开展农村土地产权制度改革，有效保障农民土地财产性权力，盘活农村资产，增加农民

财产性收入。此外，还应改革现有农村土地流转制度，建立和完善相关法律体系，给予广大农村劳动者通过土地和住房获取财产性收入的合法权利，并防止出现村干部和当地政府与民争利、侵害农民合法权益的行为。

②加快与农村土地流转制度改革相配套的农村金融服务体系建设

目前，随着经济的发展，农村土地流转速度不断提高，而与农村土地流转相配套的农村土地抵押、贷款等金融服务却严重滞后，无法适应农村经济的发展。因此，当前亟须加快建立起农民承包土地的经营权抵押贷款和资产评估等方面的配套措施，针对当地农村劳动者的实际需要不断进行新的探索和尝试，以取得实质性突破。

③建立全国统一的农村不动产登记制度，从法律上有效保障农村劳动者的财产权利

为从法律上真正有效保障农村劳动者的财产性收入，当前各地政府应加快向农村劳动者颁发全国统一的具有法律效力的农村土地承包经营权、农村宅基地使用权和农村集体建设用地使用权证书。此外，还应将颁发证书纳入不动产全国统一登记制度的实施管理进程，全面实现对农村劳动者土地财产权的法律确认和保护。

（4）提高农村劳动者转移性收入的对策

当前，政府应该加快制定和推出各项支农惠农措施，不断提高农村劳动者的转移性收入，促进农业生产的快速发展。具体来说，主要包括以下几个方面：

①加大对农民的种田补贴、农资综合补贴和农机补贴，不断提高各项补贴的力度

各地政府应根据当地农民从事农业生产的实际状况，及时对种粮农民进行补贴，发放补助，帮助他们购买和更新农机具等机器设备，购买种子、农药、化肥、燃料等生产资料，降低农民种田的生产成本，保证农民种田收益稳步增加，促进农业快速发展。

②不断完善农村社会保障制度，提高农村劳动者的社会保障水平

各地政府应高度重视并不断完善农村的社会保障制度，重点做好农村

劳动者的医疗保险、养老保险、生育保险、最低生活保障等各项工作，保证政府对农村劳动者的转移性收入能够随着其生活成本的上升而不断增加，保障农村劳动者的收入稳步增加，使他们对未来能够形成稳定的预期，从而刺激农村劳动者潜在的消费需求不断增加。首先，要建立和完善农村劳动者最低生活保障制度，科学地确定农村劳动者最低生活保障标准，尽可能使最低生活保障的范围涵盖每一个有实际需要的农村劳动者，充分发挥其应有的作用。同时，要严格确定保障对象，真正让那些难以维持温饱的农村贫困人口在政府的帮助下享受最低的生存权利。其次，以农村最低生活保障为切入点，重点加强农村医疗保险制度和养老保险制度的建设。最后，在有条件的地方，逐步扩大社会保障范围，提高保障水平，增加农民的社会福利。此外，对于因城市发展建设而被征土地的农民，也应做好相应的社会保障工作，从社保制度体系方面真正保障被征地农民的实际利益不受损害。

③对生活困难的农村劳动者及其家庭给予必要的救济与保障

根据各地物价的涨幅，及时调整救济金额，确保农村劳动者及其家庭的基本生活水平至少维持物价上涨之前的水平。对于生活异常困难的农村家庭，政府应建立对口帮扶制度，帮助困难家庭减轻生活的压力。

7 结 论

7.1 结 论

本书在对国民收入分配制度和劳动者收入结构及其特征进行概括的基础上，深入分析了国民收入初次分配和再分配制度的主要内容以及劳动者收入结构的内涵，然后从理论上探讨了国民收入分配制度、劳动者收入结构与居民消费需求之间的内在关系，在对当前国民收入初次分配和再分配制度的现状以及劳动者收入结构及其内部各种收入的特征以及变动趋势进行深入分析的基础上，运用统计分析和计量经济分析等研究方法，对自1978年改革开放以来国民收入分配制度和劳动者收入结构的特征及其对消费需求的影响进行了深入的理论分析与实证研究，得出如下结论：

（1）近年来我国劳动者报酬占国民收入初次分配的比重不断下降，说明劳动要素在初次收入分配中的地位明显下降。从实证检验结果来看，无论短期还是长期劳动者报酬都是决定居民消费需求的主要因素，利润对居民消费需求仅产生微弱的影响。我国的消费需求属于工资领导型需求，因此要提高居民消费率扩大国内需求，必须依靠持续增加劳动者工资性收入才能实现。在长期中劳动者报酬对居民消费的影响程度超过短期，说明未来要真正提高居民消费需求实现经济的可持续增长，必须从国民收入初次分配环节入手，将调整和完善初次收入分配制度作为政府当前的一项重要政策长期执行，提高劳动者报酬占国民收入初次分配的比重，不断提高劳动者收入，缩小居民收入差距，改善广大劳动者的生活水平和生活质量，使广大中低收入阶层真正共享改革开放和经济发展的最终成果，真正实现质量型经济增长。

（2）从长期来看，国家财政社会保障和就业支出是影响居民消费的重要因素，国家财政教育支出也对居民消费需求的增加产生较大的影响，而国家财政医疗卫生支出仍然较少，难以向劳动者提供更多的医疗保障，因而劳动者需要更多依靠家庭自身的收入，这就会造成劳动者家庭为弥补国家财政在医疗卫生方面投入不足而进行家庭自身的储蓄以应付未来可能发生的医疗保健支出，使劳动者只能减少当前的消费需求。从短期来看，国家财政社会保障和就业支出仍然是决定居民消费需求的主要因素，其次为国家财政教育支出，最后为国家财政医疗卫生支出。并且长期国家财政社会保障和就业支出和国家财政教育支出对消费需求的影响程度超过了短期。而短期内国家财政医疗卫生支出的消费弹性系数为正，说明短期国家财政医疗卫生支出对居民消费需求的增加具有促进作用，但是系数较小，说明其作用效果较弱。

（3）在当前中国劳动者的收入结构中，劳动者的持久性收入比重过低且增长缓慢，限制了当前消费需求的快速增长。劳动者的持久性收入的不稳定性、预防性特征抑制了居民的消费需求；暂时性收入不会对劳动者的持久性消费产生重要的影响。虽然现在很多企业暂时性收入在劳动者的收入结构中比重较高，但是由于暂时性收入的不稳定特征造成暂时性收入波动较大，并不构成劳动者能够预期到的较为稳定的持久性收入，因此劳动者不会去大幅度地增加消费需求。当前中国劳动者不合理的收入结构严重制约了居民消费需求的快速增长。因此，要使广大劳动者的消费需求能够大幅度增长，必须改善当前中国劳动者不合理的收入结构，增加劳动者的持久性收入是关键因素。实证研究结果表明，无论是短期还是长期，无论是城镇劳动者还是农村劳动者，持久性收入都是消费需求的决定性因素，劳动者的暂时性收入与消费需求的相关程度则较低，这主要是因为暂时性收入是不稳定的，经常会受经济周期、资本市场和国家政策的影响出现较大程度的变动。因此，如果能够使劳动者的暂时性收入更多地转化为持久性收入，会增加整个社会的消费需求。

（4）工资性收入是劳动者持久性收入中最主要的部分，是构成劳动者持久性收入的主要来源，因此，工资性收入的多少将直接决定劳动者的消费需求。分析工资性收入的变动对于研究劳动者持久性收入对消费需求的影响至关重要。近年来，中国劳动者的工资性收入水平总体偏低，劳动者工资性收入在国民收入分配中所占的比重较低并且存在日益下降的趋势。无论短期还是长期，劳动者的工资性收入的边际消费倾向都非常高，说明劳动者的工资性收入是决定城镇居民消费需求的主要因素。因此，要提高城镇居民消费率以扩大国内需求，必须依靠持续增加城镇劳动者的工资性收入才能实现。在长期内，城镇劳动者的工资性收入对居民消费需求的影响程度超过了短期，说明未来要真正提高居民消费需求，实现经济的可持续增长，必须大幅度提高劳动者的工资性收入，使劳动者的工资性收入能够稳定增长，只有这样才能从根本上提高劳动者的生活水平，满足劳动者日益增长的物质和精神生活的需要，保证全体人民能够共享改革开放和经济发展的成果，使国民经济走上持续、快速、健康发展的轨道。

（5）从当前中国城镇劳动者的收入结构来看，工资性收入是城镇劳动者主要的收入来源，而转移性收入、经营性收入与财产性收入目前也成为城镇劳动者重要的收入来源。城镇劳动者的工资性收入所占比重近年来呈现不断下降的趋势；城镇劳动者的经营性收入和财产性收入所占比重近年来呈现不断上升的趋势；城镇劳动者的转移性收入占比出现了缓慢上升的态势。近年来，城镇劳动者家庭的恩格尔系数出现了大幅下降的趋势；城镇劳动者不同阶层的生活差距较大；城镇劳动者的生活品质和生活质量得到了较大幅度的改善；食品、居住、交通通信、文教娱乐和医疗保健这几项支出是目前城镇劳动者的主要消费支出项目。从实证检验结果来看，无论短期还是长期，工资性收入都是决定居民消费需求的主要因素；而长期中城镇劳动者的工资性收入对居民消费需求的影响程度超过了短期；无论短期还是长期，城镇劳动者的转移性收入与财产性收入都是影响消费需求的重要因素。未来要提高居民的消费需求，实现经济的可持续增长，必须改革初次收入分配制度，提高城镇劳动者的工资性收入；应与不断上涨的物价相适应，相应增加城镇劳动者的转移性收入；应深化金融体制改革与金融创新，增加城镇劳动者的财产性收入。

（6）工资性收入和经营性收入目前成为农村劳动者主要的收入来源；农村劳动者的转移性收入比重呈现明显上升的趋势；农村劳动者的财产性收入比重偏低，且增长非常缓慢。农村劳动者的家庭生活总体达到小康状态，但是城乡劳动者家庭的消费水平差距较大；不同收入组农村劳动者的生活差距较小；农村劳动者在食品、居住、交通通信、文教娱乐和医疗保健方面的支出较大；多数省份农村劳动者的工资性收入均不足以维持日常消费支出。从实证检验结果来看，无论是长期还是短期，农村劳动者的经营性收入都是决定消费需求的主要因素。其次为农村劳动者的转移性收入、工资性收入和财产性收入。短期内农村劳动者的经营性收入和工资性收入对消费需求的影响程度超过了长期，说明短期农村劳动者的经营性收入和工资性收入对消费需求的影响更大。而长期农村劳动者的转移性收入和财产性收入对消费需求的影响程度超过了短期，说明长期农村劳动者的转移性收入和财产性收入对消费需求的影响程度更大。造成这种现象的原因在于中国的社会保障制度还不完善，因此当前农村劳动者的预防性储蓄动机较强，农村劳动者为了应付当前住房、养老、医疗、失业、教育等方面的不确定性风险，增加了现期储蓄而减少了消费支出。但是无论短期还是长期，工资性收入弹性系数和财产性收入弹性系数均并不明显，说明近年来农村劳动者的工资性收入和财产性收入总体水平偏低，因此制约了农村劳动者消费需求的快速增长。

（7）无论短期还是长期，劳动者的住宅资产与居民消费需求虽然呈正相关关系，但是弹性系数非常小，说明中国房地产市场的财富效应非常微弱。近年来，房价上涨过快直接导致劳动者购房负担加重，虚高的房价远远超出了普通家庭的承受能力，过高的首付款和长达几十年的月供支出使大部分家庭不得不削减日常开支，极大地降低了劳动者的消费需求。因此，要充分发挥房地产市场的财富效应，扩大劳动者的消费需求，就必须将房价控制在劳动者可承受的范围之内。短期劳动者的股市财富与消费需求呈现负相关关系，说明短期内股票资产对中国劳动者不具有财富效应，而长期股市财富对劳动者的消费需求的影响也非常微弱。可见，由于中国股票市场发展尚未完善，股票资产作为虚拟财富短期内对劳动者消费需求产生了一定的抑制作用，而长期股票资产的财富效应也并不明显。

综上所述，当前仍需完善的国民收入分配制度与劳动者收入结构制约了中国广大劳动者持久性收入的提高和居民消费需求的增长。因此，应不断优化劳动者收入结构，增加劳动者持久性收入比重，降低劳动者暂时性收入比重。通过完善初次收入分配制度，大幅提高工资性收入比重可以稳定劳动者对未来收入的预期，减少不确定性，从而增加广大居民的消费需求，这对于促进我国经济增长模式的转型意义重大；尤其应加快调整当前企业的工资结构，加大工龄工资、技能工资、薪级工资、岗位工资等基础性工资的年度增长基数，与当地不断攀升的物价、房价、房租、水电燃气费等日常生活开支相适应，减轻劳动者的生活负担；为扩大消费需求，当前政府还亟须加快国民收入再分配制度改革，加快国民收入再分配的调节力度，对低收入阶层加大帮扶救助的力度；稳定房价和提供住房保障是各级政府的重要职责，要进一步规范房地产市场秩序，完善土地、财税、金融政策，加快建立促进房地产健康发展的长效机制，抑制投资和投机性需求，引导市场增加普通商品房的供给，重点加快政府保障性住房的建设，以满足劳动者多层次的住房需求；深化金融体制改革与金融创新，增加劳动者的财产性收入。此外，应加快传统农业向现代农业转型，提高农村劳动者的经营性收入；加快制定和推出各项支农惠农措施，提高农村劳动者的转移性收入；加大农村人力资本投资的力度，提高农村劳动者的工资性收入；深入开展农村土地产权制度改革，增加农村劳动者的财产性收入。

7.2 有待进一步研究的问题

国民收入分配、劳动者收入结构对居民消费需求的影响这一问题涉及的方面很广，本书还只是对这个问题进行了初步的研究，后续还有许多深层次问题仍然需要进行进一步的分析与研究：

第一，关于国民收入初次分配和再分配制度对劳动者收入结构的影响，以及劳动者收入结构促进居民消费需求的机理及其深层次关系还需要作进一步的理论分析，关于劳动者不同的收入类型及劳动者各种收入变动之间的深层次关系还应继续进行深入研究，进而阐明国民收入分配以及劳动者收入结构对居民消费需求的影响。

第二，关于国民收入分配与劳动者收入结构综合评价指标体系的建立，以及就改革开放以来国民收入分配制度和劳动者收入结构对居民消费需求的影响进行分析评价是一项比较复杂的工作，本书只是通过选取了某些指标和数据对我国国民收入分配和劳动者收入结构对消费需求的影响进行了统计分析与实证研究。有关国民收入分配制度与劳动者收入结构及其对居民消费需求影响的综合评价指标体系还有待进一步补充与完善。

参考文献

一、中文文献

[1]林毅夫.解读中国经济[M].北京:北京大学出版社,2014.

[2]林毅夫.制度、技术与中国农业发展[M].上海:上海人民出版社,上海三联书店,1994.

[3]吴敬琏.中国增长模式抉择[M].北京:中信出版社,2017.

[4]吴敬琏.当代中国经济改革[M].北京:中信出版社,2017.

[5][美]米尔顿·弗里德曼.实证经济学论文集[M].北京:商务印书馆,2014.

[6]臧旭恒.转型时期消费需求升级与产业发展研究[M].北京:经济科学出版社,2012.

[7]李实,万海远.中国收入分配演变40年[M].上海:格致出版社,上海人民出版社,2018.

[8]国家发展和改革委员会就业和收入分配司,北京师范大学中国收入分配研究院.中国居民收入分配年度报告(2016)[M].北京:社会科学文献出版社,2016.

[9]李实,[日]佐藤宏,[加]史泰丽.中国收入差距变动分析——中国居民收入分配研究[M].北京:人民出版社,2013.

[10]李实,赖德胜,罗楚亮,等.中国收入分配研究报告.[M].北京:社会科学文献出版社,2013.

[11]李实,邢春冰.农民工与城镇流动人口经济状况分析[M].北京:中国工人出版社,2016.

[12]李实,罗楚亮. 中国收入差距的实证分析[M]. 北京:社会科学文献出版社,2014.

[13]赖德胜,孟大虎,李长安. 2011 中国劳动力市场报告——包容性增长背景下的就业质量[M]. 北京:北京师范大学出版社,2011.

[14]范从来,张中锦,巩师恩,等. 收入优先增长:总量与结构[M]. 北京:经济科学出版社,2016.

[15][美]戴尔·莫滕森,[塞浦路斯]克里斯托弗·皮萨里德斯. 就业选配、工资差距与失业[M]. 北京:机械工业出版社,2016.

[16]张军超. 发展战略、要素收入分配与需求结构失衡[M]. 北京:中国国际广播出版社,2017.

[17][英]琳达岳. 中国的增长——中国经济的前 30 年与后 30 年[M]. 北京:中信出版集团,2015.

[18]2017 年中国居民消费发展报告[M]. 北京:人民出版社,2018.

[19]周其仁. 改革的逻辑[M]. 北京:中信出版集团,2017.

[20]田国强,陈旭东. 中国改革历史、逻辑和未来[M]. 北京:中信出版集团,2016.

[21]冯涛. 资产价格波动对居民财产性收入分配影响机制研究[M]. 北京:社会科学文献出版社,2013.

[22]叶飞文. 要素投入与中国经济增长[M]. 北京:北京大学出版社,2004.

[23]世界银行. 东亚奇迹——经济增长与公共政策[M]. 财政部世界银行业务司,译. 北京:中国财政经济出版社,1995.

[24][美]邹至庄. 中国经济转型[M]. 曹祖平,韩玉军,刘元春,徐小云,等,译. 北京:中国人民大学出版社,2005.

[25][美]舒尔茨. 论人力资本投资[M]. 吴珠华,译. 北京:北京经济学院出版社,1990.

[26][美]伊特韦尔,米尔盖特,纽曼. 新帕尔格雷夫经济学大词典[M]. 北京:经济科学出版社,1996.

[27][美]约瑟夫·E. 斯蒂格利茨,沙希德·尤素福. 东亚奇迹的反思[M]. 北京:中国人民大学出版社,2013.

[28]罗长远. 中国劳动收入占比变化的趋势、成因和含义[M]. 上海:上海人民出版社,2014.

[29]苏海南. 合理调整工资收入分配关系[M]. 北京:中国劳动社会保障出版社,2013.

[30]蔡昉. 中国人口和劳动问题报告:从人口红利到制度红利[M]. 北京:社会科学文献出版社,2011.

[31]汤敏,茅于轼. 现代经济学前沿专题[M]. 北京:商务印书馆,1999.

[32]李朝晖. 农民工收入分配与劳动就业问题研究[M]. 北京:经济科学出版社,2013.

[33]许宪春. 中国收入分配统计问题研究[M]. 北京:北京大学出版社,2015.

[34]裴长洪. 中国基本分配制度[M]. 北京:中国社会科学出版社,2017.

[35]黄泰岩. 初次收入分配理论与经验的国际研究[M]. 北京:经济科学出版社,2011.

[36]万广华. 经济发展与收入不均等:方法和证据[M]. 上海:上海人民出版社,2006.

[37]杨天宇. 中国的收入分配与总消费理论和实证研究[M]. 北京:中国经济出版社,2009.

[38][美]安格斯·迪顿. 理解消费[M]. 胡景北,鲁昌,译. 上海:上海财经大学出版社,2003.

[39][日]青木昌彦. 比较制度分析[M]. 周黎安,译. 上海:上海远东出版社,1997.

[40]汪德华. 中国的国民收入分配与扩大内需要——基于财税政策视角的探究[M]. 北京:中国社会科学出版社,2016.

[41]罗楚亮. 经济转轨、不确定性与城镇居民消费行为[M]. 北京:社会

科学文献出版社,2006.

[42]曾湘泉,郝玉明,宋洪峰.总报酬经济学[M].上海:复旦大学出版社,2016.

[43]刘世锦.传统与现代之间——增长模式转型与新型工业化道路的选择[M].北京:中国人民大学出版社,2006.

[44]朱春红.二元经济下扩大我国消费需求的理论与对策研究[M].北京:经济科学出版社,2016.

[45]张传勇.中国房价波动的收入分配效应研究[M].上海:华东师范大学出版社,2015.

[46][美]卢卡斯.经济发展讲座[M].南京:江苏人民出版社,2003.

[47]郝枫.中国要素收入分配结构演进趋势与统计规律研究[M].芜湖:安徽师范大学出版社,2014.

[48]周端明.结构转变中的中国城乡居民收入差距演进的研究[M].北京:经济科学出版社,1998.

[49]杨瑞龙.中国经济发展研究报告[M].北京:中国人民大学出版社,2004.

[50]李文傅,龚敏.论要素比价、劳动报酬与居民消费[M].北京:人民出版社,2000.

[51]骆祚炎.收入结构资产结构与居民消费变动实证研究[M].北京:机械工业出版社,2010.

[52]国际劳工组织.2013年世界劳工报告[M].北京:中国财政经济出版社,2014.

[53]丛树海.收入分配与财政支出结构[M].北京:人民出版社,2014.

[54]李玉赋.第八次中国职工状况调查(报告卷)[M].北京:中国工人出版社,2017.

[55]韩海燕.城镇居民收入结构不稳定性与消费研究[M].北京:经济日报出版社,2013.

[56]刘东皇.居民消费与中国经济增长[M].北京:光明日报出版

社,2012.

[57]周京奎. 中国城市家庭住房消费调查报告(2015)[M]. 北京:经济科学出版社,2016.

[58]杜辉. 中国居民财产性收入动态演化:结构与差距研究[M]. 北京:经济科学出版社,2015.

[59]燕晓飞. 中国职工状况研究报告(2017)[M]. 北京:社会科学文献出版社,2017.

[60]王宇. 居民消费对中国产业结构转型的影响研究[M]. 上海:上海人民出版社,2014.

[61]王林辉,董直庆,等. 中国技术进步方向及其对要素收入分配结构的影响[M]. 北京:经济科学出版社,2016.

[62]冉美丽. 税收结构、分担共享与居民收入分配[M]. 北京:经济管理出版社,2017.

[63]胡秋阳. 消费需求与产业升级[M]. 天津:南开大学出版社,2013.

[64]刁永祚. 消费结构与生活质量[M]. 北京:首都师范大学出版社,2011.

[65]王晓红. 中国农村消费需求趋势研究[M]. 成都:西南财经大学出版社,2015.

[66]方松海,王为农. 增加农民收入与扩大农村消费[M]. 北京:经济科学出版社,2012.

[67]张茗朝,陈忠明,姜会明. 吉林省农民收入结构问题研究[M]. 北京:中国农业出版社,2016.

[68]李永前. 云南农民收入结构研究[M]. 成都:西南财经大学出版社,2016.

[69]高波,王辉龙,等. 住房消费与扩大内需[M]. 北京:人民出版社,2015.

[70]韩树杰. 中国土地收益分配研究[M]. 北京:经济管理出版社,2016.

[71]董昕. 中国农民工的住房问题研究[M]. 北京:经济管理出版社,2013.

[72]杨庆媛,龙拥军,王成. 土地经济学[M]. 北京:科学出版社,2018.

[73]肖立. 基于收入视角的江苏农村居民消费研究[M]. 吉林:吉林大学出版社,2012.

[74]程世勇. 城市化进程中的农村建设用地流转:城乡要素组合与财富分配结构的优化[M]. 北京:经济科学出版社,2012.

[75]袁志刚. 中国居民消费前沿问题研究[M]. 上海:复旦大学出版社,2011.

[76]厉以宁. 西方福利经济学述评[M]. 北京:商务印书馆,1983.

[77]任保平. 低成本经济发展的制度阐释[M]. 北京:中国社会科学出版社,2003.

[78][美]刘易斯. 二元经济论[M]. 北京:北京经济学院出版社,1989.

[79]周振华. 体制变革与经济增长——中国经验与范式分析[M]. 上海:上海人民出版社,上海三联书店,1999.

[80]林毅夫,蔡昉,李周. 中国的奇迹:发展战略与经济改革[M]. 上海:上海三联书店,上海人民出版社,1999.

[81][美]托马斯·J. 萨金特. 动态宏观经济理论[M]. 北京:中国社会科学出版社,1997.

[82][美]金德伯格·赫里克. 经济发展[M]. 张欣,译. 上海:上海译文出版社,1986.

[83]王小鲁,樊纲. 中国经济增长的可持续性——跨世纪的回顾与展望[M]. 北京:经济科学出版社,2000.

[84][英]凯恩斯. 就业、利息和货币通论[M]. 北京:商务印书馆,1997.

[85]龚六堂. 经济学中的优化方法[M]. 北京:北京大学出版社,2000.

[86][美]道格拉斯·C. 诺斯. 经济史中的结构与变迁[M]. 北京:中国财政经济出版社,1991.

[87]姚伟纲. 关于持久收入、暂时收入与消费关系的实证研究[J]. 世界

经济情况,2006(21).

[88]中华全国总工会劳动关系研究中心一线职工收入课题组. 当前企业一线职工工资收入调查[J]. 经济学动态,2013(5).

[89]艾春荣. 非农就业与持久收入假说:理论与实证[J]. 管理世界,2010(1).

[90]刘东皇,沈坤荣. 收入分配、居民消费与经济发展方式转变[J]. 华东经济管理,2010(11).

[91]何磊,王宇鹏. 谁在抑制居民的消费需求?——基于国民收入分配格局的分析[J]. 当代经济科学,2010(6).

[92]姜洋. 90 年代以来国民收入分配格局变迁对消费需求的影响[J]. 社会科学家,2008(4).

[93]罗楚亮. 就业稳定性与工资收入差距研究[J]. 中国人口科学,2008(4).

[94]谢琦. 经济增长模式转型背景下劳动者收入结构研究[J]. 社会科学辑刊,2011(4).

[95]谢琦. 国民收入初次分配对居民消费需求影响的实证研究[J]. 经济体制改革,2013(2):21 - 24.

[96]谢琦. 国民收入分配对居民消费需求的影响[J]. 现代经济探讨,2013(3):30 - 33.

[97]谢琦. 财产性收入对居民消费需求影响的实证研究[J]. 消费经济,2014(2):8 - 16.

[98]罗楚亮. 就业稳定性与工资收入差距研究[J]. 中国人口科学,2008(4):11.

[99]臧旭恒. 持久收入、暂时收入与消费[J]. 经济科学,1994(1):44.

[100]李玲霞. 论持久收入在促进国民消费增长中的作用[J]. 华中理工大学学报(社会科学版),2000(2):92.

[101]董长瑞,梁纪尧. 中国农民持久收入与消费的协整分析[J]. 中国农村观察,2006(2):43.

[102]余立凡,杜能.中国农民消费与收入的关系——弗里德曼持久收入假设消费理论在中国农村的实证分析[J].中共南昌市委党校学报,2003(4):38.

[103]韩海燕,何炼成.中国城镇劳动者收入结构与消费问题实证研究[J].消费经济,2010(6):8.

[104]骆祚炎.城镇劳动者收入结构、收入初次分配格局与消费过度敏感性:1985—2008年的经验数据[J].财贸研究,2010(2):1.

[105]陈乐一.收入分配与消费不足[J].经济问题探索,2005(4):23.

[106]白暴力,傅辉煌.收入分配差距偏大的主要因素和消费需求牵扯[J].改革,2011(1):32.

[107]陈斌开.收入分配与中国劳动者消费——理论和基于中国的实证研究[J].南开经济研究,2012(1):33.

[108]臧旭恒,张继海.收入分配对中国城镇劳动者消费需求影响的实证分析[J].中国社会科学,2002(2):5.

[109]董碧松,张少杰.收入分配与经济增长——基于消费需求视角的研究[J].经济问题,2009(9):16.

[110]余官胜.收入不平等和劳动者消费需求不足:基于VAR模型的实证研究[J].当代经济管理,2009(11):13.

[111]高连水,邓路.劳动者消费率与收入分配结构和分配差距关系的经验分析[J].消费经济,2009(4):4.

[112]黄钢,李颖,刘晓钢,等.转型期我国农业技术创新面临的突出矛盾与路径选择[J].软科学,2009(10).

[113]张巍,郭力环.转移性收入对农村劳动者消费的影响分析[J].经济视角(下),2010(10):22-24.

[114]张展,尹华北.转移收入对我国城乡劳动者消费的影响研究[J].消费经济,2011(5):12-15.

[115]谢琦.经济增长模式转型背景下劳动者收入结构的实证研究[J].经济问题探索,2011(11):16-19.

[116]张存涛. 中国房地产财富效应——基于 1987—2005 年数据的实证分析[J]. 世界经济情况,2009(8):79.

[117]赖溟溟,白钦先. 我国劳动者消费财富效应的实证研究[J]. 上海金融,2008(8):15 - 18.

[118]李莹,詹世鸿. 我国城镇劳动者房地产财富对消费的影响分析[J]. 工业技术经济,2011(7):73.

[119]鞠方,周建军,吴佳. 房价和股价波动引起财富效应的差异比较[J]. 当代财经,2009(5):71.

[120]林霞,姜洋. 劳动者资产具有财富效应吗?——来自京、津、沪、渝面板数据的验证[J]. 中央财经大学学报,2010(10):6.

[121]纪江明. 从再分配制度安排剖析我国居民消费差距扩大的原因[J]. 经济体制改革,2011(2).

[122]秦传熙,陈娟,谭璐. 我国城乡居民持久收入、暂时收入与消费关系的比较研究[J]. 商业研究,2009(1).

[123]刘遵义. 东亚经济增长的源泉与展望[J]. 数量经济技术经济研究,1997(10).

[124]陈平. 结构转型、资源转移与经济增长[J]. 上海经济研究,2000(12).

[125]王小鲁,樊纲,刘鹏. 中国经济增长方式转换和增长可持续性[J]. 经济研究,2009(1).

[126]谢琦. 从三次分配看转型时期有效保障劳动者收入问题[J]. 社会科学辑刊,2007(6).

[127]刘旦. 中国城镇住宅价格与消费关系的实证研究——基于生命周期假说的宏观消费函数[J]. 上海财经大学学报,2008(1):80.

[128]王春娟,黄昊. 住房改革、流动性约束与城镇居民消费研究[J]. 财经问题研究,2011(11):139.

[129]王子龙,许箫迪. 房地产市场广义虚拟财富效应测度研究[J]. 中国工业经济,2011(3):15.

[130]杨新松.基于VAR模型的中国股市财富效应实证研究[J].上海立信会计学院学报,2006(3):40.

[131]骆祚炎.城镇居民金融资产与不动产财富效应的比较分析[J].数量经济技术经济研究,2007(11):56.

[132]谢琦.论数量型经济增长向质量型经济增长的转型[J].新疆大学学报(哲学人文社会科学版),2007(5).

[133]谢琦.中国经济增长模式转型:供给结构视角分析[J].西安电子科技大学学报(社会科学版),2008(4).

[134]谢琦.经济增长的模式转型与体制创新[J].社会科学辑刊,2007(2).

[135]王志锋,张天.中国医疗卫生服务均等化的地区比较及体制改革研究[J].经济社会体制比较,2009(6).

[136]罗俊.农民工医疗保障存在的问题及其解决途径[J].农村经济,2009(11).

[137]戴庆锋,李晓峰.我国初等教育隐性不公平的原因探索[J].教书育人,2007(12).

[138]张乃侠.当前三种"剪刀差"制约了农民收入的增长[J].价格理论与实践,2008(11).

[139]李芝兰.我国农业增长中的政府投资影响[J].财经科学,2006(3).

[140]任保平.新型工业化中经济效益提高的途径——一种产业链视角的分析[J].西北大学学报(哲学社会科学版),2005(1).

[141]袁文平."让更多群众拥有财产性收入"的意义重大[J].财经科学,2007(11).

[142]薛和斌,卓建伟.我国农业投资现状经济学分析与对策建议[J].安徽农业科学,2006(20).

[143]王莉,徐攀亚.工资增长如何让多数人受益[N].经济参考报,2007-07-13.

[144]杨娟娟. 2009 年全国卖地进账 1.5 万亿[N]. 新京报,2010 - 01 - 09.

[145]崔峰,李亚红,陈国洲. 慢性大病渐成中国严重经济社会问题之一[N]. 经济参考报,2011 - 07 - 22.

[146]肖明. 居民消费率低,收入分配五路出击[N]. 21 世纪经济报道,2009 - 07 - 07, http://epaper. 21cbh. com/html/2009 - 07/07/content_99877. htm.

[147]巴德年. 加快覆盖城乡居民医疗保健制度建设[EB/OL]. 人民网,2007 - 03 - 11, http://cppcc. people. com. cn/GB/34961/78125/78126/5458574. html.

[148]尹蔚民. 加快完善社会保障体系,推动社会保障事业可持续发展[N]. 中国人事报,2010 - 08 - 24.

[149]谢琦. 国民收入分配现状及其深层次原因探讨[J]. 商业时代,2013(3):16 - 17.

[150]谢琦. 中国经济增长的结构分析[M]. 北京:中国经济出版社,2010.

[151]杨涛. 扣除通胀福田区工资收入负增长[N]. 南方都市报,2013 - 04 - 12.

[152]六成职工认为:收入分配最不公平[N]. 南国都市报,2010 - 03 - 11(5).

二、外文文献

[1] CUTLER, DAVID, M. ADN LAWRENCE, F. KATZ. Rising inequality? Changes in the distribution of income and consumption in the1980's [J]. American Economic Review, Papers and Proceedings, 1992(82).

[2]JOHN KNIGHT, SHI LI. Wages, firm profitability and labor market segmentation in urban China[J]. China Economic Review, 2005(16).

[3]KRUEGER, DIRK, FABRIZIO PERRI. Dose income inequality lead to consumption inequality? Evidence and theory [J]. Review of Economic Studies,

2006(73).

[4] FRIEDMAN, BENJAMIN, M. Money, income, prices, and interest rates [J]. The American Economic Review, 1992(3).

[5]ADRIAN R. FLEISSIG. The consumer consumption conundrum an explanation [J]. Journal of Money, Credit, and Banking, 1997(2).

[6]KIMINRI MATSUYAMA. The rise of mass consumption societies [J]. Journal of Political Economy, 2002(5).

[7] KALECKI, M. Selected essays on the dynamics of the capitalist economy[M]. Cambridge University Press, 1971:53.

[8]CASE, K. E. ,QUIGLEY, J. M. ,SHILLER, R. J. Comparing wealth effects:The stock market versus the housing market[J]. Advances in Macroeconomics, 2005(5):1 –32.

[9]LUDVIGSON, STEINDEL, S. C. How important is the stock market effect on consumption? [J]. FRBNY Economic Policy Review, 1999, 5(2): 29 –51.

[10]YOSHIKAWA, HIROSHI and FUMIO OHTAKE. An analysis of female labor supply,demand, and the saving rate in Japan[J]. European Economic Review, 1989 (33):997 –1030.

[11]HUNGERFORD, THOMAS, L. The social security surplus and sing [J]. Public Finance Review, 2009(37):94 –114.

[12]JUAN, A. CARLOS, U. Security reform with uninsurable income risk and endogenous borrowing constraints[J]. Review of Economics Dynamics, 2008 (11):83 –103.

[13]MODIGLIANI, F. BRUMBERG, R. Utility aalysis and the consumption function:an interpretation of cross – section data[M]. New Brunswick: Rutgers University Press, 1954:86 –101.

[14]KALECKI, M. Selected essays on the dynamics of the capitalist economy[M]. Cambridge University Press, 1971:53.

索　引

B

边际消费倾向　4

保障性住房　10

C

持久性收入　2

财产性收入　2

财政收入　20

财政支出　28

初次分配结构　24

初次收入分配差距　35

城镇劳动者　6

储蓄存款　15

纯收入　57

城镇劳动者　6

E

恩格尔系数　17

F

房地产价格　9

G

改革开放　1

国民收入　1

国民收入分配　1

国民收入分配结构　1

国民收入分配格局　5

国民收入初次分配　5

国民收入再分配　5

工资性收入　2

个人所得税　20

股票市场　30

公租房　10

公共保障性住房　30

工资增长机制　191

工资集体协商　125

公平　14

公共医疗　197

公共财政体制　204

H

户籍制度　179

J

经济发展　14

经营性收入　2

经济结构　1

价值消费　17

居住消费　17

家庭设备及用品消费　17

交通通信消费　17

经济增长　1

经济增长速度　182

居民可支配收入　23

经济适用房　27

就业　2

教育支出　41

金融资产　15

教育机会　125

金融体制创新　206

K

可支配收入　17

L

劳动者收入结构　1

劳动报酬　10

劳动收入　4

劳务消费　17

廉租房　27

垄断行业　10

劳动关系　125

N

农村劳动者　6

Q

企业利润　23

R

人力资本　155

S

收入差距　3

收入结构　1

收入分配秩序　111

实物消费　17

实物资产　15

社会保障制度　2

市场机制　14

税收　9

食品消费支出　77

市场经济体制改革　111

社会保障税　205

T

土地产权制度改革　156

W

文教娱乐支出 58

X

消费需求 1

消费水平 12

消费结构 7

限价房 27

效率 110

Y

衣着消费 17

预期 2

养老金 22

医疗保健 17

养老保险 42

Z

增长模式 1

总需求 3

暂时性收入 2

转移性收入 2

政府税收 20

住房公积金 15

住房保障制度 22

住房资产价格 29

住房分配制度改革 206

最低工资标准 110

职业教育 195